KB049093

# 뾰족한 마음

**뾰족한 마음**



**초판 1쇄** 2022년 8월 26일 발행
**초판 2쇄** 2022년 9월 14일 발행

**지은이** 위근우
**펴낸이** 김성실
**책임편집** 김태현
**디자인** 형태와내용사이
**제작** 한영문화사

**펴낸곳** 시대의창 **등록** 제10-1756호(1999. 5. 11)
**주소** 03985 서울시 마포구 연희로 19-1
**전화** 02)335-6121 **팩스** 02)325-5607
**전자우편** sidaebooks@daum.net
**페이스북** www.facebook.com/sidaebooks
**트위터** @sidaebooks

**ISBN** 978-89-5940-788-0 (03300)



이 책은 지은이가 2020~2022년에 《경향신문》 칼럼 '위근우의 리플레이'에 쓴 글 중에서 골라 엮은 것입니다. 글에 명기된 숫자는 글이 발표된 날짜이며, + 이하는 책이 출간된 시점에서 지은이가 덧붙인 후기입니다.

지치지 않고 세상에 말 걸기

위근우

시대의창

# 프롤로그

이걸 써서 어따 쓰나.

격주로 연재하는 신문 칼럼을 쓸 때마다, 뭔가 마음에 걸리는 이슈에 대한 조금 긴 의견을 SNS에 쓸 때마다, 한 번쯤 멈추고 이런 생각을 한다. 이걸 써서 어따 쓰나. 시간을 들여 근거와 논리를 구성해 문제제기를 한들, 어차피 적당한 무관심과 편의주의적인 해석 앞에서 논의는 도돌이표를 찍거나 초기화되지 않나.

당장 이 책에 실린 글들에서 〈오징어게임〉을 비롯한 K콘텐츠의 현실 인식과 재현에 대해 의문을 제기했지만 여전히 주류 담론에선 자랑스러운 K콘텐츠의 세계 시장 정복에 대한 찬사 일색이다. 지난 몇 년 동안 주관적 불쾌함이라는 기준이 아닌 정치적 차별의 맥락에서 혐오표현을 이해해야 한다고 수없이 써왔지만, 여전히 '허버허버'와 'ㅗㅜㅑ'가 남혐 여혐 표현이니 규제해도 되느냐는 라디오 진행자의 질문에 두 표현을 동등한 혐오표현으로 볼 수 없다는 것부터 다시 설명해야 한다. 어차피 오늘 이 글이 세상에 나오든 안 나오든 세상은 그대로일 거고 내일도 오늘이랑 똑같은 얘기를 반복해야 할 텐데 이게 무슨 의미가 있나.

생각이 꼬리에 꼬리를 물고 자괴감 속에서 헤엄치다 정신을 차리게 하는 스스로의 한마디. '또, 또 건방진 생각한다.' 맞다, 건방진 생각. 대체 내가 뭐라고, 이 글이 얼마나 대단한 거라고 이걸로 세상이 변하지 않는 것에 자괴감을 느끼나. 수많은 이들의 계급적 입장과 경험적 차이와 정치적 상황과 개별적 욕망이 각각의 언어로 떠도는 거대한 공론장 안에서 한 마감노동자의 담론 기여라는 것은 작고 보잘 것 없을 수밖에 없다. 애초에 강력한 논의를 발아할 만큼 좋은 글을 쓰지 못한 것도 있겠지만, 사실 한 편의 글이 세상의 인식을 흔들고 새로운 논의의 지평을 열 수 있다는 생각은 근본적으로 허구다.

중요한 건, 내가 꾸준히 쓰는 만큼 다른 누군가도 꾸준히 문제제기를 할 것이며, 그 수많은 담론적인 기여와 다툼과 소란스러움이 모일 때 언어의 카오스처럼 보이던 공론장 안에서 작게나마 논의를 위한 지평이 마련될 수 있다는 것이다. 이것은 길고 긴 정치적 공론장의 역사를 볼 때도 사실에 가깝겠지만, 또한 그럴 수 있으리라는 믿음을 통해서만 각 논의 참여자의 헌신이 가능하며 그 헌신을 통해서만 공론장은 최소한의 소통적 합리성을 유지할 수 있다. 글을 통한 사회적 참여는 일종의 자기실현적 예언으로서만 존재할 수 있다.

개인적으로 세 번째 칼럼집인(벌써 세 번째 칼럼집을 낸다고 하니 다시 한번 위의 생각들이 얼마나 건방진 것인지 새삼 느낀다) 이번 책의 제목을 《뾰족한 마음》으로 지은 건 그래서다. 내가 생각하는 뾰족한 마음이란 세상에 뭔가 삐딱한 시선을 유지하며 전투적인 태세를 취하는 것을 뜻하는 게 아니다. 내가 종종 그런 태도로 글을 쓰지만 그것과는 상관없다. 내가 뭘 해도 세상은 그대로라는 회의와 냉소에 빠질 꽤 많은 이유들에 무기력하게 타협하지 않기 위해 뾰족한 마음이 필요하며, 어차피 다들 자기 편한 대로 받아들이리라는 핑계로 사유와 언어를 벼리지 않고 뭉툭한 정념의 덩어리나 내뱉지 않기 위해서도 뾰족한 마음이 필요하다. 대단한 사람이라 뾰족한 게 아니라, 대단한 사람이 아니라는 걸 순순히 인정하고 그럼에도 그 대단하지 않음이 모여 만들어낼 새로운 전망을 믿기 위해 뾰족해지려는 것이다. 이것이 자의식 과잉에 빠지지 않으면서 세상에 말 걸기 위한 내 나름의 방식이다. 아마 나만의 방식은 아닐 것이다.

언젠가부터 대중문화 비평가라는 존재가 최근의 문화적 이슈에 숟가락 얹는 기사에 있으나 마나 한 코멘트를 제공해 주는 방식으로나 존재감을 유지하는 상황에서, 애매한 수준으로 이름을 알린 프리랜서 비평가가 그럭저럭 생계를 유지하며 비판적 논의를 위한 관점을 구성하기 위해선 계속해서 스스로를 되돌아볼 수밖에 없다. 혹시 무난한 마지막 문단을 위해 사유를 더 밀고 나가지 않는 것은 아닌가, 보편적 관점을 취한다는 핑계로 안전한 거리를 유지한 채 원론적으로만 옳은 얘길 하고 있는 건 아닌가, 지난번 글로 SNS 팔로워가 쭉 빠져나갔다고 특정한 대상이나 특정한 정치적 입장을 피하는 것은 아닌가. 이러한 질문에 언제나 자신 있게 '아니'라고 답하진 못한다. 다만 그런 질문을 견뎌내는 과정에서 여기 실린 글들이 아주 조금은 더 뾰족하게 다듬어졌다고는 할 수 있겠다.

이 책은 지난 칼럼집인 《프로불편러 일기》와 《다른 게 아니라 틀린 겁니다》가 그랬듯 최근 2년간 쓴 글을 바탕으로, 현재 시점에서 후일담과 추가적 논의를 상당량 덧붙인 형태로 구성되었다. 다시 한번 고백하지만 여기 실린 글들은 처음 공개되었을 때부터 지금까지 세상을 크게 변화시키진 못했다. 책으로 묶인 지금도 큰 차이는 없을 것이다. 패배주의도 겸양도 아니다. 대단하지 않지만 무의미하지도 않은 딱 그만큼의 범위에 글의 정직한 권위가 존재한다. 그 정직함 위에서 나와 당신, 우리들 각각의 뾰족한 마음은 섣부른 낙관과 건방진 냉소에 침식되지 않은 채 가능한 삶의 전망을 위한 논의의 지평을 열 수 있을 것이다.

그러니 이 책 안의 문제의식들이 혹여 세상에 대한 비판적 논의 안에서 작게나마 기여할 수 있다면 이 책을 읽거나 읽지 않을 이들이 자기 자리에서 지켜낸 뾰족한 마음 덕이다. 그들에게 미리 감사를 전한다.

2022년 8월

위근우

## 차례

## 2장. 차별에 찬성하는 세계

## 3장. TV는 정색을 싣고

## 4장. 작지만 의미 있는 전진

# 1장

# K 같은 소리 하고 있네

**오해해선 안 된다. 이것은 디스토피아에 대한 재현이 아니다. 디스토피아를 향한 무기력의 학습이다. 지금, 우리에 대한 상상력을 갉아먹는.**

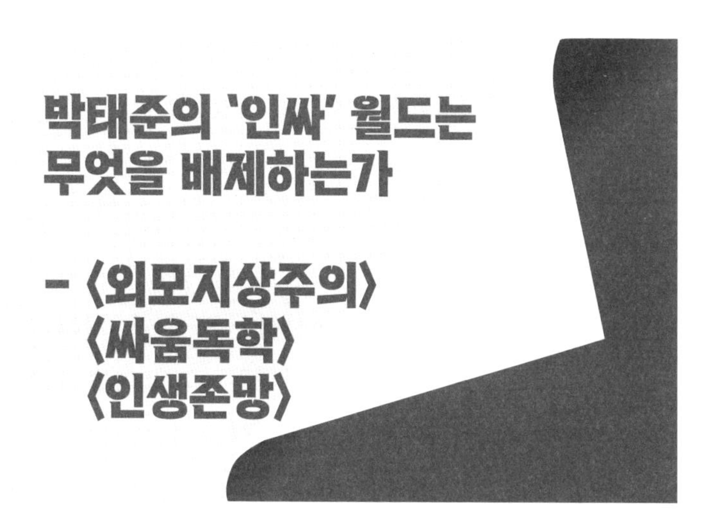

# 박태준의 '인싸' 월드는 무엇을 배제하는가

## – 〈외모지상주의〉 〈싸움독학〉 〈인생존망〉

박태준 작가는 웹툰 생태계의 황소개구리 같은 존재다.

'얼짱' 출신으로 의류 사업을 하던 그는 2014년 데뷔작 〈외모지상주의〉로 폭발적인 인기를 끌면서 네이버웹툰을 대표하는 작가가 되었으며 2019년 11월부터는 본인이 스토리만 담당하는 〈인생존망〉, 〈싸움독학〉까지 동시 연재하며 해당 작품들을 역시 네이버웹툰 각 요일별 수위권에 올렸다.

〈외모지상주의〉 초반부도 그랬지만, 그는 자극적이면서도 동시대적 욕망을 자극하는 설정과 빠른 전개로 초반 1, 2화만에 독자들을 단숨에 몰입시키는 재주가 있다. 학원물, 그중에서도 소위 '일진물'로 분류될 법한 그의 만화 세계를 간단히 요약하면, 학교에서 무시받고 괴롭힘당하던 주인공이 어떤 계기로 환골탈태해 주목받는다는 이야기다. 〈외모지상주의〉는 외모 때문에 무시당하던 학교폭력 피해자 박형석이 어느 날 갑자기 육체적으로 완벽한 새 몸을 얻게 되면서 모두의 선망을 받는 모습을 그린다. 〈싸움독학〉의 주인공 유호빈은 같은 반 학생 빡고에게 괴롭힘을 당하다 그의 악행을 고발하는 인터넷 방송(작품 속에선 뉴튜부)으로 유명해지고 이후 홀로 싸움을 독학하며 "싸움독학"이란 뉴튜부 채널을 운영한다. 〈인생존망〉은 이런 설정을 한 번 더 비트는데, 고등학교 시절 유명한 '일진'이자 격투기 유망주였던 장안철은 자신이 과거에 괴롭혔던 동창 김진우가 자신을 원망하며 죽자 그 원한에 의해 고등학교 시절의 진우가 되어 과거의 자신을 비롯한 '일진'에 맞선다. 구조화하면 반복적이고 단순해 보이지만, 또한 그만큼 익숙하고 직관적인 쾌감을 보장한다. 하지만 형식적 유사성보다 그의 작품에서 더 중요한 교집합은, '아싸(아웃사이더)'에서 '인싸(인사이더)'로의 편입에 대한 욕망이다.

싸움을 못하던 주인공이 어떤 계기를 통해 강해지는 이야기는 사실 꽤 흔하게 볼 수 있다. 만화 〈홀리랜드〉가 그러하며, 영화 〈싸움의 기술〉이 그러하다. 다만 이들 작품의 주인공에게 있어 싸움은 최소한의 자기 영역을 지키기 위한 수단일 뿐이다. 박태준 월드의 주인공들은 다르다. 물론 몸이 바뀌기 전 형석(〈외모지상주의〉)과 안철의 영혼이 들어가기 전 진우(〈인생존망〉), 싸움 기술을 배우기 전 호빈(〈싸움독학〉) 역시 학교폭력 피해자로서 생존을 위한 투쟁을 하지만, 그들이 궁극적으로 닿는 곳은 교내 '인싸'의 위치다. 잘생긴 얼굴과 강인한 육체를 얻게 된 형석은 과거 자신을 길거리에서 구타했던 이진성과 싸워 이기지만, 단순히 복수하는데 그치지 않고 이후 진성을 포함한 소위 잘 나가는 무리에 속하게 된다. 노골적으로 "솔직히 난 인싸들을 부러워했다"고 독백하던 〈싸움독학〉의 호빈은 싸움으로 빡고에게 승리하기 전에 이미 뉴튜부 구독자가 많다는 이유로 같은 반 '인싸'인 뷰티 뉴튜버에게 합동 방송을 제안받는다. 반대로 호빈에게 진 이후 빡고의 몰락은 그가 운영하던 뉴튜부 구독자 수가 줄어드는 모습으로 형상화된다. 싸움의 패배보다 굴욕적인 건 인기와 관심을 잃고 '아싸'로 밀려나는 것이며, 진정한 승리는 '인싸'의 자리를 대신 차지하는 것이다. 여기에 동시대 독자들이 열광한다면, 결국 이것이 지금 이곳에서의 욕망이라 해도 무방할 것이다.

이것을 단순히 상승 욕구라고만 말할 수 있을까. 문화연구자 오혜진은 《핀치》에 기고한 글에서 "'아싸'와 '인싸' 모두 '중심/주변'이라는 위계화된 이분법을 전제한다는 점에서 같은 종류의 욕망이겠으나, 후자는 '주류/기득권에 속한다는 것'에 대한 어떤 경계도 없이 주변부적인 것에 대한 혐오를 노골적으로 승인한다"고 최근의 '인싸' 문화에 대해 비판적으로 스케치한 바 있다. 박태준 월드는 이러한 배제와 혐오를 선명히 드러낸다. 〈외모지상주의〉에서 지방 남학생들이 놀이공원 자유이용권으로 츄러스를 사먹을 수 없다는 것에 놀라는 장면이나 지방 여학생들의 외모와 패션을 의도적으로 희화화한 장면은 짧은 에피소드라 해도 명백한 지방민 비하다. 형석처럼 학교폭력 피해자였던 박지호가 자신의 능력만으론 아무 것도 못한다는 사실에 절망하다가 가해자에게 흉기를 휘두르고 자신을 도우려던 형석까지 해하며 작품 내 최대 비호감 캐릭터가 된 것 역시 약자혐오적인 '노오력 부족'의 서사다.

그의 작품들에서 숨 쉬듯 반복되는 여성 캐릭터의 성적 대상화와 비하는 이런 맥락 위에 있다. 앞서 박태준 월드를 지배하는 '인싸'로의 편입 욕망에 대해 이야기했지만, 같은 '인싸' 무리에서도 여성은 언제나 주변부적인 것, 혹은 '인싸'로 편입되는 주인공에 대한 보상으로 등장한다. 〈외모지상주의〉에서 몸이 뒤바뀐 형석이 가장 먼저 경험하는 것은 자신을 보는 여성들의 달라진 시선이다. 형석을 유혹하기 위해 파인 옷을 입고 가슴을 모으는 박하늘이나 남자친구가 있지만 형석에게 노골적으로 애교를 부리는 유이처럼, 여성들은 형석의 달라진 삶에 대한 첫 번째 보상인 동시에, 그런 '외모지상주의'를 공고히 하는 속물적인 존재로 그려진다. 즉 보상으로서의 여성도 포기할 수 없고, 여성 비하의 쾌감도 포기할 수 없다. 〈인생존망〉에서 짐승 같은 남자에 대한 로망이 있는 박다빈이 진우의 몸을 한 안철에게 끌리고 가출 뒤 재워달라고 부탁하거나, 진우 어머니에게 들킬까봐 다빈을 이불에 숨긴 장면이 노골적으로 성애화된 포즈로 그려지는 것도 마찬가지다. 〈싸움독학〉에서 호빈의 같은 반 뷰티 뉴투버도 구독 수를 늘리기 위해 그에게 접근하는 속물로 등장한다. '인싸'가 되고 싶다던 호빈은 짝사랑하던 최보미와 데이트를 하며 '인싸 같은 거 안해도 돼'라고 독백하지만, 사실 그것은 예쁜 여성과의 만남이 이미 '인싸' 편입의 트로피 역할을 하기 때문이다.

하여 박태준 '일진' 3부작에서 '아싸'의 반란은 '아싸'와 '인싸'의 이분법적 구조를 무너뜨리기보단 그들이 결국 '인싸'가 되는 결과를 통해 오히려 그 이분법을 공고히 한다. '아싸'여도 상관없다고 말해주는 대신, 너도 잘하면 '인싸'가 될 수 있다고 말해주는 것. 〈인생존망〉의 안철은 진우의 몸에 들어가기 전엔 격투기로 번 돈을 기반으로 이십대 초반에 이미 성공한 휴대전화 판매업자였으며, 〈싸움독학〉의 '인싸'들은 고등학생임에도 뉴투부로 막대한 돈을 번다. 그러니 나쁜 '인싸'를 응징하되, 주인공도 '인싸'는 되고 봐야 한다. 이것이 경쟁 원리의 내면화다. 때문에 주인공들은 구조를 탓하지 않는다. 빡고에게 무참한 굴욕을 당했던 호빈은 빡고가 아닌 자신에 대한 분노를 불태우며 특훈에 돌입하며, 억울하게 죽은 진우는 안철에게 복수하기보단 안철이 자기 대신 '인생존망' 사건들을 막아 자기 삶을 복구해달라고 요구한다. 사실 가해자였던 인물이 과거의 피해자 몸에 들어가 자신의 격투 기술로 피해자의 인생을 구제한다는 설정은 조금만 생각해봐도 기만적이기 짝이 없다. 주인공에게 이 정도 능력만 있었으면, 이라는 가정을 통해 진행되는 사이다 서사는 그 정도 능력이 없는 인물들을 위한 전망을 남기지 않는다. 언더독의 반란을 그리지만 전복적인 건 고사하고 가장 전형적인 능력주의로 회귀한다. 약자는 '노오력'이 부족한 것이며, 여성은 남성에게 빌붙거나 미모를 팔아 쉽게 돈을 벌 수 있다고 말한다. 악인을 징벌하는 쾌감에 몰두함에도 그의 작품들이 윤리적 성찰을 조금도 남기지 못하는 건 그래서다.

재밌으면, 독자들이 좋아하면, 조회 수가 잘 나오면, 그걸로 된 걸까. 다만 이렇게는 말할 수 있겠다. 〈싸움독학〉에서 빡고의 폭력적 콘텐츠에 '좋아요'를 누르던 90만 구독자가 바로 그 폭력의 구조를 이루는 존재들이었다고. 여기에 공감하고 재미를 느끼는 것이 시대정신이라면, 이 사회가 병들지 않았다고 말할 수 있겠느냐고. **2020.01.17.**

+ 〈외모지상주의〉와 〈인생존망〉(현재 완결), 〈싸움독학〉을 동시에

연재하던 박태준 작가의 생산성은 그의 회사인 박태준만화회사를 통해 진일보했다.

2021년 11월, 기존 박태준 작가 작품들의 세계관을 연결하는 스핀오프인 〈퀘스트지상주의〉와 〈김부장〉이 공개됐고, 스핀오프는 아니지만 〈인생존망〉의 IP를 활용한 〈존망코인〉도 등장했다. 해당 작품들을 보면 와이랩 같은 여타 스튜디오와 달리 왜 스토리 작가 이름 대신 박태준만화회사를 작가로 표기하는지 어렵지 않게 가늠할 수 있다. 위에서 지적한 '인싸' 월드의 세계관과 사이다 서사를 극대화한 설정이 이들 작품에서 반복되기 때문이다. 어느 순간부터 학원 일진물을 밀어내고 네이버웹툰 상위권을 차지하기 시작한 게임 판타지를 도입한 〈퀘스트지상주의〉는 비슷한 웹소설이나 웹툰에서 반복된 게임과 레벨업이라는 클리셰를 기존 박태준의 작품들에서 볼 수 있던 '아싸'가 '인싸'가 되는 구조 안에 적절히 결합한 것에 가깝고, 납치된 딸을 찾는 김부장의 이야기를 그린 〈김부장〉 역시 영화 〈테이큰〉, 〈아저씨〉에서 쉽게 볼 수 있던 몇 가지 클리셰를 박태준 작가 특유의 강자/약자 간 관계 역전의 쾌감으로 연결한다. 장르가 바뀌고 스토리 작가가 바뀌고 그림 작가가 바뀌었지만 박태준만화회사의 신작은 놀라울 정도로 박태준의 방식을 거의 그대로 답습한다. 말하자면 그는 동시대 독자들에게 직관적으로 어필할 만한 설정을 대량으로 기획할 수 있고, 그것을 모두 생산할 수 있을 만한 매뉴얼과 시스템을 확보한 셈이다. 이것은 일종의 양산화 모델이다.

박태준 본인이 이전 시대의 만화 공장장인 김성모와 함께 〈쇼미더럭키짱!〉을 연재한 건 그래서 우연이나 재밌는 협업으로만 보기 어렵다. 두 사람의 놀라운 생산성엔 자기 복제의 혐의가 있으며, 작품이라기보다는 밈(meme)이 되어버린 김성모의 〈럭키짱〉 혹은 〈돌아온 럭키짱〉을 역시 밈처럼 활용하는 〈쇼미더럭키짱!〉은 서사물로서의 만화라기보다는 의식의 흐름에 따른 '개드립'의 향연에 가깝다.

이것은 그저 독자들이 재밌으면 끝나는 일인 걸까. 창작이라는 이름으로 어떤 세계가 재현되고 어떤 담론이 재생산되는지 묻기보다는, 불특정 다수 대중이 재밌어하는 코드를 끼워 넣고 원하는 자극을 주는 것에 만족하면 되는 걸까. 이것은 도덕적 영역에 대한 질문이지만 또한 그것만은 아니다. 재미란 새롭게 개발되고 확장되는 것이다. 박태준 월드에 포위된 웹툰 시장에서 과연 새로운 재미가 쉽게 추구될 수 있을까. 웹툰 시장에서 미슐랭 쓰리스타 셰프의 파인다이닝을 맛볼 수는 없는지 질문하는 게 아니다. 똑같은 햄버거에 소스만 달리하는 선택지밖에 남지 않을 미래가 괜찮은지 묻는 것이다.

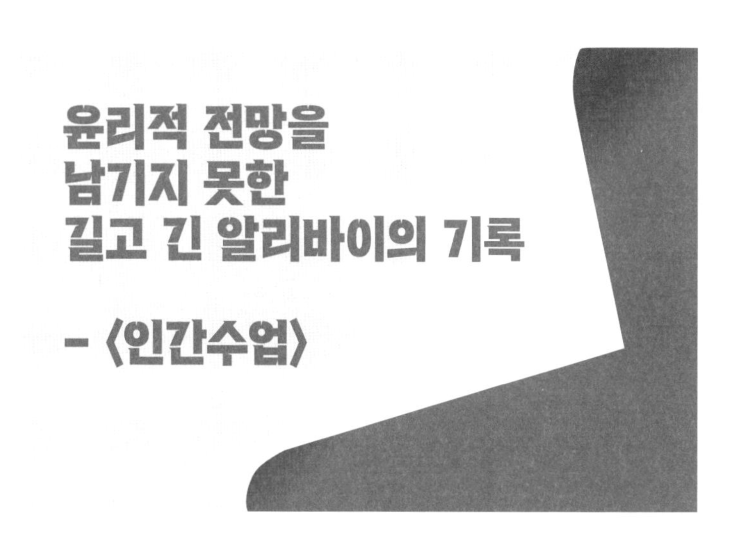

# 윤리적 전망을 남기지 못한 길고 긴 알리바이의 기록 - 〈인간수업〉

"재수가 없었던 거야, 자네나 나나."

넷플릭스 오리지널 시리즈 〈인간수업〉의 주제의식은 어쩌면 극 중 이왕철(최민수)이 성 판매 알선 사업 파트너인 주인공 오지수(김동희)를 위로하며 던진 이 대사에 있을지도 모르겠다. 인터넷 성 판매 알선 범죄로 돈을 버는 고등학생의 모습을 그리며 큰 화제가 된 이 작품에서, 안정적 삶에 필요한 만큼만 범죄로 돈을 벌겠다던 주인공 지수의 윤리적 일탈은 역설적으로 거의 매 회마다 안정적 삶과 거리가 먼 혼돈으로 그를 끌고 간다. 성 판매 알선용 대포폰을 사용하며 모범생의 삶과 온라인 포주의 삶을 분리하며 살 수 있을 거라는 그의 믿음은 같은 반 학생이자 교내 '초인싸'인 배규리(박주현)가 대포폰을 훔치면서 곧바로 무너지고, 범죄 사실이 드러나기 전에 도망치려던 계획은 여행 가방에 쑤셔 넣은 범죄 수익 6000만 원을 도박중독자인 아버지 오정진(박호산)이 훔쳐가면서 무산된다. 이후 규리의 요청으로 시작된 둘의 동업은 사업을 번창시키기는커녕, 조직폭력배와 엮이는 계기가 된다. 지수의 표현을 빌리면 둘의 만남으로 그들은 "하루에 한 번 꼴로 죽을 뻔"한다.

이 작품에 대해 미국 드라마 〈브레이킹 배드〉의 이름이 종종 소환되는 건 무언가를 잘해보려다가 오히려 더 수렁에 빠져드는 운명의 불가항력을 서사적으로 구현하기 때문일 것이다. 문제는 이 불가항력의 의미다. 지수가 수렁에 빠져드는 것은 그가 애초에 윤리적으로 잘못된 선택을 했기 때문인가, 단지 운(재수)이 없어서인가. 전자와 후자는 서로 전혀 다른 윤리적 전망을 남긴다. 후자의 경우 어떠한 윤리적 전망도 남지 않으며 오히려 부정된다. 미리 말하자면, 이 작품은 파국의 소용돌이에 지수에게 어떤 책임이 있는지 고찰하기보단 그 소용돌이 안에 그의 책임을 파묻어버린다. 그는 단지 "재수가 없었던 거"다.

작품 안에서 걷잡을 수 없이 번지는 사건들이 지수, 규리의 행동과 상관없이 우연적으로 벌어진다는 뜻은 아니다. 그들은 사건들의 인과에 대해서만큼은 명백한 원인을 제공한다.

가령 규리가 어머니 조혜연(심이영)이 운영하는 연예기획사 소속 남자 연습생 이태림(곽희주)을 성 판매업에 끌어들인 탓에 그들은 태림의 고객이던 미정(백주희)의 애인인 폭력배 류대열(임기홍) 무리와 엮이게 된다. 또한 지수는 같은 반 학생이자 실은 자신의 알선을 통해 조건 만남 일을 하던 서민희(정다빈)가 경찰에 자백하는 걸 막으려다 결과적으로 경찰의 개입을 늦춰 왕철이 대열 패거리와 싸우다 죽는 빌미를 만든다. 이 일들은 그들 때문에 벌어진 게 맞다.

하지만 또한 그때마다 작품은 이들의 선택이 불가피했음을 서둘러 변명한다. 태림이 성 판매업 일을 수락한 건 데뷔가 무산되어 더는 연습생으로 남기 어려워진 탓이며, 왕철이 죽음까지 무릅쓰고 지수와 민희를 위해 싸운 것은 지수의 판단 착오 때문이 아니라 온전히 본인의 의지에 의한 것이었다. 물론 여전히 지수와 규리가 이기적이고 타인을 고려하지 않았다는 사실은 그대로 남는다. 하지만 이 지점에서 〈인간수업〉은 지수를 위한 가장 강력한 알리바이를 준비해놓는다. 이 세상은 이미 모두가 자신의 이익만을 위해 사는 비정한 곳이라는 전제다. 아버지는 아들의 돈을 훔치고, 어머니는 딸의 인생을 자신의 트로피로 활용하며, 학교조차 일진의 지배하에 돌아가는 그런 세상.

지수와 규리의 담임인 조진우(박혁권)의 사회 수업 장면은 그래서 의미심장하다. 그는 위법 행위자를 처벌하는 공권력의 권한을 누가 주었는지 학생들에게 질문한 뒤, "너희나 나 같은 평범한 시민들이 준 권한"이라고 자답한다. 이것은 가장 간단한 수준의 사회계약론이다. 흥미로운 건 나름 이상적인 선생님으로 그려지는 진우가 인간의 합리성을 믿는 로크적인 의미의 사회계약론자라면, 〈인간수업〉의 세계는 철저히 홉스가 가정한 '만인의 만인에 대한 투쟁' 상태라는 것이다. 해당 에피소드에서 학생주임의 기습적인 소지품 검사에 대해 지수는 사업 관련 물품을 들킬까봐 개인의 권리를 근거로 거부하고 진우는 이에 동의한다. 하지만 학생주임이 부정적으로 그려지는 것과 별개로 진우의 믿음은 철저히 배신당한다. 지수의 가방에 범죄 증거가 있었기 때문만은 아니다. 일진 곽기태(남윤수) 패거리가 지수를 괴롭히는 것을 비롯해 그는 실제 교실에서 벌어지는 야만에 대해 조금도 알지 못한다. 성 판매업 중인 민희가 어른에게 말 못할 위기에 빠졌다는 걸 직감한 학교전담경찰관 이해경(김여진)의 조금 강한 심문에 강하게 반발한 건 진우였다. 그는 규리가 동아리실에 숨겨 놓은 성 판매 범죄의 물증이 나왔을 때도 아이들이 그럴 리 없다고 진술한다.

〈인간수업〉은 교사 진우 그리고 역시 아이들을 인간적으로 대하지만 언제나 한 발 늦는 경찰 해경이 선하지만 무력한 어른이자 실패한 시스템이라고 말하는 건 아니다. 그런 어른들이 무능력한 게 아니라 작품 속 비정한 세상을 정당화하기 위해 규범적 인물들과 문명화된 공권력을 무력하게 묘사한 것에 가깝다. 유일하게 아이들에게 도움이 된 어른이 물리적 폭력에 의존하는 왕철인 건 우연이 아니다. 야만의 세계에서 통용되는 건 합리성이 아닌 힘이다. 그에 반해 타인이 옳은 길을 선택할 거라는 믿음을 갖는 이들이 배신당하고 또한 그것이 마치 그들의 무능력 때문인 것처럼 그려진다면, 지수와 규리 혹은 기태, 대열 등 타인을 도구로 보고 자신의 이익을 추구하는 이들의 행동은 생존을 위한 필연처럼 보일 수밖에 없다.

〈인간수업〉이 범죄 가해자(지수)의 입장을 전면에 내세우기에 잘못이라는 일부 평론가와 시청자의 비판적 지적은 이 지점에서 더 구체화할 수 있다. 지수는 남들이 누리는 평범한 삶을 살고 싶다는 그 이유로 성 판매 알선을 시작한다. 물론 헛소리다. 자신의 평범한 삶을 위해 다른 누군가를 성 착취의 메커니즘에 끌어들이고도 거리낌이 없는 그는 도덕적 불감증이라고 해야 맞다. 하지만 또한 작품 속 모두가 그러하다. 부잣집 딸이지만 도벽이 있고 지수의 사업에 동참하는 규리의 존재는 얼핏 생존 때문에 범죄를 저지른다는 지수의 논리에 대한 반박처럼 보이지만, 오히려 그 반대다. 규리가 사업을 재개하는데 필요한 자본금을 턱하니 내놓자 지수는 모욕받은 표정으로 "다 이렇게 쉽네, 너는. 그냥 다 돈 주고 사면 되겠네"라며 거절

한다. 범죄를 일종의 유희처럼 접근하는 규리와의 대비를 통해 지수의 범죄는 생존을 위한 몸부림으로 더더욱 필연성을 획득한다. 배우 박주현의 발견을 비롯해 규리가 한국 드라마에서 보기 어려운 인상적인 여성 캐릭터라는 것과 별개로, 〈인간수업〉에서 그의 존재는 지수를 연민하기 위해 활용된다. 결정적일 때마다 지수의 글썽이는 얼굴을 떠올리며 그의 편을 드는 규리의 시점을 거칠 때마다 "미성년자고 나발이고 안 가리고 팔아먹는 악질 포주"로서의 지수의 본질은 지워진다.

대본을 쓴 진한새 작가가 다수의 언론 인터뷰에서 밝힌 "죄라는 건 왜 나쁜가"라는 문제의식이 작품 안에서 집요하게 반복될지언정 별다른 윤리적 전망을 남기지 못하는 건 그래서다. 〈인간수업〉은 분명 죄의식을 느끼지 못하는 인물들을 통해 역설적으로 죄의식과 도덕의 필요성을 전달할 가능성과 의도를 품고 있다. 하지만 작가는 법으로 규정된 죄의 기준과 별개로 죄라는 것이 왜 나쁜지에 대한 사고실험을 하기 위해 누구든 죄의식과 이타심을 버려야만 생존할 수 있는 극단적인 세계를 설계하느라 그들을 왜 비판적으로 바라봐야 하는지에 대한 규범적 근거와 비판적 전망을 작품 안에서 마련하지 못한다. 가령 자신의 사업은 성 착취가 아니라 성 판매자를 위한 경호업이라는 지수의 변명은 우리의 경험세계에선 분명 헛소리지만, 작가는 자신의 문제의식을 위해 만약 정말로 성 판매자도 자신의 의지로 일을 선택하고, 지수가 그들에게 실제로 도움이 되는 '윈-윈' 관계라면 그럼에도 그것은 죄이며 나쁜 것인지 질문하는 듯하다. 실제로 민희를 비롯해 조건 만남을 하는 작중 여성들은 지수와 왕철의 경호가 예전 같지 않다는 것에 불만족을 느낄 뿐이다. 즉 〈인간수업〉이 성 판매 문제에 깔린 여성의 성 착취라는 본질을 보지 못한다는 여성주의적 비판은 전적으로 옳지만, 이것은 남성 중심적인 '성맹적' 관점 때문만이 아니라, '죄는 왜 나쁜가'라는 질문을 극대화하기 위해 도덕적으로 공백에 가까운 세계를 설계하느라 정작 죄를 구성하는 경험세계의 주요 맥락들을 놓친 것에 더 가까워 보인다. 여기서 〈인간수업〉의 집요한 문제의식은 실천적으로 공허해진다.

선을 선으로 보답받길 기대할 수 없는 세계에서 행위자는 결과적으로 성공하거나 실패할지언정 도덕적 부담을 질 이유는 없다. 기댈 수 있는 건 운, 재수뿐이다. 하여 지수를 파국으로 몰고 가는 운명의 불가항력은 돈 없고 보호자 없고, 심지어 재수까지 없는 아이가 겪어야 하는 안쓰럽고 필연적인 사건이 된다. 그래서 궁금하다. 과연 지수가 그토록 비싼 수업료를 치른 '인간수업'으로부터 대체 배울 만한 것이 있었을까. 물론 이것은 작품을 본 사람들에게도 적용되는 의문이다. **2020.05.22.**

+ 〈인간수업〉의 가장 큰 문제는 사회계약으로서의 법과 도덕에

대해 질문하기 위해 사회계약의 경험적 맥락을 굉장히 편의적으로 삭제해버렸다는 것이다. 차라리 그 계약서가 어떤 식으로 계급과 젠더의 불평등을 감추고 있는지, 기만을 폭로하는 것이었다면 어땠을까.

사회계약은 자유롭고 평등한 개인들이 협력할 수 있는 조건에 대해 상당히 사려 깊게 고려해 작성한 문명사회의 매뉴얼 같은 것이다. 사회계약론적 입장에서 어떤 행위를 죄로 규정하고 나쁘게 보는 이유는, 그 행위가 인간 사회를 유지할 협력의 조건을 훼손한다고 보기 때문이다. 하지만 〈인간수업〉은 그러한 협력의 조건이 훼손되지 않을 가능성을 상당히 불가능한 수준으로까지 가정하는 방식으로 죄의 근거에 대해 질문한다. 창작자로서 흥미롭고 야심찬 도전일 수 있지만(그렇기에 당시 상당한 화제를 모으고 평단의 반응을 이끌었겠지만), 나는 이것이 결과적으로는 그다지 유의미하지 않다고 생각한다.

단적으로 말해 인간 사회는 호혜성을 기반으로 지금까지의 성취를 이뤄왔다. 예술적 성취도 마찬가지다. 만인의 만인에 대한 투쟁 상태에서는 '죄는 왜 나쁘냐'는 철학적 질문을 할 느긋한 사유의 물적 토대 자체가 허용되지 않는다. 작품의 처음 제목이 될 뻔한 '극혐'은 분명 이 시대를 관통하는 정서로서 예술적으로 탐구될 수 있지만, 어떤 탐구든 대상을 관찰하기 위해 딛고 서야 할 일종의 고정점을 필요로 한다. 그 고정점을 고의적으로 무너뜨릴 때 일종의 카오스가 만들어진다. 서사적으로 구현한 혼란스러운 사건의 무작위한 연쇄와 관점의 부재에 의한 윤리적 혼돈이 교묘히 포개진 자리에서, 작품의 윤리적 무책임은 가려지고 극본의 높은 기술적 완성도는 문제의식의 성취로 포장된다.

나는 이것이 작품의 기만이라 생각하진 않는다. 다만 이걸 모른 척 한다면 비평의 기만이 될 수는 있겠다.

# 선의 포기를 종용하는 나홍진의 세계관 – 〈랑종〉

나홍진 제작, 반종 피산다나쿤 감독의 영화 〈랑종〉은 끔찍하다.

오컬트 공포 영화로서 종반부에 벌어지는 악령의 잔인한 학살극 때문만은 아니다. 개봉 전부터 본 사람과 보지 않았던 사람 모두에게 논란이 됐던 동물 학대나 여성 캐릭터의 성적 소비 등 다분히 폭력적인 포르노그래피 때문만도 아니다. 사실 후자의 문제는 작지 않지만, 그것조차 부차적으로 느껴질 정도로 〈랑종〉이 페이크 다큐멘터리 형식을 통해 강조하는 메시지는 끔찍하다. 이 영화의 스토리는 악(령)의 승리다. 거기까진 괜찮다. 하지만 영화의 형식은 그 이상을 말한다. 〈랑종〉은 악의 불가항력을 말하는데 그치지 않고, 악 앞에 선 선의 무기력함 혹은 선의 부재를 학습시키는 영화다. 그래서 끔찍하다.

제작자 나홍진의 이름과 무속 신앙이라는 소재부터 많은 이들이 〈랑종〉과 나홍진의 연출작 〈곡성〉과의 유사성을 기대할 테고, 또한 실제로 둘은 많은 것을 (안 좋은 의미에서) 공유하고 있지만, 〈랑종〉의 줄거리는 〈곡성〉만큼 관객을 의혹에 빠뜨리진 않는다. 〈곡성〉이 사건의 배후에 초현실적인 힘이 있는지 없는지, 타지인 일본인(쿠니무라 준)이 악마인지 아닌지, 무속인 일광(황정민)이 좋은 쪽인지 나쁜 쪽인지, 의도적으로 관객을 혼란스럽게 하는 반면에 〈랑종〉은 서사의 빈칸이 많되 딱히 관객이 이야기의 흐름을 놓치거나 헷갈릴 만한 요소가 별로 없다.

태국 이산 지역에 가문 대대로 '바얀'이란 신을 모시는 무당(랑종)인 님(싸와니 우툼마)이 있고, 그에 대한 다큐를 찍던 촬영팀이 님의 형부 장례식에서 만난 님의 조카 밍(나릴야 군몽콘켓)의 이상 행동을 발견하고 이후의 과정을 다큐에 담아낸다. 아주 작은 반전들은 있지만 〈랑종〉의 서사는 일관되게 밍이 악귀에 잠식되어가는 과정과 그걸 막기 위한 님의 노력, 그리고 악귀와의 최종 대결을 다룬다. 의문과 미지로 가득한 〈곡성〉의 세계와 달리, 여기서는 하다못해 다큐를 찍는 이들조차 빙의라는 초현실적 현상을 큰 거부감이나 의문 없이 받아들인다.

그러니 관객으로서도 갸우뚱할 필요 없이 이건 초현실적 존재가 전제된 오컬트 공포 영화라고 받아들이고 즐기면 된다. 정말 무섭더라는 시사회 후기나 역시 공포에 방점을 찍은 프로모션은 나홍진과 피산다나쿤 두 스타 창작자가 만들어낼 웰메이드 오컬트 공포에 대한 기대감으로 소급한다. 자신의 장르적 성격을 숨기지 않는 〈랑종〉의 세계관, 악령과의 대결을 향해 직진하는 이야기, 그리고 〈블레어 위치〉의 성공 이후 다수의 공포 영화에서 검증된 페이크 다큐라는 형식은 이에 대한 필요조건을 충족한다.

하지만, 딱 거기까지다. 관객은 밍의 빙의에 대해 처음엔 모계 전승인 바얀 신의 내림인 줄 알았다가, 밍과 근친상간 관계였던 자살한 오빠의 원혼을 의심했다가, 최종적으로 밍의 부계로부터 내려져온 저주 때문이었음을 알게 되지만 갈수록 커지는 초자연적 악의 실체는 그럼에도 경외로서의 두려움을 주지 못한다. 조금 더 정확히 말해 어떠한 상상력도 자극하지 못한다. 이 영화의 악은 앞의 3/4가량은 밍이라는 젊은 여성의 신체 훼손에만 집착하고, 나머지 1/4에선 밍을 조종해 학살극을 벌이는데, 이 두 가지 모두 밍이라는 인물이 아무 것도 하지 못하고 무너지는 과정을 보여줄 뿐이다. 여기서 이 강력한 악귀는 미지의 존재라기보다는 차라리 나홍진의 전작 〈추격자〉의 지영민(하정우) 오컬트 버전에 가까워 보인다. 조금 도식적으로 말해, 밍이 겪는 신체 훼손과 빙의 상태에서 벌이는 무의미한 섹스신은, 여성 피해자가 겪는 강간과 신체 훼손의 이미지에서 남성 가해자의 존재와 남성 창작자의 관음적 시선만 쏙 괄호 치고 그 자리에 눈에 보이지 않는 미지의 존재를 끼워 넣은 것에 가깝다. 즉 〈랑종〉 속 악귀의 초월성은 인간이 가늠하기 어려운 불가해함보다는, 여성에 대한 가학적 페티시에 대해 구체적 책임을 회피하기 위한 형태로 등장한다.

처음부터 나홍진의 시나리오 원안에 제시됐고, 피산다나쿤 감독이 "관객이 좀 더 생생하게 이야기를 느끼려면" 필요했다고 본 페이크 다큐라는 형식이 굉장히 사악해지는 건 이 지점이다. 중립적 관찰자를 가장한 페이크 다큐의 카메라는 밍에게 벌어지는 일들을 안타깝지만 어쩔 수 없는 것, 자연스러운 것, 불가피한 것으로 그려낸다. 앞서 말한 밍이 빙의된 상태에서 벌인 섹스 장면이 밍의 회사 CCTV에 찍힌 흑백 영상으로 등장하는 게 역겨운 건 그래서다. 왜 빙의를 설명하기 위해 꼭 섹스 장면이 들어가야 하느냐는 당연한 질문을 차치하더라도, 그것이 CCTV의 형태로 재현될 때 여성의 나체와 섹스를 굳이 시나리오에 넣어 연기를 시키고 촬영한 창작자의 존재와 의도는 교묘히 지워진다. 그저 벌어진 일을, 벌어졌으니 어쩔 수 없이 보여준다는 식의 기만이 벌어지는 것이다. 그러면서도 일반적인 파운드 푸티지 스타일과는 달리 섹스 신의 여체를 선택적으로 선명하게 클로즈업하는 건 더 역겹다. 역시 몰래 설치한 야간용 관찰 카메라로 밍이 집의 반려견을 그대로 끓는 물에 집어넣는 가학적 장면을 확인하는 것도 마찬가지다. 단순히 불편한 장면이라 문제인 게 아니라, 그 불편함을 따져 물을 윤리적 개입을 관찰 카메라의 시선으로 미리 차단하는 게 문제다. 밍에게 빙의된 악령이 벌이는 깽판에 대해 중립적 입장을 가장한 카메라는 그저 무기력하게 이 모든 것에 대해 어쩔 수 없다는 태도를 유지한다.

아마도 영화의 하이라이트라 할 수 있을 엑소시즘과 악귀의 반격이 담긴 종반부는, 이처럼 아무 개입도 질문도 할 수 없이 벌어지는 모든 일을 승인하는 무기력한 관찰자의 위치에 관객을 밀어 넣는 방식으로 유사 공포를 만들어낸다. 밍을 위한 엑소시즘을 준비하던 님이 돌연사하지만, 그의 동료 엑소시스트는 포기하지 않고 의식을 진행한다. 물론 충분히 예측 가능하게 엑소시즘은 실패하고, 밍과 그에게 붙었던 악귀에 빙의된 엑소시스트의 제자들은 카메라를 든 다큐 제작자들을 공격한다. 역시 충분히 예측 가능하게, 어두운 밤 적외선 카메라의 녹색 화면엔 이 학살극이 고스란히 담긴다. 이것이 유독 무섭게 느껴지는 건, 차마 상상하지 못했던 일이 벌어져서가 아니라 아무 것도 할 수 없고 소용없다는 카메라의 체념적 관점이 관객의 시점을 지배하기 때문이다. 이 두려움은 상상력을 자극하는 방식으로 작동하는 것이 아니라, 희망을 상상할 수 없게 만드는 방식으로 작동한다. 영화가 얼른 끝났으면 하는 마음이 들 정도로 당장은 효과적이지만, 반대로 영화가 끝나는 즉시 아무런 인상적인 장면도 남기지 못한다.

이것은 〈랑종〉이 기대만큼 무섭진 않은 영화, 상당 부분 예측 가능한 영화라는 것만을 뜻하진 않는다. 어떤 의미로든 〈곡성〉이 〈랑종〉보다 잘 만든 작품이지만, 〈랑종〉은 단순히 〈곡성〉보다 못한 영화라기보다는 〈곡성〉에서 보여준 악에 대한 무기력함이라는 테마를 더 노골적으로 밀어붙인 영화다. 영화 말미 엑소시즘 의식에 참여했던 밍의 어머니이자 님의 언니인 노이(씨라니 얀키띠칸)는 갑자기 바얀 신을 영접했다고 주장하며 본인이 직접 의식을 진행하다가 고의로 의식에 참여한 사람들에게 저주를 내려 죽게 만든다. 이에 대해 피산다나쿤 감독은 본인의 의견은 보류한 채 "바얀 신이 노이에게 들어갔거나, 다른 악령이 노이에게 들어갔거나, 아니면 노이가 정신이 나갔거나"라는 세 가지를 유추할 수 있다고 말했지만, 노이가 바얀의 이름으로 밍의 악귀를 쫓으려다가 결국 밍에 제압당해 죽은 것을 보면 역시 노이는 바얀에 빙의된 것에 가까워 보인다. 반면 학살이 끝난 뒤 에필로그처럼 추가된 님의 생전 마지막 인터뷰 장면에서 그는 사실 자신은 바얀 신을 느껴본 적이 없다며 아무 것도 알 수 없다고 다분히 회의적인 입장을 고백한다. 이것은 신에 대한 부정이 아니다. 영화 내내 초자연적인 존재가 등장하고 심지어 넘쳐났다. 본질은 신이 없는 게 아니라 엄청나게 많은데 님이 믿던 '선한' 신이 없는 것이다. 보살피는 존재는 애초에 존재하지 않았으며, 오직 악만이 초월적이고 실재한다.

이것은 오컬트의 형식을 경유한 세상에 대한 저주다. 선의 패배를 선언하는 것이 아니라 선의 포기를 종용하는 것. 그러니 무서운 건 영화가 아니다. 이런 발화가 예술의 이름으로 너무 쉽게 승인된다는 게 진짜 무서운 일이다. **2021.07.16.**

+ 이 글에 대한 가장 흔한 반론은, 그렇다면 해피엔딩이 아닌 모든 영화는, 세상의 추악한 진실을 드러내는 영화는 윤리적인 잘못이 있느냐는 것이었다. 당연히 아니다. 내가 지적하고 싶었던 건, 선의 패배를 보여주는 것이 문제가 아니라 선의 패배의 필연성을 보여주는 것이 문제라는 것이다. 이 둘은 전혀 다르다.

해피엔딩이 아님에도 훌륭한 작품들은 찜찜한 뒷맛에도 불구하고 선한 의지에 대한 전망을 남긴다. 가령 역시 공포영화인 아리 에스터의 2018년 작품 〈유전〉은 분명 〈랑종〉처럼 인력으로는 벗어날 수 없는 운명의 필연성을 가족의 역사로 그려낸다. 여기서도 악의 승리는 필연적인 것처럼 그려진다. 하지만 〈유전〉은 과연 무슨 일이 벌어지고 있는지에 대해 관객이 추리하고 개입할 여지를 만들고, 모든 퍼즐이 맞춰진 지점에서 단순히 운명의 불가항력에 순응하기보다는 그것을 가능하게 한 수많은 조건을 인식하게 해준다. 제목 그대로 가족에 대한 영화로서, 〈유전〉은 질기고 질긴 운명의 대물림을 통해 역설적으로 그것의 지긋지긋함과 일종의 강제성에 대한 비판의 전망을 남긴다.

폭력적 세상의 진실에 대한 묘사도 마찬가지다. 세상은 잔인하지만, 그럼에도 거기에 맞서 싸우는 것은 무의미하지 않으며 패배할지언정 숭고하다는 인식을 남기는 작품들이 있다. 소포클레스부터 현재까지 위대한 비극은 모두 그것에 성공했다. 〈랑종〉은, 그리고 기묘할 정도로 이번 장에서 다루는 소위 K콘텐츠 웨이브를 대표한다고 인용되는 작품 다수는 그러한 거리를 만들어내는데 실패하거나 관심이 없어 보인다.

〈랑종〉은 대단히 무서운 작품도 아니지만, 여기서의 공포는 악에 대한 패배가 아닌 무기력함에 대한 굴종의 방식으로 만들어진다. 카메라는 노골적으로 그러한 굴종의 자리를 관객에게 강제하며 그러한 무기력의 학습을 장르적 쾌감인 것처럼 포장한다. 더 나은 결과를 보여주지 않아서 비윤리적인 게 아니라, 더 나은 결과를 상상하지 못하게 지금 이곳의 폭력적 재현에 압도되도록 몰아가기에 비윤리적인 것이다. 절망에 대한 전망이 아닌, 전망 자체의 부재에 의한 절망. 나는 이것이 끔찍하고, 또한 따분하다.

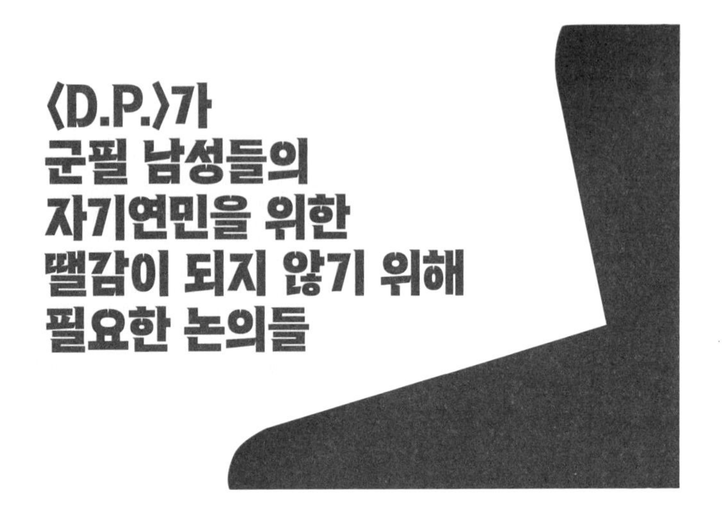

# 〈D.P.〉가 군필 남성들의 자기연민을 위한 땔감이 되지 않기 위해 필요한 논의들

한국에서 군 폭력에 대한 예술적 재현은 그것이 상당히 탁월한 성취를 보일 때조차 양가적 효과를 발휘한다.

때때로 이들 작품은 군대라는 공간에서 벌어지는 폭력의 구조적 필연성을 고발하고 비판적 의식과 책임감을 환기시키지만, 그보다 많은 경우 군대를 다녀온 다수 한국 남성들의 자기연민을 불태우기 위한 땔감으로 사용된다. 후자의 경우 작품에 이미 그런 관점이 내재되어 있을 때도 있지만, 그렇지 않은 경우에도 호시탐탐 자신이 군대에서 겪은 고난과 억울함을 호소할 준비가 된 남성들을 제어하기란 어렵다. 2021년 8월 28일 공개된 넷플릭스 오리지널 드라마 〈D.P.〉에 대한 반응 역시 마찬가지다.

드라마 각본에도 참여한 김보통 작가의 웹툰 〈D.P. 개의 날〉을 원작으로 한 이 작품은 탈영병을 잡는 군인인 군무이탈 체포조 D.P.(Deserter Pursuit) 안준호(정해인), 한호열(구교환)과 각각의 탈영병 사연을 중심으로 군 폭력과 부조리를 그려낸다. 이미 많은 이들이 평가했듯, 수작이다. 구조적 폭력에 대한 문제의식은 올바르고, 캐릭터들은 매력적이며, 만듦새는 깔끔하다. 그러니 이 작품을 〈82년생 김지영〉 남성 버전으로 부르며, 한국 남성들의 고난을 몰라주는 것에 대한 억울함의 근거로 인용하는 이들에 대해 작품의 책임은 별로 없다. 혹시 모를 오해를 피해 마지막 에피소드 제목을 '방관자들'이라고까지 친절히 명기하지 않았나. 다만 이렇게는 말할 수 있겠다. 〈D.P.〉에 대한 열광적 오독에 작품의 책임은 없지만, 반사적으로 자기연민에 빠질 준비가 된 상당수 군필자들이 원하는 수준까지만 열광하고 중요 문제의식을 외면할 수 있던 서사적 빈 공간에 대해선 비판적으로 되짚어볼 필요가 있노라고. 이것은 〈D.P.〉의 잘못이나 한계에 대한 지적이라기보다는, 〈D.P.〉가 미처 말하지 않았던 것을 함께 이야기해야만 이 작품이 말하고자 한 바가 더 온전해진다는 것을 뜻한다.

기본적으로 잘 만든 군 재현 작품은 피해자인 동시에 가해자가 되는 인물 재현을 통해 피해에 대한 자기연민으로부터 가해에 대한 죄책감을 자연스럽게 도출하도록 한다. 윤종빈 감독의 영화 〈용서 받지 못한 자〉가 그러했고, 〈D.P.〉도 비슷한 길을 따른다. 문제는 가시적이고 잔혹한 가혹행위가 가상적으로나마 군 내 폭력의 대표성을 갖게 될수록 그 정도까진 가지 않은 다수의 '피해-가해자'가 오직 피해자로서의 자리만을 취사선택하기 쉬워진다는 것이다. 이 부분에서 〈D.P.〉는 군대라는 특수한 공간과 조직 안에서 어떻게 극악한 행위가 벌어질 수 있는지 잘 보여주지만, 그러한 악마성과는 매우 거리가 멀면서도 다분히 폭력적인 '중범위(middle range)'를 보여주진 못한다. 중범위가 중요한 건, 안준호만큼 정의롭지 못하고 작품 속 악의 축인 황장수(신승호) 패거리만큼 악랄하지도 못한 절대 다수의 시시한 이기주의자들이 폭력의 악순환을 만들어가는 가장 넓은 범위이기 때문이다.

개인적 경험을 인용하자면, 갓 들어온 신병에게 "어디에서 왔어?"라고 질문하는 고참에게 "서울에서 왔습니다"라고 답하면 "서울이 다 너네 집이야?"라는 말이 돌아온다. 여기에 대단한 가해는 없다. 하지만 그 뒤에 다시 "어디에서 왔어?"라는 질문이 들어오면 정말 바보 같은 대답이란 생각이 들면서도 집 주소까지 빠르게 읊어대는 자신을 확인해야 한다. 엄청난 악마성과 물리력 없이 한 줌의 권력과 장난기만으로도 한 성인의 주체성과 자존감을 순식간에 구겨버릴 수 있다. 그것이 군 폭력의 본질이고 그런 환경에서 황장수나 류이강(홍경) 같은 존재 역시 등장할 수 있다.

바로 이러한 이유로 최근 국방부가 직접 나서 해명한 것처럼 요즘 군대는 그렇지 않다는(혹은 작품 배경인 2014년에도 그 정도는 아니었다는) 식의 작품에 대한 반박은 가장 먼저 기각되어야 한다. 복무 기간이 줄어들고 각 병사에게 휴대전화가 지급된 지금이 과거보단 평균적으로 더 나아졌을 것이다. 다만 그건 작품을 이해하는데 조금도 중요하지 않다. 그들의 말대로 작품 속 가혹행위가 일부 극단적 사례라 하더라도 그런 극단적 사례가 나오고 또 은폐될 수 있는 폐쇄된 계급사회로서의 군대라는 공간의 본질이 바뀌는 건 아니다. 이러한 반박은 앞서 지적한 군필 남성들의 지독한 자기연민과 함께 〈D.P.〉 같은 작품에 대해 불필요하고 소란스러운 논란만을 발생시킬 뿐이다. 일부 사례만으로 개선된 병영 문화를 폄하하지 말라는 주장과 군대는 언제나 좆같았고 우리 남성들은 징병제의 억울한 피해자일 뿐이라는 주장은 서로 배척하는 듯하지만, 실은 상보적으로 폭력의 본질을 회피하는 말들이다. 전자가 구조적 폭력을 외면한다면, 후자는 그 구조 안에서 가해를 재생산하는 본인들의 책임을 모른 척한다. 폭력의 원죄는 황장수처럼 대놓고 나쁜 놈들에게만 돌아간다. 다시 말하지만 여기에 〈D.P.〉의 책임을 묻긴 어렵다. 다만 피해자만 있고 가해자는 사라지는 군대와 군필자들의 상보적인 협잡 속에서 중범위를 그려내지 못한 〈D.P.〉의 폭력 재현은 의도적인 오독에 취약해진다.

물론 마지막 에피소드 '방관자들'에서 작품은 황장수 패거리의 피해자이자 탈영병인 조석봉(조현철)의 고통에 안준호와 한호열, 나름 괜찮은 간부로 그려지는 박범구(김성균)의 방관이 개입했음을 암시한다. 작품의 거의 마지막 즈음 가혹행위 때문에 자살한 군인의 누나가 준호에게 왜 보고만 있었느냐고 힐책하는 장면은 굉장히 직접적이다. 맞다. 이 폭력의 대물림에서 안준호도 한호열도 온전히 자유로울 수 없다. 하지만 또한 반문할 수밖에 없다. 현실의 폭력을 지탱하던 시시한 방관자들이 언제 안준호만큼 반성하고 자기 신념을 지키며 현실 개선의 의지를 불태웠는가. 언제 안준호처럼 인간에 대한 예의를 위해 고참을 두들겨 팰 정도의 기개를 보였단 말인가. 작품 속 수많은 직접적 가해자 대신 안준호가 방관자의 자리를 대표할 때, 현실의 방관자들은 그에게 이입해 방관의 원죄를 마음에 품고 괴로워하는 양심적 인물로서의 자아상을 상상하며 자위하기 십상이다. 이러한 기만적 왜곡을 벌이는 군필자들에게 〈D.P.〉 속 가장 매력적인 캐릭터인 한호열의 존재는 또 다른 대체역사를 선사해줄 뿐이다. 그는 안준호를 중심으로 한 세계에서 이상적인 선임으로 그려지지만, 군필자 시청자들에겐 자신이 한 번도 그랬던 적 없는 능력 있고 탈권위적인 고참이란 이상적 자아상을 선사한다.

〈D.P.〉에 대해 작품 내적 책임을 물을 단 한 가지가 있다면 한호열을 너무 이상적인 인물로 구성했다는 것이다. 최소한 방관의 문제에서 그는 좀 더 비겁하게 그려졌어야 했다. 그에 이입하는 군필자들의 기만 때문만은 아니다. 군대라는 공간이 끔찍한 건, 낮은 확률로 황장수 같은 인간을 만날 수 있어서이기도 하지만, 안준호 정도의 인간도 한호열 정도의 선임으로 성장할 확률이 거의 불가능에 소급하기 때문이다. 조금씩 자신을 잃고 폐쇄적 계급사회의 규칙을 내면화하는 과정을 통해 군대의 폭력은 재생산된다. 피해자이자 가해자로서의 이중성 역시 이러한 재생산 안에서 만들어진다.

어쩌면 이것이야말로 〈D.P.〉에서 누락된 것들에 대한 논의가 꼭 필요한 이유일지도 모르겠다. 군대 문제에 대해 별로 관심 없거나 군대 배경의 작품은 뻔하다고 생각하는 이들마저 6개 에피소드를 순식간에 정주행하고 간만에 군 폭력 문제가 뜨거운 이슈가 될 정도로 〈D.P.〉는 흡입력 있는 작품이다. 그리고 그 흡입력의 5할 이상을 차지하는 한호열의 매력을 비롯해 안준호와 한호열의 버디적인 관계나 3화에서 안준호와 정현민(이준영)의 액션 신처럼 어느 정도 오락적인 요소가 더해질 수밖에 없다. 드라마틱한 구성을 취할수록 흔한 이기주의자들이 만들어가는 덜 가시적이지만 더 끈질긴 폭력의 대물림은 누락

될 수밖에 없다. 또한, 〈D.P.〉가 지금의 형태가 아니었다면 이 정도로 군대의 폭력적 구조에 대해 이야기 나눌 뜨거운 분위기가 만들어지지도 못했을 것이다. 〈D.P.〉가 성공적 작품이 되기 위해 필연적으로 다루지 못한 것들을 통해 비로소 그것들에 대해 본격적으로 논의할 기회가 만들어진 셈이다.

이 역설 속에서 〈D.P.〉의 서사적 빈 공간에 대한 비판적 논의가 작품에 대한 가장 우호적인 보론이 되길 기대한다. 제 2의 〈D.P.〉가 더는 한국 남성들의 자기연민을 위한 알리바이가 되지 않길 바라는 마음으로. **2021.09.10.**

+ 요즘도 그런 말을 하는지 모르겠지만 과거엔 '군대 다녀오면 사람 된다'는 말을 종종 했다. 나는 그 말을 믿지 않는다. 학교에서 흔히 '예비역'으로 분류되던 군대 다녀온 복학생 남자 선배 중엔 좋은 사람도 있었지만 개차반도 있었다. 반대로 군 면제를 받은 남자 선배들 중 배울 게 많은 이들도 자주 봤다. 군대 다녀온 남성들의 평균치라는 것을 볼 때 과연 '사람 된다'는 게 무슨 의미인지 의아할 수밖에 없다.

그럼에도 군대라는 조직에서의 경험이 사회화 역할을 할 가능성은 분명히 존재한다. 겸손을 가르쳐준다는 점에서 그러하다. 개인적으로 학교에선 선배에게도 주눅 들지 않고 하고 싶은 말 할 줄 알고, 후배들에게 나름 탈권위적이기 위해 노력했다. 하지만 군대에선 동의하진 않더라도 상명하복 문화에 적응해야 했다. 위 글에서 인용한 '서울이 다 너네 집이야?'라는 말에 집 주소를 일일이 불러야 했던 경험은 나의 지난 20여 년의 퍼스널리티가 무너지는 듯한 그런 경험이었다. 불쾌했지만 무의미하진 않았다. 그런 경험들은 내가 그럭저럭 일상적 차원에서 소신을 지켰던 건 내가 잘나서가 아니라는 것과 평범한 사람이 양심을 지키기 위해선 그만큼 자유로운 삶의 토대가 필요하다는 것을 가르쳐주었다. 자기혐오에 빠질 수도 있었지만, 그러진 않았다. 내가 특별하고 잘난 사람이 아니라는 걸 인정하는 게 입맛이 쓸 정도로 자의식이 강하진 않았으므로.

삶 앞에 겸손해진다는 게 패배주의는 아니다. 오히려 시시한 개인으로 살기 위해 또 다른 수많은 시시한 개인들과 기대야 하며 사회에 대한 책무를 져야 한다는 것을 배울 수도 있다. 물론 〈D.P.〉의 조석봉처럼 영혼이 파괴될 정도의 폭력에 노출된다면 이조차 한가한 소리가 될 것이다. 그러니 다시 한번 겸손해져야 한다. 당장 내게 그런 일이 벌어지지 않았다는 사실에 감사하며, 그것이 개인의 운의 문제가 아닐 수 있도록 사회적 책임감을 가져야 한다. 그것이 군대 다녀와서 적어도 '사람'은 되었다는 증명에 가깝지 않을까. 자기연민에 불타 과거의 무용담이나 떠드는 것보단.

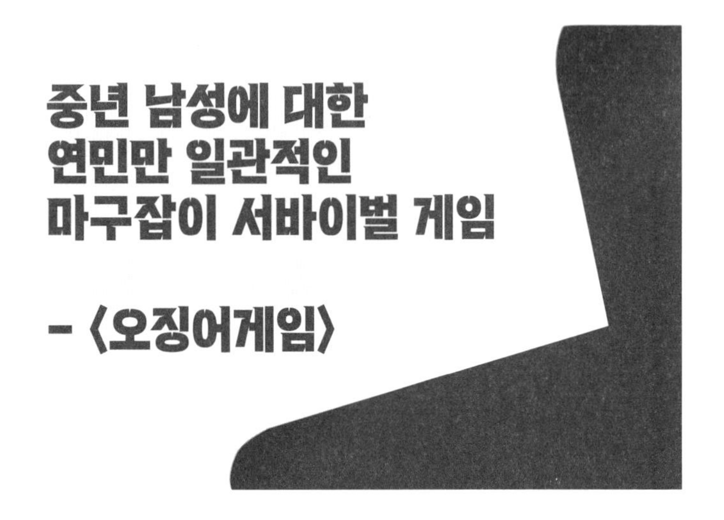

# 중년 남성에 대한 연민만 일관적인 마구잡이 서바이벌 게임 - 〈오징어게임〉

넷플릭스 오리지널 시리즈 〈오징어게임〉 마지막 화에서, 게임 참가자인 줄 알았지만 실은 흑막이었던 오일남(오영수)은 게임 우승자 성기훈(이정재)에게 자신이 그런 일을 벌인 이유가 삶의 권태 때문이었다며 "뭘 하면 좀 재미가 있을까" 고민했다고 말한다. 이에 성기훈은 "재미로 그런 짓을 시켰다고?"라며 분노한다. 하지만 일남이 주최하고 고안했던 게임을 모두 지켜본 시청자 입장에서는 전혀 다른 질문이 튀어나온다. 그 돈과 권력으로 재밌자고 고안한 게 고작 그거라고?

가령 첫 게임이었던 '무궁화 꽃이 피었습니다'를 떠올려보자. 이 게임의 진정한 묘미는 '무궁화 꽃~이 피었습니다' 문구

속도를 조절하며(보통 느릿느릿 하다가 마지막 순간 1.5배속) 상대를 속이는 술래의 능력과 술래에게 잡혀 죽 늘어선 참가자들을 살리는 과정에서의 협업, 그 와중에 모두 살리느냐 일부만 살리느냐 고민해야 하는 딜레마에 있다. 하지만 〈오징어게임〉 속 '무궁화 꽃이 피었습니다'는 그저 움직이는 걸 술래에게 들킨 참가자가 총에 맞고 죽어나가는 단순한 서바이벌일 뿐이다.

원래 게임이 지니고 있던 재미의 디테일은 모두 제거한 채 그저 잔인함을 통해 자극만을 강조하고선 재미 운운하는 일남은 그래서 이 게임의 실제 설계자인 황동혁 감독의 페르소나처럼 보인다. 재미도 없는 게임을 재밌다고 우기면서, 죽어가는 와중에 인간에 대한 믿음과 불신에 대한 개똥철학, 아내와 아들과 살던 옛날 골목 풍경에 대한 회한, 게임이 억지로 진행된 건 아니라는 당위 등을 구구절절 늘어놓는다는 점에서도 그러하다. 일남이 하는 모든 말은 재미를 주는 데 실패한 게임 설계자가 가져다 붙인 사후적 변명에 가깝다. 그리고 그 변명은 모두 〈오징어게임〉이라는 작품 자체로 소급한다. 아주 간단한 옛날 아이들 놀이를 목숨을 걸고 한다는, 대단하지도 나쁘지도 않은 아이디어를 9부작 시리즈로 확장하느라 이런저런 이유를 덕지덕지 가져다 붙인 결과물, 그게 〈오징어게임〉이다.

사실 〈오징어게임〉은 한 호흡의 칼럼보다는 차라리 '〈오징어게임〉이 별로인 99가지 이유' 같은 리스티클 형식으로 풀어내는 게 더 나을 것 같은 작품이다. 단점들조차 유기적이지 않고 산발적이기 때문이다. '평등한 세상'이란 제목의 에피소드에서 게임의 지휘자인 검은 가면의 프론트맨은 참가자 병기(유성주)와 내통하던 진행요원을 죽이며 "이 게임 안에선 모두가 평등해. 참가자들 모두가 같은 조건에서 공평하게 경쟁하지. 바깥세상에서 불평등과 차별에 시달려온 사람들에게 평등하게 싸워서 이길 수 있는 마지막 기회를 주는 거야"라고 말한다. 헛소리다. 이것은 정확히 이준석식 공정 경쟁 담론의 또 다른 버전일 뿐이다. 승자독식의 게임을 인위적으로 만들어놓고서 마치 이것이 평등하고 원초적인 세계인 것처럼 말하는 것도 기만적이지만, 완력을 비롯해 다수 게임에서 유리한 재능은 불공평하게 배분되어 있으며 게임 자체가 대부분 참가자의 운에 따르도록 설계됐다. 운은 얼핏 공평하게 배분되는 것처럼 보이지만 사실 기훈을 비롯해 막대한 빚을 지고 이 미친 게임에 참가하게 된 이들 다수는, 운이 없어 여기까지 몰린 사람들이다.

아무 존재감 없던 유리 공장 노동자가 다섯 번째 게임인 유리 다리 건너기에서 빛의 반사를 통해 강화 유리를 구별하는 재능을 보이자 평등한 싸움 운운하던 프론트맨은 조명을 꺼서 그가 능력을 발휘하지 못하게 한다. 프론트맨이 말하는 공평은 약자가 자신의 능력을 발휘할 기회를 박탈하는 방식으로 구현된다. 이러한 자가당착으로부터 이 서바이벌 세계의 모순을 비판하기란 어렵지 않으며 또한 의미가 있을 것이다. 하지만 해당 주제에만 집중하기엔, 이미 이 게임에서는 어이없는 편법이 대놓고 등장한다. 밖에서 몰래 라이터를 반입한 한미녀(김주령)는 달고나 뽑기 게임에서 바늘을 불에 달궈 쉽게 통과한다. 뽑기 모양을 맞추지 못하고 달고나를 쪼개면 바로 진행요원 총에 맞고 죽어나가는 세계에서 미녀는 미끄럼틀 밑에 숨어 잘도 이런 짓을 한다. 완벽한 경쟁을 위해 게임을 통제하는 것의 내적 모순을 비판하자니, 그들의 통제란 그나마도 선택적이고 편의적으로만 전능하다. 그러니 이 작품은 동의할 수 없는 세계관으로 설계되었다기보다는 마구잡이로 설계되었다고 보는 게 더 타당하다.

그럼에도 이 세계에서 어느 정도 일관되게 유지되는 것이 있다면 한국 중년 남성에 대한 연민의 정서다. 일남이 설계한 작품 속 게임은 종종 단순함보다는 중년의 추억에 방점이 찍힌다. 구슬치기 게임이 진행된 옛 골목은 일남이 살던 골목을 재현해놓은 것이며, 기훈의 동네 후배이자 서울대 경영학과 수석입학 출신 조상우(박해수)가 설탕물에 대한 강새벽(정호연)의 힌트로부터 달고나를 떠올린 것은 경영학이 아닌 과거 운동장 풍경에 대한 기억 덕이다. 거의 백 퍼센트 운으로 최종전까지 살아남은 기훈이 처음으로 주인공다운 당당함을 보여주는 건 마지막 오징어게임에서 중간의 다리를 가로지르는 '암행어사'

를 성공하고 그 명칭을 굳이 입 밖으로까지 내놓을 때다. 사채빚에 쫓겨 벼랑 끝에 몰렸던 중년 남성이 화려하게 귀환할 수 있는 무대로서의 옛날 게임. 그에 반해 공기놀이나 고무줄놀이처럼 중년 여성에게 좀 더 익숙할 게임은 참가자들의 대화에서만 언급될 뿐이며 여성 캐릭터에게 과거에의 추억은 별다른 어드밴티지로 작동하지 않는다.

주요 여성 캐릭터 삼인방 중 중년인 미녀는 섹스를 재화 삼아 깡패 장덕수(허성태)와 거래하고, 나머지 둘인 새벽과 지영(이유미)은 옛날 게임에 익숙하지 않은 청년으로 설정해 서사 안에서 도구적으로 활용한 건 우연처럼 보이지 않는다. 작품에서 갑자기 튀어나온 뒤 게임 중 뜬금없이 불우한 과거사를 고백하다 자신을 한 팀으로 맺어줘 고맙다며 새벽을 위해 죽어주는 지영 캐릭터의 납작한 프로필은 해당 에피소드의 비극미를 위해 대충 끼워 넣은 서사적 톱니바퀴 수준이다. 배우 정호연의 열연으로 깊은 인상을 남긴 새벽은, 그럼에도 최종전을 앞두고 상우의 타락과 기훈의 각성을 위한 수단으로서 죽음을 맞이한다.

그에 반해 주인공 기훈을 괜찮은 인물로 포장하기 위해 얼마나 다양한 프로필이 부여됐는지 앞서의 여성 캐릭터들과 비교하면 놀라울 정도다. 딸 생일에 치킨이라도 사주라며 노모(김영옥)가 준 용돈뿐 아니라 노모의 카드까지 털어 경마에 걸던 개차반이지만, 그에겐 쌍용차 노조 복직 투쟁의 알레고리가 분명한 드래곤모터스 복직 투쟁의 아픈 기억이 부여된다. 이혼한 아내(강말금)에게 양육비 한 푼 주지 않는 무책임한 생부임에도, 딸에 대한 진심을 패밀리 레스토랑 따위와는 비교할 수 없는 포장마차 떡볶이의 정감 있는 맛으로 증명하는 따뜻한 아빠로 묘사된다. 꼴 보기 싫던 인간 안의 존엄성은 분명 주인공으로서 매력적인 요소지만, 작품은 기훈의 무책임함을 직시하면서 그 안의 인간성을 살피기보단 쉬지 않고 그를 위해 사후적인 변명거리를 던져준다. 아이 낳을 때 그 자리에도 없던 인간이 무슨 아빠 노릇이냐는 전처의 분노에 대해 투쟁하던 동료가 쓰러져서 어쩔 수 없다고 기훈이 답할 때, 피치 못할 사정은 오로지 기훈의 몫이 된다.

첫 화부터 기훈을 위한 변명으로 점철되던 이야기는 타락한 상우가 마지막 게임에서 "형(기훈)하고 이러고 놀다 보면 꼭 엄마가 밥 먹으라고 불렀는데"라며 회한에 빠지다 스스로 목에 칼을 꽂고 "우리 엄마"를 수없이 되뇌는 장면을 통해 험진 세상에서 망가져왔지만 가슴 속엔 자식과 엄마에 대한 깊은 책임감을 잃은 적 없는 한국 중년 남성 판타지를 완성한다. 마지막 에피소드 제목이 아내를 때리지만 마음으론 따뜻하게 아낀다던 김첨지 이야기를 그린 현진건의 동명 소설과 같은 '운수 좋은 날'인 건 어떤 무의식의 발현처럼 보인다.

노골적으로 다음 시즌을 암시한 〈오징어게임〉의 시즌 2가 조금도 궁금하지 않은 건 그래서다. 이병헌이라는 거물급 배우를 캐스팅한 프론트맨의 과거와 그가 오징어게임의 지휘관이 된 이유도 궁금하지 않다. 그는 앞서 인용한 대사에서 불평등에 시달린 사람들에게 새로운 기회를 주겠다는 대의를 말했지만, 정작 그가 직접 지휘한 게임은 딱히 공평하지도 정의롭지도 않다. 자가당착에 빠진 중년 남성 악당의 사연을 우리가 또 들어줄 필요가 있을까. 이미 시즌 1 마지막 화에서 일남의 구구절절한 사연을 들어주지 않았나. 어떻게 해외 VIP까지 참여하는 거대한 서바이벌 게임이 존재하고 가능할 수 있는지 그 구조도 궁금하지 않다. 작품 막바지에 기훈이 출국 중이란 것까지 알고 그의 재참여를 만류할 정도로 전능하지만, 또한 기훈에게 오징어게임 참가자 영입을 들킬 정도로 그 전능함은 선택적으로 허술하다. 악당의 전능함은 장르적 허용으로 넘어가는 게 낫지, 거기에 개연성을 부여하려다 보면 창작자의 허술함만 드러날 뿐이다. 오징어게임 우승자가 되어 각성한 기훈이 어떻게 이 거대한 조직과 싸워나갈지도 궁금하지 않다. 그가 우승한 건 90퍼센트의 운과 일남의 호의 덕이지 소시민의 평범한 위대함 때문이 아니며, 그가 주인공으로서 상징하는 건 한 줌의 인류애가 아닌 한국 중년 남성의 자기연민이기 때문이다.

물론 한국뿐 아니라 글로벌 차원에서의 흥행을 기록한 이 작품의 다음 시즌이 제작될 확률은 첫 게임 '무궁화 꽃이 피었습니다'에서의 생존 확률보다도 높을 것이다. 그걸 부정할 이유는 없다. 작품 속 게임이 증명하듯, 승리란 꼭 능력에 비례하는 것이 아니므로. **2021.09.24.**

+워낙 센세이션한 수준으로 세계적 인기를 끈 작품이다 보니 이 비판적 칼럼에 대한 부정적 반응이 어느 정도 있었다. 그럼에도 나는 여전히 이 작품을 극단화된 자본주의와 계급 사회에 대한 통렬한 우화 혹은 메타포라고 고평가하는 이들이 좋게 말하면 구태여 선해 중이고, 나쁘게 말하면 소설을 쓰고 있다고 생각한다. 정말로 세계의 시청자들이 그러한 문제의식에 공감하고 이러한 세계에 대한 비판적 전망을 얻었다면, '이러다 다 죽어' 같은 일남의 대사가 일종의 희화화된 밈이 되고, 할로윈에 다들 오징어게임 진행요원 복장을 하며, 달고나를 핥고, 온갖 행사나 관공서 홍보마다 '○△□ 게임' 패러디를 하는 게 가능했을까.

〈오징어게임〉은 오히려 작품이 서사적으로 재현하는 척한 어떤 부조리들로부터 각 장면과 대사가 철저히 탈맥락화되고, 총체성과 분리되는 방식으로 소비된 덕에 전 세계적 인기를 끌었다. 그리고 그건 의도치 않은 오해라기보다는 재현된 세계 안에서 그 어떤 총체성 없이 자극적인 설정들을 상당히 높은 수준의 미술로 파편적으로 구현한 이 작품의 근본적 한계에 가깝다. 만약 각종 예능마다 툭하면 작중 BGM으로 쓰인 리코더 연주를 집어넣는 사회의 속물성을 통해 자본주의 사회에 대한 문제의식을 메타적으로 드러내려 한 커다란 프로젝트였다면 성공적인 것인지도 모르겠지만.

# 〈지옥〉 그리고 넷플릭스 오리지널 K콘텐츠의 지옥도가 욕망하는 것

사람이 죽는 걸로 이야기가 시작되거나, 사람이 죽어야 이야기가 끝난다.

지난 1년여간 한국에서 만들어져 해외에서도 높은 인기를 기록한 일련의 넷플릭스 오리지널 시리즈들의 공통점이다. 〈마이네임〉은 주인공 윤지우(한소희)의 아버지 윤동훈(윤경호)이 살해당하며, 〈지옥〉은 천사에게 지옥에 갈 거라 고지 받은 주명훈(김규백)이 신의 사자들에게 구타당하다 불타 죽으며 이야기가 출발한다. 〈D.P.〉는 조석봉(조현철)의 자살 미수 및 그의 친구 김루리(문상훈)의 선임들에 대한 총기 난사로 끝나고, 내내 사람이 죽어나가는 〈오징어게임〉에서도 주인공 성기훈(이

정재)과의 '오징어게임' 중 조상우(박해수)가 자살하며 게임이 마무리된다.

이것은 징후일까, 우연일까. 같이 묶어 이야기하기엔 각 작품의 장르와 문제의식, 완성도 차이가 현저하다. 그렇다고 마냥 우연이라기엔, 폭력과 죽음, 피의 재현에 대한 집착과 함께 이들 작품의 경험적 정서는 어느 순간 상당히 유사해진다. 이들 작품이 해외 시장에서 호평을 받고 화제를 모으면서 언급되는 소위 K콘텐츠의 힘이라는 것 역시 각 개별 작품마다의 개성에 연유한 것인지, 유사한 자극과 정념 때문인지 잘 모를 지경이다.

이것은 실증적으로 해소할 수 있는 질문이 아니다. 단지 사람이 죽어야 시작하거나 마무리될 수밖에 없는 서사의 작동 방식과 필연성을 되짚어보는 것이 가능할 뿐이다. 다시 말해 다분히 잔혹한 폭력과 살인의 재현이, 그럼에도 당연한 것처럼 제시될 수 있는 윤리적 알리바이들을 점검해볼 때, 시장에서 이들이 갖는 매혹의 원리를 좀 더 잘 이해할 수 있을 것이다. 이들 중 〈지옥〉에 집중해 이야기하려는 건, 현재 한국을 묘사하는 저 다양한 '지옥도'를 함축적으로 보여주는 제목이란 점에서 상징적이며 종종 비교되는 〈오징어게임〉보단 훨씬 알리바이가 정교하고 잘 만든 작품이기 때문이다.

동명의 웹툰 원작을 먼저 봤을 이들에게 〈지옥〉의 첫 신은 예상보다 훨씬 폭력적이고 불편하게 느껴질 법하다. 원작에서 최규석의 작화로 표현된 지옥의 사자들과 그들의 처형(작품 내에선 '시연'이라 불리는)은 처참하되 초자연적인 사건에 가까웠다. 반면 CG로 구현된 사자들은 영적 존재보단 차라리 영화 〈인크레더블 헐크〉의 어보미네이션처럼 보이고, 그들이 주명훈을 무자비하게 폭행하는 장면의 시청각적인 타격감은 불가해한 초월성보다는 괴물들의 무자비한 폭력처럼 느껴진다. 이야기의 주요 주체인 종교집단 새진리회와 정진수(유아인) 의장이 '시연'을 근거로 공포 마케팅을 펼친다는 점은 동일하지만 전자와 후자의 공포에 대한 경험은 서로 다를 수밖에 없다. 웹툰의 첫 화가 초월적 신성으로부터 비롯된 불가해함으로서의 공포를 보여줬다면, 실사 시리즈는 압도적 폭력에 대한 공포로부터 초월적 존재에 대한 복속을 이끌어낸다. 즉 후자는 신비한 사자의 존재보다도, 너덜너덜해지도록 얻어맞는 피투성이 육체의 생생한 이미지를 통해 공포를 확보한다. 의도된 것인지는 알 수 없지만, 원작과 비교해 사자의 시연과 새진리회 소속 광신도 자경단 '화살촉'의 폭력이 거의 동일한 느낌으로 포개지는 건 그래서다. 둘 다 말이 통하지 않는 무차별 폭력이다. 폭력에 대한 일말의 경외는 사라지고 오직 맞아 죽고 싶지 않다는 굴종만이 남는다.

하여 〈지옥〉은 종교적 믿음에 대한 이야기라기보다는 굴종하도록 내몰리는 인간들에 대한 이야기다. 새진리회의 공포 마케팅은 사자와 화살촉의 폭력에 대한 자발적 복종만을 요구할 뿐 어떠한 신성도 복음도 제시하지 못한다. 종교적 광신의 핵심은 믿고 싶은 것을 제공해주는 것이다. 달변가이자 궤변가인 정진수는 "공포가 아니면 뭐가 인간을 참회하게 할까요?"라 묻는다. 사실이다. 다만 참회는 공포에 더해 죄 사함의 인센티브를 통해 작동한다. 인간의 형법으로 잡아내지 못한 악을 처단한다는 '사이다 썰' 쾌감은 잠시일 뿐, 시연에 대한 천사의 고지를 받은 이들은 그저 두려움에 떨고, 그걸 보는 이들은 자신이 대상이 아니라는 사실에 잠시 안도할 수 있을 뿐이다. 만약 〈지옥〉이 새진리회라는 종교단체의 득세를 통해 오직 두려움에 이성이 마비된 디스토피아를 묘사하고자 한 거라면 성공했다. 그리고 폭력의 재현과 그에 따른 불쾌함 역시 어느 정도 당위를 갖게 된다.

하지만 바로 그 이유로 〈지옥〉이 묘사하는 지옥도는 너무나 단조롭고 또한 불완전하다. 이유는 간단하다. 종교적 신성의 아우라를 갖추지 않은 시연과 새진리회와 정진수는 조금도 매력적이지 않기 때문이다. 굴종에 대해선 이해할 수 있지만 광신은 여전히 의문부호로 남는다. 특히 작품 내 비호감을 담당하는 화살촉 광신도들은 개념 없는 미성년자로 그려질 뿐, 그들의 믿음에 대해선 제대로 설명되지 않는다. 차라리 새로운 신앙에 대한 믿음보다는 시연이라는 천지개벽에 의한 윤리적 아노미 상태에서 벌이는 일탈이라면 더 개연성이 있을 법하다. 하지만 〈지옥〉은 현실에 암묵적으로 깔린 촉법소년에 대한 사회적 혐오에 기대 화살촉의 무차별 폭력과 종교적 광신을 하나의 프로필로 묶어 원인과 결과를 뒤섞어버린다. 작품 속 화살촉이 조금의 공감대 없이 혐오스럽게 느껴질수록, 새진리회의 협박성 교리에 넘어간 수많은 인간들도 한심하거나 무력해 보인다. 그들에겐 딜레마가 없다.

디스토피아에 대한 예술적 재현은 그에 대한 비판적 전망을 통해 의미를 얻는다. 〈지옥〉 역시 두려움 앞에 자율성을 포기하고 종교에 귀의한 이들의 세계를 비판적인 시선으로 그려낸다. 문제는 작가가 펼쳐낸 지옥으로 가는 길에 모두가 너무 순응적이라는 것이다. 같은 상황에서 현실의 우리가 동일한 선택을 하지 않으리라는 이야기가 아니다. '나라면 어땠을까'라는 비판적 이입을 의도적으로 차단한다는 말이다. 몇몇 주인공을 제외한 다수의 새진리회 추종자들은 내적 갈등이나 유혹에 빠진 주체가 아닌, 작가가 믿는 디스토피아의 객체다. 어떤 극단적 상황 앞에서 인간은 문명의 가면에 가려진 본연의 어리석음과 폭력성을 드러내리라는 믿음. 여기서 〈지옥〉의 고지와 시연이라는 흥미로운 상상력은 〈오징어게임〉의 얄팍한 각자도생의 알레고리에 가까워진다. 창작가가 설계한 특정한 상황에서 인간의 이기심과 나약함이 극한으로 발현된다면, 그것은 단지 그 상황이 인간의 이기심과 나약함을 극한으로 발현되도록 설계된 세계라는 동어반복만을 증명한다. 이 세계에서 폭력의 필연성이란 실은 통제된 필연성이다. 창작가가 만족할 만한 파국에 이를 때까지 인물들이 옳은 선택을 할 가능성을 미리미리 지우고 치워버리는 통제.

앞서 〈지옥〉을 포함한 근래 한국의 넷플릭스 오리지널 콘텐츠의 어떤 경향성에 대해 의문을 제기했다. 다시 말하지만 각 작품의 결과 완성도는 다르다. 〈D.P.〉는 징병제 국가로서 한국의 특수성을 잘 담아낸 수작이며, 〈마이네임〉은 서사적으로 갸우뚱할 때도 많지만 한소희라는 배우와 여성 원탑 액션물의 시장 가능성을 상당한 완성도로 보여주었다. 그럼에도 이들 작품은 인물들을 파국의 파도에 태우기 위해 누군가의 죽음으로 시작하거나, 파국의 마지막을 완성하기 위해 누군가를 죽이며 끝난다는 공통점을 갖는다. 모든 소재가 그러하듯 파국 역시 예술적 재현의 대상일 수 있다. 하지만 그것이 필연적인 것처럼, 오직 그 길만이 유일한 것처럼 포장하기 위해 폭력의 재현으로 폭력 재현의 당위를 동어반복적으로 제시할 때, 남는 건 파국의 자극적 쾌감과 윤리적 전망의 폐허다. 아니, 폐허의 자리가 자극적 쾌감을 주는 걸지도 모르겠다.

고지를 받았던 아기가 부모의 희생으로 살아남고, 아이

를 지키기 위해 새진리회 간부에게 평범한 사람들이 대항하는 〈지옥〉의 마지막은 그래서 기만적이다. 아이를 지키는 이들의 마음이야말로 정진수의 "인간은 매 순간 무엇이 옳은지 느낄 수" 있다는 말의 증거일 것이다. 다만 작가가 의도한 파국에 이르기까지 발현되지 않던 그것이 희망적 엔딩을 위해 선심처럼 등장할 뿐이다. 필연적 파국과 우연적 희망의 교묘하지만 무책임한 봉합. K콘텐츠의 무의식이라 할 분노와 절망은 파국의 롤러코스터를 위한 연료로 소진되며, 희망은 허위로 발급된 안전 증명서 역할을 한다.

이 글은 그 롤러코스터에 대한 우려일 수도, 더 큰 디스토피아적 놀이공원에 대한 우려일 수도 있다. 호황인 놀이공원에 대한 무책임한 기우일까. 적어도 내겐 지옥불과 함께 회전하는 관람차와 늘어선 대기줄을 보며 환호하는 것이 더 무책임해 보인다. **2021.12.03.**

+ 〈오징어게임〉부터 〈지옥〉에 이르는 일련의 한국 넷플릭스 오리지널 작품들에서 재현된 디스토피아의 풍경에 대해 가장 불만스러운 건, 그 잔혹한 세계가 마치 인간의 원초적 본성에서 비롯된 것처럼 구성했다는 것이다. 여기엔 문명사회의 법과 도덕이 통하지 않을 상황이 만들어질 때 인간이 매우 '자연스럽게' 약육강식의 원리를 내면화하리라는 의심스러운 가정이 깔려 있다. 지금 우리가 살고 있는 세계가

어떤 의미로든 유토피아는 아닐 것이다. 하지만 인류가 법과 도덕이 구체화되기 전의 시대부터 꾸준히 호혜성에 기반을 둔 협업과 소통을 통해 약육강식과 승자독식 세계에선 불가능할 성취를 이뤄온 것 역시 부정할 수 없다. 그럼에도 〈오징어게임〉이나 〈지옥〉은 특정한 상황에 처한 인간의 잔인함과 이기심만이 마치 인간의 본성인 것처럼 재현하며, 호혜성을 비롯해 경험적으로 증명되어온 또 다른 인간의 본성은 마치 본성이 아닌 것처럼 작품 안에서 의도적인 수준으로 배제한다. 물론 해당 작품들은 죽고 죽이고 의심하고 배반하는 풍경을 부정적으로 묘사하지만, 대부분의 사람이 궁지에 몰리면 밑바닥을 드러내리라 가정한 세계에서 시청자가 배울 수 있는 최대치의 가르침은 냉소밖에 없다.

디스토피아의 필연성을 위해 희망의 근거가 될 자원을 미리 치워버린 뒤, 세상의 잔인함에 대해 한탄하는 게 무슨 의미가 있을까. 비판을 통한 자기만족은 있을지언정, 비판을 통한 전망은 만들어지지 않는다. 끽해야 어떤 종류의 잔인함을 안전하게 즐기기 위해 구성된 가상의 세계 안에 마치 인간과 세계의 본질에 대한 통찰이라도 있는 양 으스대거나 추켜세우는 것에 나는 호들갑보다 좋은 표현을 찾지 못하겠다. 그리고 현재 K콘텐츠 혹은 K드라마 열풍에 대한 담론 상당수가 그러하다.

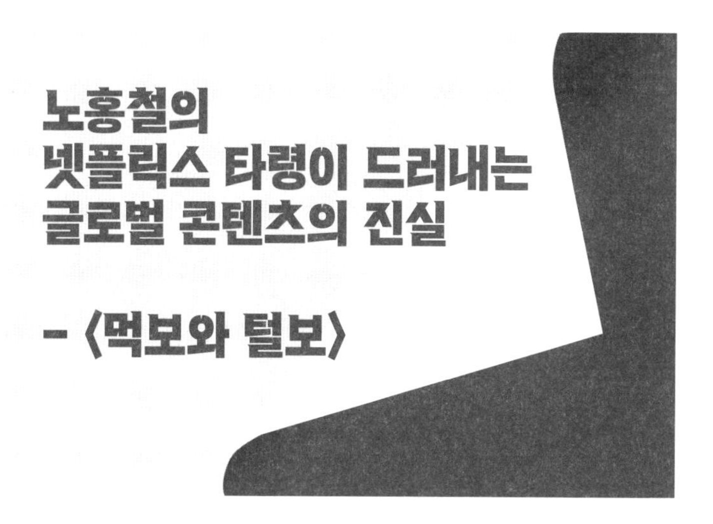

# 노홍철의 넷플릭스 타령이 드러내는 글로벌 콘텐츠의 진실 - 〈먹보와 털보〉

서른세 번. 넷플릭스 오리지널 예능 〈먹보와 털보〉 2화 한 에피소드에서 노홍철이 “넷플릭스”라는 말을 한 횟수다.

가수 비와 함께 제주도 바이크 여행을 간 그는 지역 유명 스테이크 식당 예약이 마감되었다는 이야기에 전화를 걸어 자신이 방송인 노홍철임을 밝히고 넷플릭스 이름까지 덧붙여 예약을 성사시켰다. 연예인 특혜 논란이 벌어졌지만, 그건 해당 장면이 문제가 될 걸 모르고 상황의 앞뒤 맥락을 잘라 예능으로서의 재미를 만들려 한 제작진의 안일한 실수였다. 진짜 찜찜한 건 다른 곳에 있다. 노홍철이 예약을 성사시킨 뒤 예약에 실패했던 비를 놀리자, 비는 “신분만 밝히기로 했는데 형은 지금 넷플릭스 얘기까지 하면서 (그쪽에서) 마음이 흔들렸어"라 항변했다. 맞는 말이다. 단순히 노홍철이 반칙했다는 이야기가 아니다. 노홍철이 재차 넷플릭스를 언급하려 할 때 비가 재채기를 하자 노홍철은 "넷플릭스 얘기하는데 감히 본능을 참지 못해?"라 말하고, 바로 이어진 인터뷰 영상에서도 그는 "여기가 어딥니까, (바로) 넷플릭스"라 강조한다. 그의 넷플릭스 타령은 집요하고 정신 사납지만 이것도 핵심적인 문제는 아니다. 중요한 건 쉬지 않고 "넷플릭스!"를 외치는 노홍철과 그런 모습을 담아내는 제작진을 통해 〈먹보와 털보〉에서 보여주는 모든 풍경은 넷플릭스에 바치는 객체화된 존재가 된다는 것이다. 이것은 '돌+아이' 캐릭터 노홍철의 예능적인 욕심에서 비롯된 변수가 아닌, 〈먹보와 털보〉 기획과 형식에 이미 내재한 문제가 숨길 수 없이 터져 나온 것에 가깝다.

2화에서의 제주 녹산로 꽃길, 3화에서의 고창 갯벌, 9화에서의 남해 독일마을 등 〈먹보와 털보〉가 담아내는 지역의 영상미는 상당히 뛰어나다. 지역 노포나 소위 힙한 맛집에서 즐기는 다양한 메뉴의 이미지도 tvN 〈스트리트 푸드 파이터〉처럼 먹음직스럽게 공들여 찍었다. 무의미한 입수 내기나 이상형 월드컵 같은 대화를 한참 나누는 걸 재밌게 보긴 어렵지만, 바이크를 타고 경치를 만끽하며 질주하는 비와 노홍철에게 이입한다면 이 시리즈는 그럭저럭 코로나19 시대에 충족하지 못했던 여행과 식도락에 대한 대리만족이 될 수 있다. 하지만 마냥 이입하기엔, 달리는 바이크로도 뿌리칠 수 없는 위화감이 끈덕지게 따라붙는다. 제작진이 바이크를 타는 두 남성을 중심으로 배경의 아름다움을 강조할수록, 그들이 달리는 지역 공간과 먹거리의 모습은 로컬리티(Locality)로부터 분리된 탈맥락화된 이미지로서만 존재한다. 넷플릭스가 두 사람에게 제공한 대형 BMW 바이크의 반짝반짝한 광택과 제주도 푸른 바다 위에 부서지는 햇살 이미지는 근본적으로 다르지 않다. 이 모든 것은 영상 안에서 말 그대로 '그림'이 되는 사물일 뿐이다. 두 중년 남자가 '죽인다', '미쳤다' 정도의 어휘만 빈곤하게 반복하며 풍광과 음식 맛에 감탄할 때마다 공간의 맥락 역시 빈곤해진다. 마치 달리는 바이크 곁을 스치며 뒤로 사라지는 풍경마냥 즉물적이고 휘발적인 소비에 대한 감탄사만 남는다.

서울 용산과 서울 강남 번호판을 단 두 대의 대형 바이크가 지역의 도로를 질주하는 모습은 그래서 상징적이다. 마치 일종의 정복처럼도 보인다. 남해 독일마을에 간 노홍철은 옛날 같지 않은 피부 탄력 이야기를 하다 "재밌는 거 너무 많은데, 나 이거 다 보고 (싶은데)… 시간이 없어!"라 한탄한다. 개인적으로는 이해할 수 있는 감정이다. 다만 그들이 거쳐온 각 지역을 그저 재미의 대상, 구경의 대상으로 프로그램 스스로 규정해버릴 때 예능의 서사는 공허하고 불편해진다. 방송국 카메라의 시선이란 어느 정도 일방적일 수밖에 없지만, 형식적으로 가장 흡사한 EBS1 〈신계숙의 맛터사이클 다이어리〉에서 요리연구가 신계숙 교수가 지역민들과 음식과 그들의 삶에 대해 소통하던 모습과 비교해보라. 서울 건물주인 두 남자가 오로지 관광객으로서 매 순간을 소비하고 지역은 매 순간 관광지로서 소비될 뿐인 일방적이고 불평등한 구도 안에서, 서울은 등장하지 않는 순간에도 중심을 차지하고 지역은 가장 아름답게 그려지는 순간에도 주변부로 밀려난다.

노홍철의 넷플릭스 타령은 이러한 맥락에서 진정한 의미를 드러낸다. 로컬을 자생적인 문화와 목소리의 주체가 아닌 서울의 주변부로 밑에 두는 권력의 피라미드에서 맨 위를 차지하는 것은 미국에 본사를 둔 글로벌 플랫폼이다. 서른세 번이나 넷플릭스를 언급했던 2화에서, 제주도 선녀탕에 입수한 노홍철은 자신과 바다를 담은 하늘 위의 카메라를 바라보며 "본사에서 보고 있다"며 다시 한번 "넷플릭스"를 연호한다. 비와 함께 일몰을 바라보는 중에 슬쩍 뒤돌아 넷플릭스 로고가 새겨진 티셔츠를 카메라에 강조하는 것도 마찬가지다. 노홍철은 자신과 자신이 속한 지역 풍경을 응시하고 소유할 단 하나의 주체로 넷플릭스를 호명한다. 넷플릭스만이 시선의 주인이다. 스테이크 하우스와 선녀탕과 일몰은 대상화되며, 그 자신으로부터 소외된다.

예능으로서 별로 인상적이지 않은 〈먹보와 털보〉가 글로벌 플랫폼 내 로컬 콘텐츠의 딜레마에 대한 흥미로운 사례가 될 수 있는 건 그래서다. 넷플릭스가 투자한 회당 6억 원의 제작비가 있었기에 고속 드론과 러시안 암을 이용해 바이크를 타고 질주하는 두 사람과 그들이 지나는 한국 곳곳의 풍경을 마치 할리우드 로드무비처럼 유려하게 담는 게 가능했다. 논란이 됐던 스테이크 하우스에서처럼 넷플릭스의 이름값이 섭외에 작용할 수도 있다. 하지만 바로 그 지점에서 그토록 아름다운 풍경은 글로벌 가입자들이 소비하기 딱 좋을 만큼 구체성을 잃는다. 3화에서 두 사람의 바이크와 말 한 마리가 해 지는 모래사장을 함께 달리는 마법 같은 장면에서 노홍철은 "땡큐, 리드 헤이스팅스! 넷플릭스!"를 외친다. 감사의 대상으로 갯벌과 모래사장을 지켜온 이들이 아닌, 넷플릭스 CEO 이름을 부르는 건 지역과 지역민에 대한 일말의 존중도 없는 행동이지만, 또한 이 콘텐츠의 본질을 드러내는 행위기도 하다. 글로벌 자본에게 로컬의 고유성은 그 자체로 의미 있는 게 아니라, 상품이 될 가능성을 통해서만, 아니 자본의 투입을 통해 예쁘고 무난한 상품이 되어야만 의미가 있기 때문이다. 본질을 가린 '글로컬(Glocal)' 따위의 신조어가 그러하듯, 가장 한국적인 것이 세계적인 것이라거나, K콘텐츠만의 고유성과 깊이가 세계를 휘어잡는다는 식의 언술은 기만이거나 소설이다.

KTX를 타고 부산에 가는 〈먹보와 털보〉 4화 초반부, 헤이스팅스의 경영서 《규칙 없음》까지 가져와 넷플릭스 타령을 하는 노홍철에게 비는 "형은 사대주의"라고 지적하고, 노홍철은 "코스모폴리탄"으로 불러 달라 말한다. 사실 둘 다 맞는 표현이다. 코스모폴리탄을 사해동포의 개념이 아닌, 국경을 넘나드는 세계화된 자본주의의 소비자로 이해한다면. 글로벌 시장에서 넷플릭스 오리지널 타이틀과 넷플릭스 순위로 자국 콘텐츠의 가치를 매기는 것이 바로 사대주의이자 신자유주의 시대의 세계시민주의다. 이러한 글로벌 콘텐츠 시장에서 각 로컬의 개별성은 〈오징어게임〉의 달고나처럼 특이하되 모두가 핥아먹을 수 있는 형태로서만 주목받을 수 있다. 심지어 자국에서조차. 한국 지상파 예능을 대표하던 PD가 독립해 처음 만든 넷플릭스 오리지널 예능이 이러한 경향을 노골적으로 보여준다는 건 어떤 의미일까. 이 시리즈에 대한 비판적 담론조차 '왜 글로벌 OTT 한국 예능은 세계에 통하지 않느냐'로 소급하는 지금 이곳 한국에서. **2021.12.17.**

+ 〈먹보와 털보〉가 공개되고 약 네 달 뒤, 노홍철은 경상남도 김해에 홍철책빵 2호점을 열었다. 서커스 콘셉트의 아웃테리어와 인테리어가 돋보이는 해당 매장은 가오픈 시기부터 손님으로 인산인해를 이루었다. 노홍철이라는 유명인의 브랜드 가치와 홍철책빵의 맛, 문화

적 참신함이 지역 사회와 연동되어 김해 지역을 활성화시킬 기회처럼 도 보인다. 한 패션지에서는 노홍철의 천재성을 찬양하며 홍철책빵 2호점 근처의 핫플레이스를 소개하는 기사를 내기도 했다.

하지만 우려할 요소도 많다. 당장 노홍철 본인은 용산 해방촌 신흥시장에서 2년간 철든책방을 운영하다 두 배에 가까운 시세차익을 남기고 건물을 팔고, 신흥시장 주변은 젠트리피케이션으로 몸살을 앓은 바 있다. 해방촌의 임대료 상승이 노홍철만의 책임은 아니지만, 그가 철든책방 철수 뒤 본인의 용산 후암동 자택을 개조해 홍철책빵 1호점을 열었을 때 많은 이들이 또 한 번의 젠트리피케이션을 우려한 건 그 때문이다. 과연 노홍철의 홍철책빵 2호점은 지역 공동체와 함께 유의미한 수준의 골목 생태계를 만들어낼 수 있을까. 제발 그럴 수 있다면 좋겠다. 서울의 자본이 지역에 흘러들어 누군가의 삶의 터전을 관광지로 만들고 서울의 관점에서 주변화하고 대상화하는 흐름을 벗어나, 건강한 지역 사회의 일원이 된다면 좋겠다. 관광객의 증가로 지대가 상승해 정작 지역민이 밀려나는 일이 없었으면 좋겠다. 여기엔 잘되길 바라는 진심 어린 응원만큼이나 의심의 눈초리가 섞인 감시 역시 필요하다. 〈먹보와 털보〉의 서울 중심적 세계관은 화면 바깥에서 더욱 힘이 세므로.

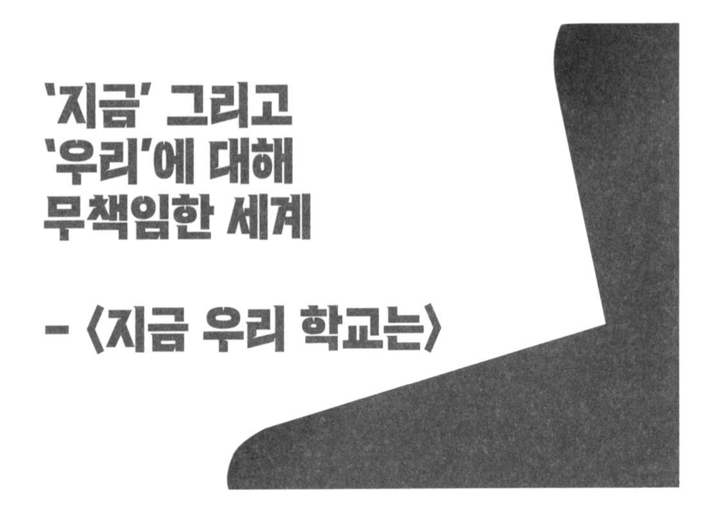

# '지금' 그리고 '우리'에 대해 무책임한 세계

## - 〈지금 우리 학교는〉

넷플릭스 오리지널 시리즈 〈지금 우리 학교는〉(이하 〈지우학〉)을 이해하는 중요 키워드는 두 가지다. '지금'과 '우리'.

2009~2011년 동안 연재된 동명의 웹툰을 원작으로 한 이 작품은 10년이 넘는 시간이 흐르며 '지금'과 '우리'를 새롭게 설정할 수밖에 없었다. 영상화를 위한 드라마투르기(Dramaturgy)를 제외하더라도 〈지우학〉의 이야기는 원작이 연재된 시절에는 고려되지 않은 세 가지 맥락 위에서 새롭게 기입된다. 첫 번째는 〈킹덤〉, 〈부산행〉, 〈오징어게임〉 등으로 대표되는 소위 K 좀비 및 서바이벌 세계관이 더해진 K콘텐츠 장르의 법칙, 두 번째는 고립된 학생들로부터 떠올릴 수밖에 없는 2014년 세월

호에 대한 기억, 세 번째는 2020년부터 전 지구를 삼킨 코로나 19 팬데믹에 대한 경험이다.

2022년 '지금'의 시점이 원작 연재 이후 벌어진 중요한 공통의 경험들에 대한 맥락을 품는다면, 그러한 동시대적 경험을 어떻게 이해하느냐에 따라 작품이 표상하는 '우리'라는 범주가 재구성된다. 〈지우학〉의 문제는 위의 세 가지 맥락이 정합적으로 접합되지 못하며 지금 우리의 세계에 대해 굉장히 엉뚱하고도 위험한 메시지를 내놓는다는 것이다.

〈지우학〉은 먼저 K콘텐츠 장르, 특히 넷플릭스 오리지널에서 강조되는 잔인한 서바이벌 장르 문법 안에서 십대 주인공들이 겪는 고난의 스펙터클을 다분히 고통 포르노로 전개한다. 공개 초기부터 논란이 되었던 학교폭력 재현 문제를 보자. 1화 첫 장면에서 학교폭력 피해자인 이진수(이민구)는 가해자인 윤귀남(유인수) 무리에게 다시금 심한 구타를 당하다 옥상에서 바닥으로 떨어지는 끔찍한 사고를 당한다. 역시 1화에서 귀남 일당은 학교 후미진 공간에서 여학생 민은지(오혜수)의 옷을 벗겨 촬영하고 이를 빌미로 협박한다. 은지의 말대로 이들 피해자들에게 "여긴 지옥"이다. 그리고 본격적인 이야기는 이 세상을 누구에게나 좀 더 평등한 지옥으로 만들며 시작된다. 심해의 운석에 기생하던 미생물을 통해 좀비 감염이 일어났던 원작과 달리, 넷플릭스 버전에선 진수의 아버지인 생물교사 이병찬(김병철)이 아들이 폭력에 저항할 힘을 주기 위해 요나스 바이러스를 만드는 게 좀비 사태의 발단이다. 그는 세상을 좀비 소굴로 만들기 위해 바이러스를 만들거나 일부러 퍼뜨린 건 아니지만, 효산고등학교와 병원 양쪽을 기점으로 좀비 사태가 발생하자 "강한 자들이 약한 사람들 물어뜯는 건 늘 있던 일"이라 말한다. 여기서 모순이 생긴다. 병찬은 약육강식의 세계에 아들이 맞서길 바라며 요나스 바이러스를 만들었지만, 그로 인해 벌어지는 좀비 사태에 대해선 약육강식의 논리로 설명한다. 물론 병찬이 작품의 메시지를 대표하는 인물은 아니며, 〈지우학〉이 학교폭력과 약육강식을 옹호하는 것도 아니다. 문제는 학교와 사회에서 폭력이 용인되는 구조적 한계를 살피는 대신 그것을 더 큰 폭력과 아비규환의 소용돌이로 덮은 뒤, 학교폭력과 좀비 사태를 지옥에서의 생존이라는 형식적 유사성으로 포개버리는 것이다. 학교폭력 피해자들의 특수성은 지워지고 서사의 배경으로 밀려나며, 서사의 중심은 주인공들의 분투로 옮겨간다. 결과적으로 학교폭력에 대한 자극적 묘사는 더 큰 지옥이 펼쳐지기 위한 도입부로서의 맥거핀으로 전락해 불행의 포르노로 빠르게 휘발되어 버린다.

1화를 분리하면 이 문제로부터 자유로울까. 어림도 없다. 같은 반 남온조(박지후), 이청산(윤찬영), 이수혁(로몬), 최남라(조이현)가 주축이 된 주인공 그룹은 불가항력적인 재앙에 맞서 살기 위해 도망치고 또 도망친다. 그것은 끊임없이 생존을 위협당하는 과정인 동시에 인간의 존엄을 시험당하는 과정이기도 하다. 원작은 이것을 우정과 호혜성에 기반을 두고 함께 생존하는 방법을 모색하는 온조 그룹과 오직 자신의 생존을 위해 타인을 희생시키는 귀남의 상반된 모습을 통해 전자를 강조했다. 하지만 드라마는 온조의 단짝 윤이삭(김주아)이 좀비 감염이 되자 이삭을 포기하지 못한 온조가 모두를 위험에 빠뜨릴 뻔한 순간을 일종의 민폐로 그려낸다. 온조의 행동이 합리적인 건 아니지만, 그것이 이삭을 쳐서 창밖으로 떨어뜨린 청산의 '이성적' 행동과 대비될 때 온조의 인간적 딜레마는 감상적이고 무가치한 것이 되어버린다.

〈오징어게임〉이 그러했듯 〈지우학〉 역시 생존 욕구와 인간적 삶이 대립되는 특정한 상황 속에 인물들을 밀어 넣은 뒤, 전자로의 선택을 필연적인 것으로 그려낸다. 등장인물들이 생존을 일순위에 두는 건 당연하다. 다만 생존과 실존을 양립할 수 없는 것처럼 대립시켜 후자를 자연스레 치워버릴 때, 카메라 역시 생존에서 밀려난 좀비 떼에 대해 인간적인 연민을 담을 부담으로부터 벗어난다. 한때는 학교 친구였던 이들이 좀비라는 절대적 타자이자 재앙이 되어 '우리'에 속하지 못하게 될 때, 주인공 그룹이 경험하는 잔혹한 핏빛 순간들은 재난물의 스펙터클이 된다. 불편하긴 하지만 이미 검증된 K좀비 혹은 K콘텐츠의 장르적 공식이라 할 수 있을 것이다. 하지만 십대들을 고립된 재앙 속에 밀어 넣어 고통 포르노를 뽑아내는 것에 대한 알리바이로 세월호를 표상하면서, 〈지우학〉의 세계는 더 큰 혼돈에 빠진다.

제작진이 의도하지 않더라도 2022년의 시청자가 특정 장소에 고립되어 생존을 위협당하는 십대들을 보며 세월호를 떠올리지 않기란 어렵다. 실제로도 〈지우학〉은 노골적으로 세월호를 표상한다. 은유가 아닌 표상이라 하는 건, 은유로서는 철저히 실패했기 때문이다. 최종 생존자 중 한 명인 박미진(이은샘)이 마지막화 말미에 세월호 특별전형을 연상시키는 '좀비 특별전형'을 요구하는 피켓을 들고 1인 시위를 하는 장면은 얄팍한 농담이라 치자. 바깥의 어른들에게 잘 있다는 동영상 인사를 남기는 모습 등 세월호가 겹쳐지는 여러 순간들을 보며 슬픔을 느끼지 않기란 어렵다. 즉 좀비 장르물로서의 자극 위에 감정의 레이어가 덧씌워지며 작품의 결이 풍성해지는 듯한 효과가 생긴다. 이 슬픔은 재난의 공간 바깥에 있었던 일종의 부채감으로부터 비롯된다. 〈지우학〉이 원작 대비 학교 바깥 어른들의 이야기를 굉장히 많이 다루는 건 이러한 맥락과 연결되어 보인다. 고립된 학생들을 구해야 하는 당위와 그럴 수 없는 여러 현실적 여건이 교차되며, 공적 권력의 책무와 좋은 어른의 의무 사이에 간극과 딜레마가 발생한다. 〈지우학〉은 이 딜레마를 힘 있게 밀고 나가 작품의 도덕적 입장과 관점을 확실히 하기보다는, 부성애와 모성애라는 역시 K콘텐츠 특유의 신파적 코드로 난제를 회피한다. 청산의 어머니(이지현)는 청산을 구하기 위해 학교로 갔다가 곧 좀비에 물려 감염되고, 온조의 아버지이자 소방팀장인 남소주(전배수)는 딸을 구해야 한다는 일념으로 군인들의 감시와 총알 세례를 뚫고 효산고로 향해 체육관에 갇힌 온조 일행을 구해낸다. 물론 아들과 딸을 구하기 위해 위험을 무릅쓰는 부모를 보며 울컥하지 않기란 어렵다. 하지만 혈육의 가족애와 숭고한 희생이 어른이자 시민으로서의 사회적 책무를 대신할 때, 세월호가 한국 사회에 남긴 수많은 공적 숙제들은 진지하게 논의되지 못하고 신파를 위한 장르적 설정으로 전락한다. 단적으로 〈지우학〉은 과연 우리가 그때 어떠했어야 했느냐는 질문에 아무 것도 답하지 않는다.

구하러 오지 않은 어른들을 힐난하며 부채감을 자극하되 사회 공동체의 책임에 대한 전망은 공백으로 두는 〈지우학〉의 무책임한 재현은, 동시대 팬데믹의 맥락과 연결되며 좀 더 실천적인 해악으로 이어진다. 효산고등학교에 고립된 주인공들의 경험이 세월호를 표상한다면, 효산시 전체로 퍼진 좀비 사태는 명백히 팬데믹을 표상한다. 코로나19 사태 초기를 연상시키는 몇 가지 에피소드도 그러하지만, 무엇보다 요나스 바이러스 확산을 형상화한 지도 이미지가 그러하다. 〈킹덤〉이 걷잡을 수 없는 역병의 은유로서 좀비를 묘사했다면, 〈지우학〉은 근본적으로 좀비 사태를 국가적 방역 문제로 인식한다. 재난 컨트롤타워인 계엄사령부가 세월호로서의 효산고에 개입하지 못하는 건, 자칫 국가적으로 확산될 수 있는 팬데믹 상황 때문이다. 고약한 딜레마지만 이원화해서 접근하는 게 불가능한 일은 아니다. 그럼에도 계엄사령부는 확산 방지라는 단 하나의 목표만을 설정해 효산고의 생존자를 방치한다. 한 명이라도 더 살리는 것이 마치 팬데믹 확산 방지와 양립할 수 없는 숙제인 것처럼 가짜 대립이 만들어지며, 대를 위해 소를 희생하는 낮은 수준의 공리주의로 효산고에 대한 국가의 책임은 희석된다. 이에 대한 〈지우학〉의 모호하고도 이중적 태도는 매우 비겁한데, 생존자를 구하지 않은 것에 대해 주인공들의 입을 통해 "우리 왜 버렸어요?"라고 직접적으로 비판하면서, 그와 동시에 바이러스 확산을 막기 위해 효산시를 폭격하는 결정을 단독으로 내린 사령관 진선무(김종태)의 선택에 대해서는 영웅적 아우라를 부여한다. 특히 책임을 지겠다더니 책임은커녕 자살해 버리는 진선무에게 아버지이자 남편으로서의 따뜻한 면모를 강조하며 그의 결정을 일종의 자기희생처럼 애틋하게 묘사할 때, 〈지우학〉의 신파는 더할 수 없이 역해진다.

학교폭력이든, 세월호든, 팬데믹이든, 공동체가 해법을 찾아야 할 수많은 문제들을 나열한 뒤, 그 모든 걸 신파적 카타르

시스로 해소한 자리엔 그 어떤 비판적 전망도, 낙관적 상상력도 남지 못한다. 단순한 부재가 아니다. 고통을 겪어낸 주인공들에겐 사회를 믿을 수 없다는 불신과 냉소만이 남고, 서로가 서로에게 방역 우산 같은 존재가 되어야 고난을 극복할 수 있다는 팬데믹 시대의 호혜성 원칙은 다시금 각자도생과 배제의 세계관으로 대체된다.

결국 〈지우학〉의 '지금'엔 미래에 대한 기대가 없고, '우리'는 혈연과 애정 관계로 묶인 사적 집단으로서만 호명된다. 오해해선 안 된다. 이것은 디스토피아에 대한 재현이 아니다. 디스토피아를 향한 무기력의 학습이다. 지금, 우리에 대한 상상력을 갉아먹는. **2022.02.11.**

+ 문화적 내러티브의 힘은 가능한 삶의 형식들을 구체화하는데 있다. 고통과 잔인함을 전시하는 게 전부인 작품들이 현실 반영을 알리바이 삼는 게 일리는 있어도 구차한 이유다. 좀비에 의한 비상사태처럼 비현실적이되 잔인한 세계에 대한 알레고리가 될 설정은 얼마든지 상상해내면서, 그 안에서 인간과 인간이 서로의 안전망이 되어줄 가능성은 상상하지 못하는 K드라마의 상상력이란 다분히 편향적이다. 여기에 삶의 어떤 진실이 반영되었을 수 있지만, 또한 삶의 진실이란 수많은 가능성의 갈래에서 구체화된 삶의 형태에 따라 새롭게 정의될 수 있다.

〈지금 우리 학교는〉은 영상화 과정에서 시청자가 이입할 만한 현실 세계의 경험적 맥락을 다수 반영했지만, 정작 그 경험세계를 미처 우리가 살아보지 못한 방식으로 바라보고 재구성할 만한 관점을 제공하지 못한다. 나는 우선 '못한다'고 보았기에 이 세계의 한계를 지적하는 방식으로 비판했지만, '안 했을' 가능성 역시 없진 않다고 본다. 이 장에서 다룬 인기 K콘텐츠들이 삶의 잔인한 속성에 천착하는 방식으로 마치 모두가 외면한 인간사의 불편한 진실을 꿰뚫어낸 것마냥 찬사를 받는 담론의 흐름이 형성됐기 때문이다. K콘텐츠의 핏빛 재현에 대한 세계적 찬사도 마찬가지다. 나는 여기에 상당한 착시가 있다고 생각하는 편이다. 잔혹한 상황에서 잔혹한 행위를 벌이는 서사적 세계란 가장 단순한 인과법칙으로 작동되며, 여기에는 현실에 대한 일말의 반영이 있을지언정 흥미로운 상상력은 보이지 않는다. 오히려 모든 지표가 절망을 가리키는 상황에서 그럼에도 불구하고 희망을 상상해낼 수 있는 것이야말로 창작의 위대한 상상력이지 않을까. '지금' '우리'의 상황 안에서.

잔인함을 안전하게 즐기기 위해 구성된 가상의 세계 안에 마치 인간과 세계의 본질에 대한 통찰이라도 있는 양 으스대거나 추켜세우는 것에 나는 호들갑보다 좋은 표현을 찾지 못하겠다. 그리고 현재 K콘텐츠 혹은 K드라마 열풍에 대한 담론 상당수가 그러하다.

# 2장

# 차별에 찬성하는 세계

능력주의자들처럼 누군가의 세상에 대한 기여도를 줄 세워 평가할 수 있는 단일한 올인원 스탯의 허구적 가능성에 집착하기보다는, 우리 사회의 다양한 협업의 기회 안에서 각자의 방식으로 기여하지만 쉽게 집계되지 않는 그 수많은 능력들에 대해 존중하고 겸손해지는 것이 훨씬 이치에 맞을 것이다.

# 하연수, 타협 없이만 누릴 수 있는 자유

하연수 인성.

최근 올렸(다가 지웠)던 N번방 사건에 대한 게시물을 비롯해, 그동안 배우 하연수의 인스타그램 발언 및 관련 보도를 찾기 위해 포털에 '하연수 인'까지 타이핑한 순간, 의도했던 '하연수 인스타'와 함께 자동 완성된 또 다른 단어의 조합이다. 하연수 인성. 이것만으로도 그가 지금까지 겪어야 했던 공격과 험담의 총체가 그대로 그려지는 듯하다.

2016년 7월, 하연수는 인스타그램에 좋아하는 사진작가의 작품을 올리며 그의 계정을 태그했고, 작품이 뭔지 알고 싶은데 방법이 없냐는 댓글에 "제가 태그를 해놓았는데 방법은 당연히 도록을 구매하시거나 구글링인데 구글링하실 용의가 없어 보여서 답변드린다"며 작품명을 적었다가 소위 '인성 논란'이 불거졌다. 그는 결국 자필 사과문을 통해 "배우로서 모든 발언에 책임감을 갖고 신중한 모습을 보여드렸어야 했는데 그러지 못했"다는 것에 대해 사과했다. 사실 그가 했던 거라곤 조금만 신경 쓰면 하지 않을 만한 질문에 대해 조금만 신경써달라고 구체적으로 말한 것뿐이었다. 당연히 잘못이 아니다. 하지만 2019년에도 여전히 "작년에 작업한 '화조도' 판매합니다"라는 하연수의 게시물엔 이미 "작년에 작업한"이라는 설명에도 불구하고 "직접 작업한 건가요"라는 댓글이 달렸고, 하연수는 지친 듯 "500번 정도 받은 질문이라 씁쓸하네요. 이젠 좀 알아 주셨으면… 그렇습니다. 그림 그린 지는 20년 되었고요"라고 반응했다가 《국제신문》으로부터 '하연수, 또 인스타 댓글 논란… 이쯤 되면 인성 문제인가'라는 제목의 기사로 비난받아야 했다.

고분고분하지 않다는 그 이유 하나만으로 하연수라는 개인이 얼마나 자주 남성 커뮤니티를 중심으로 한 일부 대중과 무책임한 언론에 의해 '인성'에 대한 의심을 받아야 했는지 그 타임라인을 비판적으로 재구성하는 것만으로도 지면 전부를 채울 수 있을 것이다. 가령 2018년 인스타그램에 올린 러시아 여행 게시물 중 서커스장 포토존의 무늬가 전범기를 연상케 한다는 지적에 하연수는 "패턴이 집중선 모양이라 그렇다"고 해명했는데, 이에 대해 《스포츠월드》는 '하연수는 왜 논란을 자처할까'라는 제목의 기사에서 "아예 올리지 말았으면 될 것을 결국 스스로 논란을 만들어냈고, 받지 않아도 될 비난을 받았다"며 마치 하연수를 위하는 척했다. 역겨운 일이다. 잘못은 아니지만 논란이 될 것 같으면 하지 말라는 말은 훈수도 걱정도 아닌 억압일 뿐이다. 또한 벌어지지 않아도 될 논란을 만든 건 하연수가 아니라, 세상의 모든 집중선에 대해 전범기의 책임을 물으려는 사람이다. 절 앞에서 찍은 사진에 만(卍)자가 찍혔다고 하켄크로이츠를 연상시키니 지워달라고 하는 경우는 없을 것이다. 이처럼 뭔가 시비를 걸고 싶지만 근거를 대기 어려울 때 동원하는 것이 '인성'이라는 추상적 개념이다. 그러니 '하연수 인성'이라는 자동 검색어는 그가 겪은 고난뿐 아니라 그 부당함까지 누적된 흔적처럼 보인다. 하지만 정말 놀라운 건 그가 그토록 오랜 기간 부당한 '인성 논란'에 시달렸단 사실이 아니다. 그렇게 오랫동안 일거수일투족에 대한 간섭과 비난을 받으면서도 본인의 '인성(Personality)'을 지켜왔다는 것이야말로 놀라운 일이다.

그는 'N번방 사건'이라 불리는 텔레그램 단톡방 기반 성범죄에 대해 "엄정한 처벌과 규탄을 받아 마땅하다"는 강력한 입장을 역시 인스타그램을 통해 게시했다. 비록 일부 부정적인 댓글 때문인지 얼마 후 삭제하긴 했지만, 이후 다시 인스타그램 스토리를 통해 해당 사건 취재 기사 캡처 이미지를 올리며 "꾸준히 널리널리 알리겠습니다"라고 지속적인 연대의 메시지를 보냈다. 흔히 말하는 연예인의 선한 영향력이란 면에서 이미 훌륭한 일이지만, 자신이 어떤 말을 해도 미워할 준비가 된 사람들이 주시하고 있다는 걸 경험적으로 잘 알면서 그럴 수 있기란 정말 어려운 일이다. 당장 꼬투리 잡을 근거가 없으면 "'N번방이라는 사건 엄중한 처벌을 받아야 합니다' 한마디면 되지 철학가 납셨네"라고 비아냥대기라도 해야 발을 뻗고 잘 수 있는 게 악플러라는 족속이다.

밑도 끝도 없는 악의 앞에서 우리는 굳이 용기를 내지 않아도 될 정당한 이유 백 가지를 찾아낼 수 있다. 앞서 비판적으로 인용한 "아예 올리지 말았으면 될 것을 결국 스스로 논란을 만들어냈고, 받지 않아도 될 비난을 받았다"는 기사의 논리는 유혹적이다. 맞는 말을 해도 욕을 먹을 거라는 걸 안다면, 그냥 침묵하는 게 현명한 일이다. 이것이 권력이 개인을 따뜻하게 침묵시키는 방식이다. 그 유혹에 넘어간 사람을 비난하기란 어렵다. 마찬가지로 그 유혹에 흔들리지 않는 사람을 존경하지 않기도 어렵다. 하연수는 자신에게 편견을 가지고 있었지만 이젠 그에 비례하게 (좋은) 영향력을 받으며 살겠다는 네티즌의 고백에 "편견에 맞서고 싶진 않았습니다. 무슨 말을 해도 이해

받지 못하거나 공격받기도 하니까요. 심지어 침묵할 때도요"라 답했다. 그가 의도적인 투사는 아닐지 모른다. 다만 타협으로 진짜 평화를 얻을 수 없다는 것을 그는 정확히 알고 있다. 하여 그가 그동안 보여준 무뚝뚝함과 단호함은 당연히 보장받아야 할 개인의 권리이기도 하지만, 부당함과는 거래하지 않는 정치적 비타협성에 더 가까워 보인다.

내가 나일 수 있도록 하는 것이 인성이라면, 그것은 타율적인 권위나 통념에 대한 비타협적인 태도를 통해서만 지켜질 수 있다. 그것은 규범을 무시해도 된다는 뜻이 아니라, 오히려 자율적 규범에 스스로를 구속할 수 있다는 뜻이다. 레드벨벳 예리와의 '썰'을 풀어달라는 요청에 대해 "친구를 진심으로 배려한다면 말씀 주신 '썰' 같은 걸 푸는 건 잘못된 행동"이라 선을 긋고, 그냥 개인적 일화에 대한 궁금증이었다는 추가 요청에는 "그것이 긍정적이든 부정적이든, 질문자께서 말씀 주신 일련의 일화를 (예리 본인과) 합의되지 않은 상태에서 단독으로 언급하는 것 자체가 제 기준에서 잘못된 행동이라는 생각을 다시금 피력합니다"라는 하연수의 답변은 칸트적인 의미에서 진정 자율적이다. 그가 말한 "제 기준"이란 단순히 주관적이고 상대적인 기준이 아니다. 만약 누군가 나와 합의되지 않은 내 이야기를 하는 것이 나의 권리를 침해한다고 생각한다면, 나 역시 그것을 하지 않아야 한다. 그것이 칸트가 말한 자기입법이다. 하지만 그걸 실제로 실천하기란 어렵다. 좋은 게 좋은 거라는, 세상의 상냥한 억압 앞에서 신념을 지키기 위해선 유난 떤다는 말을 감수해야 한다. 그것이 실제로 그가 겪은 일이다. 그리고 아마도 앞으로도 겪을 일이다.

하연수라는 개인의 용기에 대한 상찬이 당연하면서도 그에 그쳐선 안 되는 건 그래서다. 사회에 스민 부당한 통념과 폭력은 논리의 우월함이 아닌 승리의 경험을 통해 유지된다. 그러니 우악스럽게, 때론 회유하며 사과와 타협, 굴종을 요구하는 것이다. 그리고 부당한 권위가 전진하려 할 때마다 사과하지 않고 타협하지 않는 이들을 통해 그것의 승리는 유예된다. 우리는 언제나 그런 이들에게 빚을 지고 있다. 숭배할 필요는 없지만 그들의 실천에 대한 정당한 평가가 이뤄져야 한다. 보상의 문제가 아니라, 불의에 동의하지 않는 이들에게도 가시적인 승리의 경험이 필요하기 때문이다. 그러니 하연수가, 유아인이 그러했듯 석학(도올 김용옥은 말고)과 교양 프로그램을 진행하면 좋겠다. 정우성에게 그러하듯 유수 매체가 그의 공적 발언이나 철학에 대해 귀 기울이고 전파하면 좋겠다. 선한 영향력이란 쌍방향적인 것이어야 한다. 자율적인 개인이 된다는 것이 꼭 외로워야 한다는 뜻일 수는 없다. 다음 번 검색에선 하연수 인터뷰, 하연수 인류애, 하연수 인기, 하연수 인문학 같은 검색어가 자동 완성되길. **2020.03.20.**

+ 비타협적인 삶이란 어쩔 수 없이 많은 경우 외로움을 동반한다. 배우 하연수가 실제 느끼는 감정을 알 수는 없지만, 그의 공적 발화에서 볼 수 있는 단호함만으로 그가 아무 상처도 외로움도 허무함도 없이 견디고 있으리라 생각하긴 어렵다. 우리는 작지 않은 영향력과 그에 비례한 발언의 책임까지 져야 하는 이들의 단단함 그리고 그러한 이들의 비타협적 태도에 빚지고 있다. 통념의 이름으로 허용되는 수많은 무례함과 간섭들에 대해 그것은 틀린 거라고 개방된 장소에서 목소리를 내는 이들을 통해 비슷한 생각을 가졌지만 차마 나설 수 없던 누군가는 용기를 얻을 것이며 반대편의 누군가는 잠시 눈치를 볼 것이다. 유명인의 공적 발화가 중요하고 또 소중한 건 그래서다.

그래서 이 글은 하연수라는 배우가 지닌 발언에 스민 도덕적 가치를 설명하기 위한 것이기도 하지만, 그가 조금이라도 덜 외로우면 좋겠다는 마음으로 쓴 글이기도 하다. 어느 칼럼니스트의 글 한 편이 그의 마음에 위로가 되리라는 기대가 아니라, 누구든 그의 말과 글에 공감할 때, 그가 부당한 대우를 받는다고 생각할 때 그것을 아끼지 말고 표현하길 기대한 것이다. 누군가의 목소리를 통해 자신이 혼자가 아니라는 기분이 들 때, 당신 역시 혼자가 아니라는 메아리를 전해줄 수 있어야 한다. 사회적 연대는 공론장 안에서 의사소통적 영향력을 강화하기 위한 것이기도 하지만, 가장 근본적으로는 각각의 개인들이 서로를 통해 혼자가 아니라는 감정을 느끼기 위한 것이다. 불의를 보고 침을 뱉는 것만큼이나, 선의를 향해 손을 흔드는 것도 중요하다.

# 차별주의자들에게 승리의 경험을 줄 때 벌어지는 일

선을 넘는다는 것은 무슨 의미일까. 아니, 정확히 선이란 무엇일까.

"제 의견을 표현하려고 했는데 선을 넘었"다는 방송인 샘 오취리의 사과문을 보며 그런 의문이 들었다. 해마다 재치 넘치는 패러디 코스튬 플레이로 유명한 의정부고등학교 졸업사진 촬영 중 올해는 소위 '관짝소년단'이라는 인터넷 '밈'으로 유명한 가나 상조회사 직원들을 패러디한 남학생들이 있었다. 문제는 그들이 원본을 흉내 내기 위해 얼굴을 검게 칠하며 시작됐다. 당연하지만, 그들의 분장이 흑인의 외모를 희화화하는 과거 미국의 '블랙페이스'와 다를 바 없지 않느냐는 비판이 나왔고, 이후 그 스스로 흑인 당사자인 샘 오취리는 본인 SNS에 "2020년에 이런 것을 보면 안타깝고 슬프다. 흑인들 입장에선 매우 불쾌한 행동"이라 언급했다.

이후 벌어진 일은 알려진 바와 같다. 특별히 악의를 품지 않은 패러디에 인종차별이라는 비판은 과하다는 지적, 다른 문화를 조롱하지 않는 교육이 필요하다는 그의 지적이 한국 교육을 무시했다는 지적, 그도 방송에서 눈 찢는 행위를 하며 동양인 비하를 하지 않았느냐는 지적이 샘 오취리에게 차별적으로(나는 '무차별적'이라는 말이 이 상황에 어울리지 않는다고 생각해 의도적으로 이렇게 썼다) 쏟아졌다. 결과적으로 샘 오취리는 위에서 인용했듯, 본인 발언에 대해 사과했고, 이후 공주고등학교 남학생들도 얼굴을 검게 칠한 '관짝소년단' 패러디를 했고 심지어 그중 한 남학생은 샘 오취리를 태그하기도 했다. 현재까지 벌어진 일을 요약하면 차별주의자들의 1승, 그 이상도 이하도 아니다. 그렇다면 정말 선은 누가 어떻게 넘은 것인가.

의정부고 학생들을 옹호한 이들의 주장처럼, 또한 그들 스스로의 주장처럼 그들은 그저 흑인이 나오는 영상을 패러디하는 과정에서 분장을 했을 뿐 흑인을 비하하거나 차별할 의도는 없었을지 모른다. 과거 나는 야구해설가 안경현의 "여권이 없어 광주에 못 간다"는 지역차별 발언에 대해 다음과 같이 썼다. "악의 없는 차별은 오직 자신이 미처 발견하지 못했던 차별적 전제와 구조를 인식하고 교정할 수 있는 가능성 때문에 '아직' 덜 나쁠 수 있는 것이다." 차별할 의도가 없었다는 것이 실질적으로 벌어진 차별에 대한 면죄부가 될 수는 없다. 단지 이후 그것이 차별임을 깨달았을 때, 이에 대해 사과하고 잘못을 바로잡겠다는 다짐과 교정 과정에 대해 그 진정성을 조금 보증해주는 작은 증거가 될 뿐이다. 알고도 반성하지 않는다면 악의적 차별주의자와 다를 바 없다.

그렇다면 우리 사회가 했어야 하는 건 그들에게 악의가 없었으니 차별이 아니라고 면죄부를 발부해주는 것이 아니라, 당사자인 흑인에게 상처가 되는 차별적 행동이 맞다는 것을 다시 한번 해당 학생들과 이를 지켜보는 사회 구성원들에게 강하게 주지시키고 다만 악의가 없었으니 뼈아프게 반성하고 앞으로 더 나은 시민이 될 기회 정도는 주는 것이어야 했다. 그들이 실수할 수 있는 미성년이라는 것을 고려한다 해도 그러하다. 우리는 미성년이 절도나 폭행, 교내 따돌림 등 윤리적 잘못을 저지를 때 성인의 잘못보다는 관용적으로 접근하지만, 해당 행위들이 잘못이라는 것에 대해서는 명확히 인지시킨다. 그런데 왜 인종차별 문제에 있어서만 의도가 없었으니 차별이 아니고 잘못이 아니라고 하는가. 이것은 미성년의 악의 없는 실수에 대한 사회적 관용이 아닌, 관용을 빌미 삼은 인종차별의 정당화에 가까운 것 아닐까.

샘 오취리가 아닌, 그에게 직접 악플을 달던 악의적 차별주의자들과 그 동조자들이 선을 넘었다는 이야기를 하려는 게 아니다. 그보다 이 문제에 대해 사회적으로 합의되고 어느 정도 심리적 강제력을 발휘할 만큼의 가상의 선조차 마련하지 못했다는 것이 한국 사회의 진실에 가깝다. 이번 의정부고 사건이 화제가 된 이후, 이를 전하는 언론의 보도는 처참한 수준이다. 대다수의 매체들이 샘 오취리의 비판과 이에 대한 몇몇 네티즌들의 반박을 동등한 수준의 'VS.' 구도로 전했다. 매체의 균형이란 무엇이 옳고 그른지, 무엇이 전할 가치가 있고 없는지 고민하지 않고 모두 다 소개해야 된다는 뜻이 아니다. 수많은 의견들의 근거를 검증하고 허튼 소리들을 쳐내며 유의미한 의제를 발굴해내는 노력 안에서 비로소 언론은 정제되지 않은 목소리의 파도 위에서 난파하지 않고 아슬아슬하게 균형을 잡을 수 있다. 차별에 대한 실질적 옹호를 의견의 하나로 받아들이고 굳이 동등한 무게로 전달하는 언론 및 유사언론들은 이 이슈를 혼돈 속에 밀어 넣은 주범들이다.

제대로 된 언론이었다면 의도로 행동이 정당화될 수 없으며 차별은 잘못이라는 사회적 합의를 요청했어야 한다. 《스포츠조선》이 '단독' 타이틀까지 붙이며 전하고 이후 수많은 매체가 따라 쓴 샘 오취리의 동양인 비하 포즈 문제에 있어서도, 이를 흔한 '내로남불'의 프레임으로 전하기보다는 그때 샘 오취리도 우리도 미처 인식하지 못했을 정도로 얼마나 자연스럽게 차별에 무감각하게 웃고 떠들 수 있었는지에 대해 '관짝소년단' 이슈와 연결해 반성적으로 돌아볼 수 있어야 했다. 샘 오취리의 동양인 비하 혐의와 별개로, 그날 방송에서 진행된 얼굴 망가뜨리기 대결이라는 것이 중증 뇌성마비 환자에 대한 희화화가 될 수 있으며 당사자들에게 상처가 된다는 것에 대해 지적한 언론이 하나도 없다는 사실은 암울할 정도다. 무엇이 차별일 수 있는지에 대한 선, 차별은 나쁘다는 윤리적 선은 대체 어디 있는가. 애초에 존재하긴 하는가.

불의에 대한 규범적 방어선이 제대로 만들어지지 못할 때, 결국 기준선 역할을 하는 것은 대중의 주관적 기분이다. 샘 오취리가 선을 넘었다면, 그에 대해 아니꼬워하는 대중의 기분을 맞춰주지 못했다는 것뿐이다. 그리고 이 경우엔 무책임한 언론에 의해 대중이란 이름으로 대표성을 획득한 차별주의자들의 기분이 기준이 됐다. 전방위적 압박에 의한 샘 오취리의 사과는 결국 차별주의자들에게 승리의 경험을 안겨주었다. 그 결과는 무엇인가. 이제는 의기양양하게 차별을 전시하는 공주고의 어린 차별주의자들이 등장한다. 또한 이런 차별주의자들의 개선 행렬을 보고도 반성하기는커녕 또 다시 의정부고 학생들의 의도를 근거 삼아 "의도를 알지도 못하면서 상대방을 매장시킬 수도 있는 글을 두고 우리는 비판이 아닌 비난이라 부르고 의견이 아닌 억지라고 부른다. 무분별하고 맹목적인 비난 역시 인종차별만큼이나 이 지구상에서 사라져야 하지 않을까"라 말하는 《스포츠동아》의 '샘 오취리 사태, 억울한 역풍? 경솔함에 대한 대가 치른 것' 같은 기사가 부끄러움 없이 올라온다. 그들에게 부끄러움을 가르쳐줄 수 있을까. 회의적이다. 다만 부끄러움을 모르는 이들이 함부로 떠들 수 없는 사회적 합의의 기준선을 만들어내고 강제력을 부여하는 것이 조금은 가망이 있어 보인다.

우리에게 넘지 않아야 할 선이 있다면, 그것은 차별주의자들에게 또 한 번 승리를 주지 않을 만큼 강력한 방어선이어야 할 것이다. **2020.08.15.**

+ 현재 한국의 차별주의 담론은 이중화된 구조로 이루어져 있다. 하나는 과거부터 이어져온 차별의 흔적을 무비판적이고 무의식적으로 받아들인 순진하고 무지한 차별주의다. 가령 1980년대 코미디 프로그램의 인기 코너였던 '시꺼먼스'는 곱슬머리와 검은 얼굴 분장으로 흑인의 외형을 희화화하는 개그였다. 그때는 그래도 되었다는 말은 아니다. 그때도 틀렸다. 다만 당시엔 희화화된 흑인 당사자의 사회적 존엄을 훼손할 수 있다는 인식 자체가 존재하지 않았던, 좀 더 정확히 말해 타자로서의 흑인이 우리 삶과 괴리된 멀고 먼 이방인으로서만 상상되던 아주 좁은 세계관 안에서 만들어진 웃음이었다. 이처럼 타

자와의 관계를 구체적인 윤리로서 상상할 수 없던 시기에 고여 있던 무지의 차별이 시대적 변화와 요청에 충분히 조응하지 못하고 그대로 하나의 문화적 코드처럼 이어진 것이 일차적 차별주의다. 최대한 선해하자면 의정부고등학교 학생들의 관짝소년단 패러디는 이러한 일차적 차별주의에 가까울 것이다.

글로벌 선진국으로의 체면 때문이든, 시민사회의 인권 의식 발달 때문이든, 다양한 인종과 문화와 실시간으로 연결되어 더는 좁은 세계를 유지할 수 없는 시공간의 압축 때문이든, 이제는 그러한 무지에 기댄 차별주의를 차별로 인식하고 비판할 수 있는 많은 윤리적, 경험적 근거들이 쌓였다. 강물이 흐르듯 자연스럽게 과거의 잔재를 밀어내거나 고립시킬 수 있을 것 같았고 그래야 했다. 그리고 이 지점에서 훨씬 교활하고 악의적인 이차적 차별주의가 등장한다. 새로운 차별주의자들은 자유롭고 평등한 토론이라는 민주주의적 이념을 교묘하게 전유한다. 즉 공론장 안에 어떤 의견이든 제시되고 토론할 수 있어야 한다는 것을 근거로 차별주의 역시 동등하게 다뤄질 것을 요구하는 것이다. 이들은 차별적 발언이나 문화적 재현을 공론장 안에서 배척하려는 것이 오히려 평등한 공론장의 이념에 반하는 비민주적인 폭력인 것처럼 주장한다. 틀린 게 아니라 다른 것일 뿐이라는 문화적 관용은 원래 차별주의에 대한 대항담론이었지만, 오히려 이제는 차별주의자들이 그 담론을 전유해 차별주의는 틀린 게 아닌 다른 것일 뿐이라고 주장하는 사태에 이른 것이다.

미치코 가쿠타니는 《진실 따위는 중요하지 않다》에서 모든 진실이 불완전하고 관점에 따라 달라질 수 있다는 포스트모더니즘의 이념이 분명 평등주의적 담론을 촉진한 공이 있으나, 동등하게 취급할 수 없는 것을 동등하게 취급하고 싶어 하는 사람들도 이 주장을 이용했노라 한탄하는데, 이것이 한국에서도 거의 동일하게 벌어지는 상황이다. 교활한 이차적 차별주의자들이 제공하는 논리를 통해 일차적 차별주의는 더더욱 번성하게 되며 공론장은 더더욱 엉망진창이 된다. 차별에 대한 옹호 발언을 하나의 의견으로서 차별 금지 주장과 동일하게 다뤄주는 한국 언론의 지형이 그러하듯.

하지만 자유롭고 평등한 공론장이란 어떠한 규범에도 근거하지 않은 진공 상태에서의 대화가 아니다. 권력에 의한 강제나 기만 없이, 더 합리적이고 좋은 근거에 의한 합의 가능성을 전제해야만 공론장은 아무 말 대잔치가 아닌 민주적 의사 결정의 지평이 될 수 있다. 그리고 이러한 전제 아래 지금껏 공론장은 차별주의를 비롯한 수많은 헛소리들을 논파해서 문명사회 바깥으로 밀어냈다. 특히 차별주의는 특정 논의 참가자의 평등한 권리 자체를 부정한다는 점에서 공론장의 전제 조건을 부정하는 모순적이기까지 한 헛소리다. 무엇이 헛소리고 무엇이 시민사회 안에서 허용 가능한 명제인지에 대해 오랜 시간 공론장 안에서 누적한 성취를 고정관념과 폭력으로 규정하고, 다시 진공 상태로 돌아가 동등하게 대접받겠다는 것이 이차적 차별주의자들의 전략이다.

적어도 무지에 의한 차별주의자에겐 모르는 부분을 가르쳐주고 변화시키는 게 원론적으로 가능할 것이다. 하지만 논의 자체를 왜곡할 기회만 엿보는 교활한 차별주의자를 대할 때 필요한 건 설득에의 의지보다는, 그들을 공론장에서 내쫓겠다는 단호한 의지라고 생각한다. 문화 비평은 단순히 차별적 재현에 대해 민감하게 인식하는 걸 넘어 그에 대한 단호한 방어선의 일부가 되어야 한다.

# 허지웅과 주호민의 데칼코마니 같은 PC주의 비판

서로가 만들어낸 서로가 묻혀진 데칼코마니 같아.

2020년 9월 11일 JTBC 〈히든싱어 6〉에 출연한 화사는 모창 능력자들과 함께 마마무의 〈데칼코마니〉를 열창했다. 우연이겠지만 그의 열창을 사이에 두고 앞뒤로 두 남성 명망가가 데칼코마니로 찍어낸 것 같은 발언을 했다. 9월 9일, 작가 허지웅은 자신이 진행하는 SBS 라디오 〈허지웅쇼〉의 오프닝에서 영화 〈뮬란〉이 중국 신장 지역 촬영에서 신장 위구르족을 탄압한 중국 당국의 도움을 받고 감사를 표한 이슈를 다루며 "옳고 그름에 관한 대중문화의 신탁처럼 굴어온 디즈니가 정작 관객의 눈에 쉽게 드러나지 않는 부분에서는 감금과 세뇌와 민족 말살 정책에 적극적으로 동조하고 이익을 추구"했음을 강하게 비판했다. 여기까진 합리적 비판이지만, 그의 논리는 갑작스레 점프해 "강박적인 PC(Political Correctness, 정치적 올바름)주의라는 게 이렇다"며 "PC주의가 이제는 괴물이 되어 정치, 사회, 대중문화 전 영역을 좀먹고 있다"는 결론에 이른다. 그리고 9월 17일 밤, 만화가 주호민은 만화가 지망생을 대상으로 한 트위치 라이브 방송 중 "지금 웹툰은 검열이 진짜 심해졌는데 그 검열을 옛날에는 국가에서 했다. 지금은 시민이, 독자가 한다"고 우려하며(그 과정에서 나온 '시민 독재'라는 말에 대해 그가 추후 실언임을 인정했기에 그 표현의 부당함에 대해서는 언급하지 않겠다), "그게 가능한 이유는 자신이 도덕적으로 우월하다는 생각 때문에 보통 일어"나며 "다른 생각을 하는 사람이나 작품을 만났을 때 그것을 미개하다고 규정하고 계몽하려고 하면 확장을 할 수 없다"고 특정 독자들의 행태를 비판했다.

한쪽에선 창작자가 정치적 올바름에 매몰되어 대중문화를 좀먹고 있다고 비판하고, 다른 한쪽에선 독자 혹은 소비자 역시 도덕적 우월감으로 작가와 작품을 옥죈다고 비판한다. 창작자가 소비의 자유를 억압한다고, 독자가 창작의 자유를 억압한다고 말하는 그들의 주장은 서로 좌우가 반전된 데칼코마니처럼 가운데로 접으면 PC주의에 대한 비판이라는 하나의 형상으로 포개진다.

〈뮬란〉 제작에서의 문제를 그간 "강박적인 정치적 올바름을 추구"한 디즈니의 행보로부터 연역한 논리의 빈약함에 대해, 역시 작품에 대한 독자들의 비판을 '검열'이라는 개념으로 싸잡는 성급함에 대해 충분히 비판할 수 있을 것이다. 하지만 그렇게 하지 않겠다. 그보다는 정말로 그들이 우려하듯 PC주의가 창작자도 소비자도 억압하는(사실 이쯤 되면 전지전능한 수준이다) 실체 있는 '괴물'인지 따져보겠다. 이것은 한 세계에 대한 해석적 차이의 문제 이전에, 과연 우리가 같은 세계에 대해 이야기하고 있는지 확인하는 게 먼저인 문제이기 때문이다. 그리고 이 지점에서 나는 마치 영화 〈물괴〉의 모티브가 된 《중종실록》 속 괴물에 대한 기록처럼 실체 없는 소문의 대상을 쫓는 기분이 든다.

허지웅의 말처럼 "무조건 내가 옳고 너는 불편하다는 사람을 이길 수 있는 건 없"다. 그런데 정말 그가 비난한 "강박적인 정치적 올바름을 추구하여 오래된 원작들의 정체성을 훼손하고 작품의 완성도보다 인종과 성별을 역전시키는 데만 주력"한 디즈니가 정말 그런 고집불통 "교조주의"의 함정에 빠졌다 말할 수 있을까. 실사화된 〈알라딘〉은 어머니가 인도 혈통인 나오미 스콧과 이집트계 메나 마수드를 주연으로 썼다. 이것이 어떤 폭력이 될 수 있는가. 나오미 스콧이 연기한 자스민은 원작 애니메이션에는 없던 〈Speachless〉를 부르며 최근의

할리우드에 요구되는 주체적 여성의 모습을 보여줬다. 과연 이 노래는 세상을 어떻게 "좀먹고" 있는가. 〈알라딘〉 원작을 비롯해 디즈니의 뮤지컬 애니메이션을 사랑해온 이들을 차별주의자로 폄하한다면 그것은 정말 교조적인 태도일지 모른다. 하지만 〈Speachless〉에 대해 디즈니에도 페미(니즘) 묻었다며 비난하는 이들을 성차별주의자로 부르지 않아야 할 이유는 모르겠다. 마찬가지로 인어의 이미지로 〈인어공주〉 애니메이션의 에리얼부터 떠올리는 이들이 차별주의자는 아니다. 하지만 실사 〈인어공주〉에 흑인 배우가 캐스팅됐다는 소식에 '흑인 여부를 떠나서 저게 어떻게 인어공주냐? 넙치나 가자미지'(실제 네이버 댓글) 따위의 폭력적 말을 내뱉는 이들은 원작에 절대적 가치를 두고 "무조건 내가 옳고 너는 불편하다는" 근본주의자가 아닌가?

그나마 주호민은 자신의 주장에 대한 실증적 사례를 제시한다. 그는 논란이 된 '시민 독재' 발언을 사과하고 해명한 두 번째 방송에서, 한 신인 작가가 일진이 아이들을 괴롭히는 만화를 그리자 '어떻게 이런 걸 그릴 수 있느냐'는 댓글이 달려 '나중에 일진들이 갱생하는 내용'이라고 작가가 해명한 예를 들었다. 그의 말대로 "갱생하는 내용을 그리려면 나쁜 걸 그려야" 하며 단순히 초반의 나쁜 모습이 불편하다고 비난하는 것은 작품의 평가에 있어 성급할 수 있다. 비슷한 일은 최근에도 있었다. 네이버웹툰 신작인 〈성경의 역사〉에선 이제 막 스물이 된 주인공 성경에게 흑심을 품는 학원 남선생이 어떻게 자기망상에 빠지는지 노골적으로 풍자하는데, 남선생의 시점으로 진행된 첫 화에 대해 많은 독자들이 혹 남성 관점에서 합리화하는 게 아닌지 우려하고 비판하는 댓글을 달았고 6점대의 낮은 점수를 주었다. 그리고 3화만에 작품에 대한 평가는 역전됐다. 분명 무엇이 당장 불편한 느낌을 준다는 것만으로 작품 전체의 흐름과 맥락을 무시한 채 비판하는 건 부당한 일이다. 다만 이것이 PC주의에 의한 문제인지는 모르겠다.

역시 네이버 연재작인 〈정보전사 202〉는 남파 간첩이 유튜브를 통해 북한 주체사상을 전파하려 시도한다는 참신한 발상의 개그만화인데 이 작품 첫 화에는 '북한미화만화'라는 베스트 댓글을 비롯해 4점대의 별점이 기록됐다. 과연 이 작품으로부터 성급히 북한 미화를 읽어낸 이들도 PC주의자라 할 수 있을까. 최근 표현 수위로 논란이 되고 휴재에 들어간 〈헬퍼2: 킬베로스〉의 경우 딱히 해당 문제와는 상관없이 작품의 연출이나 파워 인플레이션, 작가 대필 루머 등으로 최소 10주 동안 비난 댓글과 별점 테러를 당했다. 웹툰에 대해 단 한 회만으로 작품 전반을 판단하거나, 진행이 마음에 안 든다고 별점으로 응징하는 모습을 보기란 어렵지 않다. 이것은 PC주의와 상관없이 여기저기서 벌어지는 문제다. 작화가 별로라며 연재 초반부터 악성 댓글에 시달리다 건강 문제로 연재를 중단한 웹툰 〈돼지만화〉의 마지막 회 베스트 댓글들은 "이런 작품을 연재 중단 안 해서 욕먹는 거 아님?", "꼭 이런 사람을 작가 자리에 앉혀야겠어? 원인 제공자는 우리가 아니라 네이버 당신네들인 거 같은데?" 따위의 적반하장적인 태도로 가득하다. 만약 정말 독자 검열이란 게 있다면 이러한 소시오패스들이야말로 그 주체가 아닐까. 혹은 200원으로 유료 회차를 구매하면 작가를 모욕할 권리까지 구매한다고 믿는 이들의 신자유주의적인 갑질에 그 원인이 있는 건 아닐까. 왜 전반적인 웹툰 독자들의 과도한 간섭 중 작품의 여성혐오나 장애인 혐오에 대한 지적만이 과대표되고 비난의 표적이 되는 걸까.

실제 현실이 이러니 PC주의에 대한 비판은 PC 근본주의자가 지배하는 가상의 디스토피아를 가정하는 방식으로만 가능해진다. 허지웅은 9월 22일 라디오 오프닝에서 정부가 책을 금지한 세계를 그린 소설 《화씨 451》을 소개했다. 그는 불편한 사상을 담은 책의 소중함을 이야기하려 했을지 모르지만, 소설에서 책을 금지하게 된 이유 중 굳이 "소수자들의 눈에 거슬리는 작품은 골칫거리가 되기 전에 불태워버려라"라는 대사를 골라 인용한다. 《화씨 451》의 작가 레이 브래드버리가 평소 여성 캐릭터의 비중이나 흑인의 성격을 바꿔달란 간섭 등에 치를 떨기는 했지만, 허지웅이 묘사한 "한 점의 불편함도 찾아볼 수 없도록 만들어진 예능과 드라마를 하루 종일 보고 있는" 디스토피아는 마치 PC주의 독재의 풍경처럼 보인다. 물론 당연히 PC주의가 근본주의화된다면, 그리고 그것이 실체적인 권력이 된다면 끔찍할 것이다. 하지만 다시, 실제로 불통으로 세상을 끔찍하게 만들고 있는 건 누구인가.

주호민 작가는 해명 방송에서 자신이 최근 논란이 된 〈복학왕〉이나 〈헬퍼2: 킬베로스〉를 옹호한 게 아니며 해당 작품들을 보지도 않는다고 말했다. 거짓말이 아니라 하더라도, 무책임한 말이다. 정말로 작품을 "미개하다고 규정하고 계몽하려"는 이들이 문제라고 생각된다면, 적어도 그런 이들이 비판하는 작품의 문제 요소들과 누적된 논의들을 확인했어야 하지 않을까. 이번 일로부터 1년도 더 전에 〈복학왕〉은 여성과 외국인 노동자와 장애인과 고아를 사회적 통념에 기대 차별적으로 묘사해 비판받은 바 있다. 기안84 작가는 사과했지만 잘못은 반복됐다. 나는 여기서 PC 근본주의자의 불통보다는 그동안의 혐오와 차별을 교정하지 않겠다는 이들의 불통을 본다.

앞서의 노래 가사를 다시 인용하겠다. 그들은 "서로가 만들어낸 서로가 묻혀진" 억울한 세계에서 "데칼코마니"처럼 서로가 믿고 싶은 가상을 서로에게 비춰주는 중이다. 이제 서로가 아닌 바깥을 봐야 할 때다. **2020.10.24.**

+ 소위 정치적 올바름, PC의 경직성이 다양한 상상의 가능성을 질식시킬 수 있다는 우려를 종종 만난다. 가령 〈살인자 ㅇ난감〉을 비롯해 뛰어난 상상력이 돋보이는 작품들을 선보였던 꼬마비 작가는 역시 흥미로운 작품인 〈환상의 용〉에서 주인공인 만화학과 교수의 입을 통해 PC에 대한 압박의 문제에 대해 비판한다. 그는 학생들에게 "40 넘은 아재가 흡연실에서 담배를 피운다. 이런 장면을 묘사해도 연기나 불똥을 그리면 안 되는 시대가 지금인데, 앞으로 고기 먹는 모습을 그리지 못하는 시대가 오지 않을 거라 장담할 수 있을까? 난 이렇게 생각해. '이 세상을 무균실로 만들겠다'라 떠드는 새로운 균들이 창궐하는 시대라고."

과거 문화평론가 문강형준은 '정치적 올바름과 살균된 문화'라는 글로 PC적 강박의 문제에 대해 비판한 바 있는데, 비슷하게 무균실의 심상으로 일종의 디스토피아적 전망을 제시한 셈이다. 나는 이것을 창작의 자율성이 침해되는 것에 대한 작가들의 실존적 두려움으로 이해한다. 그럼에도 두 가지 측면에서 이러한 두려움에 대해 반박할 수밖에 없는데, 먼저 고기 먹는 모습이 현재로선 우리의 생활세계 안에서 크게 윤리적 부담을 느끼지 않아도 되는 장면일지 몰라도 기후위기와 공장식 축산의 상관관계가 우리 세대 혹은 다음 세대의 실존적 문제가 될 가능성은 얼마든지 존재한다. 과거에 아무 문제없던 장면과 대사가 새로운 경험적 맥락 안에서 새로운 윤리적 부담을 질 수 있다는 것을 고려하지 않는다면 창작의 자율성과 상상력은 정말 새로운 세계의 전망을 남기는 예술적 동력이 되기는커녕 그냥 과거의 통념을 반복하기 위한 핑계로 전락한다.

그리고 당장의 창작물이 그 잘난 자율성으로 재현한 세계를 봐도 PC에 대한 우려는 과도한 면이 있다. 꼬마비 작가는 고기 먹는 모습을 그리지 못할 어떤 미래를 걱정하지만, 정작 조경규 작가의 2012년작 〈돼지고기 동동〉에선 주인공의 장인이 고기를 먹으며 굳이 채식주의자들을 비난하는 장면이 묘사된다. "무엇을 먹을지는 각자의 판단에 맡기는 거지만 고기를 먹지 않겠다는 것이 지구의 생태계를 위해 대단한 일을 하고 있다고 착각하지 말았으면 좋겠어"라는 대사와 함께 누가 봐도 채식을 선언한 이효리를 연상케 하는 소주 광고 모델을 교차하는 연출은 저열한 수준이다. 육식에 대한 욕망을 억제하고 자신의 삶 안에서 조금이나마 지구의 생태와 인류의 미래를 위해 실천하겠다는 이들을 비웃고 비난하는 작품이 버젓이 존재하는데, 고기 먹는 장면을 못 그릴 어느 미래를 걱정하는 게 과연 온당한 것일까. 오히려 창작의 뾰족함이란 아직 보편화되지 않았지만 새롭게 제기되는 윤리적 질문들을 진지하게 통과하며 지금 이곳을 지배하는 통념 너머의 전망을 구체화하는 것 아닐까. 나는 그런 시도를 보고 싶다.

# 김대중을 모델로 하면서 전라도 사투리를 배제한다고?

2019년 6월에 칼럼에서 SBS 드라마 〈녹두꽃〉, 유튜브 '박막례 할머니 Korea Grandma' 채널, 네이버웹툰 〈정년이〉에서 그동안 대중매체에서 보기 힘들었던 전라도 방언이 전면에 등장하는 것을 환영하며 다음과 같이 말한 바 있다. "사회의 무관심이나 반강제적 배제 속에서 익명화되었던 이들이 다시 구체적인 형태와 목소리를 얻고, 그것을 전라도라는 지역의 언어로 발화한다는 건 상징적"이라고. 하지만 너무 이른 낙관이었던 것 같다.

2018년 완성된 뒤 2020년 10월 25일 개봉한 영화 〈이웃사촌〉에는 고 김대중 전 대통령을 모델로 하는 가택연금 중인 야권 대권주자 이의식이라는 캐릭터가 등장한다. 하지만 그는 고 김대중처럼 전라도 사투리를 사용하지 않는다. 대구 출신 배우 오달수가 전라도 사투리 연기에 대한 부담을 느꼈기 때문이다. 이에 대한 오달수 측의 코멘트를 담은 YTN의 기사는 다음과 같다. "〈이웃사촌〉의 초고는 사실 전라도 사투리로 쓰였다. '사투리에 대한 도전이라기보다 그 감성이나 철학이 배어 나와야 하는데 (내가 잘 연기하지 못할 것 같아서) 걱정했다.' (중략) 또한 정치 영화가 아닌 휴먼 드라마인데 누군가를 연상시킬 만한 걸 할 필요가 있느냐는 생각도 전달했다. 이 말을 들은 이환경 감독은 사투리를 삭제한 버전으로 시나리오를 바꿨다." 배우로서 익숙하지 않은 지역 방언에 '감성이나 철학'을 녹일 수 없는 것을 고민하는 것까진 이해할 수 있다. 인천 출신으로 SBS 〈은실이〉에서 걸쭉한 전라도 사투리 연기를 보여준 성동일도 있지만 예외로 치자. 이해하기 어려운 건 배우를 바꾸거나 설득하는 대신 영화에서 전라도 방언을 삭제했다는 사실이다.

영화 속 이의식과 김대중이 동일인물은 아니라는 지적은 하나마나한 소리다. 고 노무현 전 대통령을 모델로 한 영화 〈변호인〉의 송우석은 부산을 배경으로 배우 송강호의 입을 빌어 유창한 경상도 사투리를 구사한다. 〈남산의 부장들〉에서 구체적 이름이 제거된 '박통'(이성민)은 그럼에도 고 박정희의 시그니처인 "임자"라는 표현을 쓴다. 단순히 실존 인물과 유사해 보이기 위해서만은 아니다. 〈변호인〉 같은 경우엔 실존 인물에 대한 존중의 의미가 포함될 수밖에 없었고 이는 〈이웃사촌〉에도 요구할 만한 사항이지만, 그 때문만도 아니다. 실재했던 누군가를 모델로 픽션의 캐릭터를 구성한다는 것은 단순히 그 인물의 삶에서 픽션에 필요한 어떤 부분만 편의적으로 도려내 사용할 수 있는 것이 아니다. 구체적인 시간과 공간에서 어떠한 선택을 한 인간을 진지하게 재현할 때, 그가 살아온 구체적인 삶의 프로필 역시 필연적으로 전제될 수밖에 없다. 이것은 전두환을 모델로 한 군부 정권의 독재자를 대머리로 재현하느냐 마느냐 같은 문제가 아니다. 〈변호인〉 속 송우석의 정겹고 리드미컬한 경상도 말씨는 단순히 노무현에 대한 말투의 흉내가 아니라, 변호사임에도 엘리트 의식보다는 지역 내 이웃에 대한 따뜻한 공감 능력을 지녔던 실존 인물의 구체적 인장 같은 것이다. 이러한 관점으로 볼 때, 박해받는 투사이자 정치인이었던 김대중과 전라도 사투리의 관계는 더더욱 불가분하다.

너무나 잘 알려진 것처럼 김대중은 지역차별의 희생자인 동시에, 이를 철폐하고자 노력한 인물이다. 1992년 정계 은퇴 뒤 냈던 자서전인 《새로운 시작을 위하여》에서 지역감정이란 말은 기만적이며 문제는 지역차별이라고 확실히 못 박은 바 있다. 그의 사후 발간된 《김대중 자서전》에선 그가 호남 사람으로서의 정체성을 귀하게 여기는 동시에 그럼에도 왜 그것을 드러내는데 있어 다른 지역 사람들은 절대 하지 않을 고민을 했어야 했는지 밝히기도 했다. "나는 내가 호남 사람이라는 것을 자랑스럽게 생각한다. 한 번도 고향에 대해서 다른 생각을 품어 본 적이 없다. 차별받는 호남 사람들을 위해 할 일을 제대로 못해 늘 가슴이 아팠다. 그렇기에 호남인들과 고통을 나누어 마땅하다고 생각한다. 그것은 실로 영광스러운 일이다. 그럼에도 때로는 지역감정을 선동한다는 오해를 받을까봐 나는 고향인 전라도를 찾는 데 많이 망설였고 가지 않았다. (중략) 왜 나라고 그립지 않았겠는가. (중략) 정작 저들은 지역감정을 조장하고 다시 나에게는 지역감정의 굴레를 씌워 감시했으니 어쩔 수 없었다." 여기서 전라도 사투리는 스타일의 문제가 아니다. 정체성의 문제다. 70년대 박정희 정권이 만들어낸 지역차별 담론에 희생당하면서도 정작 본인이 지역감정과 분열을 획책하는 원흉 취급을 받았던 정치인이 있다. 그가 여전히 지역차별 전략을 계승한 군부 정권에 의해 가택연금을 당하고 그럼에도 민주주의에 대한 열망과 인간의 존엄을 지키는 이야기를 모티브로 하면서, 정작 그의 중요한 프로필을 이루는 실존적 고민을 제거해버린 것에 대해 어떻게 이해해야 할까.

정치 드라마가 아니라는 〈이웃사촌〉 측의 강조는 그래서 실존 인물의 구체성을 제거한 것에 대한 변명처럼 보인다. 언론시사회에서 이환경 감독은 "시대 배경이 그렇다 보니 저도 모르게 80년대 정치적인 상황을 들여다보지 않을 수가 없었다. (중략) 하지만 그런 이야기를 하려고 했던 게 전혀 아니다. 가족 간의 이야기, 사람들의 소통을 이야기하고 싶었다. 그때의 정치와는 완전히 다른, 제가 느끼는 감정에서 나오는 시나리오"라 밝혔다. 앞서 인용한 "정치 영화가 아닌 휴먼 드라마인데 누군가를 연상시킬 만한 걸 할 필요가 있느냐"는 오달수 측의 질문과도 상통한다. 말하자면 야당 대권 주자의 가택연금이라는 모티브를 사용하고, 그를 불법 도청하는 부당한 절대 권력을 묘사하면서도 그것을 가능하게 만드는 역사적, 정치적 토대와 맥락을 지우고 사람 사는 이야기를 하겠단 것이다. 이쯤 되면 이들이 휴먼 드라마 혹은 휴머니즘이란 말을 구체적 현실의 문제를 추상화하거나 회피하기 위해 사용하는 건 아닌지 의심스러워진다. 탈역사적이고 탈정치적인 존재지만 울고 웃고 가족애에는 강하게 반응하는 선택적 휴먼.

과연 실존적 고민을 제거한 인간이 진정한 인간일 수 있을까. 이 당연한 질문은 그들이 휴먼 드라마의 보편적인 인간상을 위해 전라도 사투리라는 구체적 프로필을 지운 사실과 함께 묶어 제기되어야 한다. 가상의 보편 인간을 표현하기 위해 말투를 서울말로 바꾼다고 할 때, 그것은 그저 캐릭터의 변경이 아닌 보편이라는 지위로부터의 배제가 된다. 차별은 보편의 이름으로 자연스러워진다. 서울말을 쓰면 사람이지만, 전라도 말을 쓰면 전라도 사람이 되는 것이다. 이것은 관념적 분석이 아니라, 한국의 지역차별 안에서 실제로 자행되어 온 일이다. 댓글 서비스를 중단하기 전, 포털의 정치나 스포츠 기사에서 '7시 그 지역'이나 '전라공화국', '전라자치도', '전라디언'처럼 호남 지역을 철저한 타자로 배제하는 지역차별의 언어들을 확인하기란 어렵지 않았다. 김대중이 경험하고 울분을 토해냈던 현실에 이어 전라도라는 정체성은 가상의 세계에서조차 보편적 인간의 범주로부터 탈락했다. 〈이웃사촌〉은 고인의 지역차별에 대한 고민을 재현하진 않지만, 그가 겪어야 했던 차별의 메커니즘은 그대로 반복한다. 그들이 말하는 이웃사촌에 전라도는 없다. **2020.11.27.**

+ 사르트르가 실존주의는 휴머니즘이라고 했을 때 그것은 정치적인 인간을 전제로 한 휴머니즘이었다. 정치인이 주인공일 뿐 정치 영화가 아닌 휴먼 드라마일 뿐이라는 〈이웃사촌〉 제작진의 해명이 구차한 건 그래서다. 반대로 동네 슈퍼 아저씨가 주인공으로 나오더라도 그 영화는 어떤 면에서는 정치적일 수밖에 없다. 과연 장삼이사 서민들의 정치와 무관해 보이는 일상은 계급이나 정상성 이데올로기 등으로부터 자유로울 수 있을까. 평범해 보이는 밥상머리 풍경에 가부장제 혹은 그것의 균열이 드러나지 않을 수 있을까. 가택연금을 당한 야당 지도자가 집에서는 인간적인 면모를 지닌 아버지이자 남편이라는

사실이, 그가 가택연금을 견뎌내며 민주주의에 대한 믿음에 헌신하는 인간이라는 사실을 지울 수는 없다.

〈이웃사촌〉에서 전라도 방언이 삭제된 문제는 고증의 문제가 아닌 인간에 대한 편의적 해석의 문제다. 한 인간의 프로필이란 각각 서로 연동되어 있어 쉽게 하나는 빼고 나머지는 그대로 둘 수 있는 것이 아니다. 가령 명문대 출신이 아니라서 능력과 별개로 학벌주의 사회로부터 배격되고 그런 경험 안에서 사회적 약자에 대한 관심을 키워내며 해당 분야에서 대성한 학자가 있다고 가정해보자. 이 학자를 더 멋있게 재현하기 위해 서울대 출신이라는 프로필을 추가하면 어떻게 될까. 실제 그의 인생을 통해 형성된 문제의식과 그 결과로서의 학문적 업적의 상관관계는 해체되고 말 그대로 설정만 남은 껍데기 캐릭터가 될 것이다. 껍데기 같은 인간으로 만든 껍데기 휴머니즘 영화는 미학적으로 아쉬울 것이다. 하지만 진짜 문제는 하나의 정체성을 배제했다는 차별의 흔적을 숨기는 과정에서 기만적 인간과 기만적 서사가 만들어지는 것이다. 여기서 휴머니즘은 김 빠진 신파가 아닌, 차별을 차별이 아닌 것처럼 포장하는 적극적 행위가 된다. 이것이야말로 안 좋은 의미로 철저히 정치적인 이야기이지 않을까.

# 을지OB베어가 사라져도 을지로 노가리 골목은 '힙'할 수 있을까

코로나19와 함께한 지난 2020년엔 다들 일상적인 유희의 많은 부분을 포기해야 했다. 여행, 공연, 전시, 고궁 방문, 하다못해 한가한 산책조차도 쉽지 않았다. 개인적으로 가장 아쉬웠던 건 한여름 늦은 오후, 사람들이 바글바글 모인 을지로3가역 근처 노가리 골목에서 생맥주를 마시지 못한 일이다. 소위 '힙지로'라는 별칭이 붙은 이후 골목 정취가 예전 같지 않다며 툴툴대는 이들도 있었지만, 만선, OB베어, 뮌헨호프, 초원호프, 4대 호프집의 맥주는 언제나 시원하고 맛있었고 노가리는 쌌다. 코로나가 종식되면 꼭 뮌헨호프 야외 좌석에 앉아 생맥주에 골뱅이 무침을 시키고 싶다고 생각했다. 아르바이트생이 골뱅이를 깡통 채 가져와서 '이건 다른 집과 달리 국내산 골뱅이'라고 직접 확인시켜준 뒤 눈앞에서 따서 무쳐줄 때, 이미 다 아는 이야기지만 모르는 척 고개를 끄덕이며 귀를 기울여주고 싶다. 하지만 만약 코로나19가 드라마틱하게 종식되어도 그 자리의 노가리 골목은 내가 기억하던 그 모습이 아닐지 모르겠다.

2021년 3월 10일, 을지로 노가리 골목에서 가장 오래된 노포인 을지OB베어에 대한 강제철거 시도가 있었다. 2020년 11월 이후 두 번째 시도였다. 이번엔 시민단체와 인근 상인들과의 몸싸움 끝에 무산됐지만 세 번째 강제집행이 시도될지도 모르겠다. 코로나가 지나간 자리엔 어쩔 수 없이 다양한 폐허의 흔적이 남겠지만, 그 모든 폐허의 이유가 코로나 때문만은 아닐 것이다.

잘 알려진 것처럼 이번 강제집행은 2018년 건물주의 재계약 거절 통보 및 명도소송 끝에 벌어진 일이다. 바로 소송을 진행한 탓에 상가건물임대차분쟁조정위원회 조정 대상에 해당되지 않았고 최소한의 협상 절차 없이 법적 공방만이 진행됐다. 1, 2심은 건물주의 손을 들어줬고 대법원은 상고를 기각했다. 과거 서촌의 궁중족발 사태가 새로운 건물주의 합리적인 수준을 훨씬 벗어난 월세 인상에서 비롯됐다면, 을지OB베어의 경우는 월세 인상도 감수할 테니 재계약 협상을 하자는 임차인의 요청 자체를 건물주가 거부한 경우다. 자본주의 사회에서 재산권을 행사한 건물주를 비난할 수는 없을 것이다. 다만 이 과정이 합리적이라고 보긴 어렵다. 젠트리피케이션 특수를 노린 '갭투기' 같은 경우가 아니라면, 대부분의 건물주들은 장사를 잘해 상가 및 상권의 가치를 상승시키고 임대료를 제때 내는 임차인을 굳이 쫓아내지 않는다. 이번 일에 작전 세력 같은 게 있을 거라는 음모론을 말하려는 게 아니다. 그만큼 을지OB베어가 아무 것도 해보지 못하고 을지로에서 쫓겨나는 것이 조금도 합당하지 않다는 것뿐이다. 절차상으로도 그렇고, 을지로의 미래 가치라는 측면에서도 그러하다.

지난여름엔 그러지 못했지만, 흔히 을지로페스트라 불리는 한여름 노가리 골목의 맥주 파티는 장관이다. 만약 을지OB베어 자리에 건물주 결정 대로 또 다른 을지로 호프인 만선의 새 매장이 들어선다고 거리에서 맥주를 마시는 풍경이 아주 달라지진 않을지 모른다. 하지만 과연 노가리 골목이라는 공간의 매력이 예전과 같을지, 힙플레이스에 놀러온 이들에게 재방문 의사를 생기게 할 만큼 다양한 경험을 줄 수 있을지는 모르겠다. 노가리 골목의 진정한 매력은 각 매장마다 각기 다른 맥주와 노가리 맛 그리고 분위기에 있기 때문이다.

현재 노가리 골목에 가장 많은 매장을 지니고 있는 만선은 굉장히 직관적인 맛을 추구한다. 가장 차가운 맥스 생맥주에 노가리 양념은 마치 라면스프처럼 맵고 짜되 중독적이다. 매장이 크고 많은 덕도 있겠지만 골목 내 다른 가게와 비교해 젊은 손님 비율도 가장 많다.

명백히 노가리 골목의 원조집이지만 굳이 그걸로 젠체하지 않는 노포 을지OB베어의 경우 머리가 띵한 시원함이나 탄산보단 풍미와 부드러움을 강조하는 OB 프리미어 생맥주와 부드러운 연탄불 노가리가 매력적이다. 맥주 맛만 따지면 4대 호프 중 가장 훌륭하다. 다른 집처럼 식사를 대체할 치킨 류의 메뉴가 없는 게 아쉽지만, 반면 다른 곳이 노가리를 제외하면 값싼 안주가 없는 것과 비교해 값싼 소시지 안주를 먹을 수 있는 것은 을지OB베어만의 매력이다.

만선 맥주는 너무 차고 OB베어는 덜 시원하게 느껴진다면 뮌헨호프의 맥스 생맥주 온도가 딱 그 사이 즈음이다. 노가리는 딱딱한 것과 부드러운 것 두 가지를 취급하는데, 친구와 갈 땐 두 가지 모두를 주문한다. 그리고 앞서 말했듯 사장님의 자부심이 큰지, 골뱅이 무침을 시킬 때마다 캔을 따지 않은 상태로 가져와 설명을 곁들여주는 것도 뮌헨의 재미 중 하나다. 이곳에도 젊은이들이 많지만, 등산복을 입고 계란말이에 소맥을 마시는 중년들도 많이 눈에 띈다.

어떤 면에서 '힙지로' 감성과 가장 동떨어져 보이는 초원호프는 딱 동네 호프 느낌이다. 손님도 젊은이보다는 중장년이 많다. 거품을 적게 따라주는 카스 생맥주는 탄산의 쏘는 맛이 강하고 깔끔하다. 역시 카스 생맥주를 쓰고 맥주 맛있기로 유명한 해방촌 신흥시장 노가리공장의 그것과 흡사하다. 다른 모든 가게가 돈을 받고 땅콩을 팔지만 초원에선 땅콩을 첫 잔 서비스로 준다. 골뱅이 무침 하프 사이즈가 있어 배가 어느 정도 부른 후 2차나 3차에 문득 골뱅이가 당기면 초원에 가는 게 좋다.

그냥 노가리 골목이라고, '힙지로'라고 통칭하지만 맥주 맛과 안주 종류, 가게 분위기와 매력이 각기 다른 가게가 모여 만드는 그 다층적 경험이야말로 을지로 골목의 정수다. 을지면옥에서 소주를 반주로 저녁식사 겸 평양냉면 한 그릇을 비우고, 2차엔 만선에서 왁자지껄한 분위기를 즐기다 3차엔 초원호프에서 좀 더 차분히 담소를 나눌 수 있는 게 을지로의 재미다. 을지면옥 대신 역시 근처 노포인 동원집에서 하루 종일 고아낸 감잣국에 소주잔을 비울 수도 있고, 1차부터 각 호프집을 전전하되 배부른 안주는 피하다가, 어두워지면 발품을 좀 팔아 술꾼을 위한 출구 없는 미로인 인현시장에 들어가 그날 먹고 싶은 메뉴를 찾는 것도 을지로의 즐거움을 확장하는 방법이다. 서로 다른 개성의 가게들 사이에서 그날만의 동선을 짜보거나, 혹은 반대로 즉흥적으로 호객에 이끌려 안 가보던 아무 호프에나 앉아보는 것도 좋다. 이러한 즐거움의 반대말이라는 것이 있다면 아마도 그것은 '획일화'일 것이다. 만선의 차가운 맥주와 자극적인 노가리 양념을 좋아하지만, 그것이 노가리 골목의 거의 전부가 되는 것은 바라지 않는다. 계획되지 않고 오랜 시간 자생적으로 만들어진 상권과 문화라는 것은 매끈하기보다는 시간의 퇴적물들이 덧대어진 흔적에 가깝다. 사라진 피맛골이 그러하듯 갈수록 역사 없이 매끈해지는 서울이란 도시에서 문화소비자들은 그 흔적을 찾아 모여든다. 그것을 구태여 깎아내는 것이 과연 이 상권에 호재라고 할 수 있을까.

경리단길의 유행과 젠트리피케이션 이후 임대료가 천정부지로 올랐던 이태원 상권이 개성 있는 상점의 이사 및 폐점으로 매력을 잃어 공실이 다수 생긴 게 불과 몇 년 전 일이다. 이번 을지OB베어 사태의 경우 임대료 상승만의 문제는 아니지만 건물주의 단독적인 결정에 의해 상권의 문화적 경험 가치가 하락하리라는 점에서는 궤를 같이 한다. 앞서 건물주의 재산권 행사를 비난할 수 없다고는 했지만, 그 재산의 가치를 지금까지 상승시킨 주체 중 하나인 을지OB베어를 재산권의 파트너로 대우하지 않은 것은 충분히 비판할 만하다. 합리적 소통에 의한 조정을 자본의 논리와 행정 권력이 대신할 때 세상은 더없이 획일화된다. 하여 이 대립은 일차적으로 건물주와 임차인의 공정한 관계에 대한 문제지만, 더 나아가 시장 논리와 문화적 생활세계의 상생 문제이기도 하다. 그리고 이번처럼 거의 대부분 이 대립에선 시장 논리가 문화적 세계를 야금야금 먹어치우고 있다. 당장은 자본의 승리처럼 보이지만 모든 문화적 자원을 다 먹어치운 뒤에도 과연 시장은 동력을 유지할 수 있을까. 법적으로 보장된 권리의 당연한 행사라고 한다면 할 말은 없다. 단지 그 과정의 끝에 다다른 곳이 지금의 을지로처럼 자발적인 소비 욕구를 불러일으킬 수 있을지 질문하는 것뿐이다. 잊었을지 모르지만, 생맥주를 파는 곳은 을지로 말고도 많다. **2021.03.26**

+ 글을 쓰고 1년이 지난 2022년 4월, 을지OB베어는 새벽을 틈탄 용역 깡패들의 강제집행에 의해 철거되었다. 과연 여기까지 온 상황에서 무엇이 더 가능할까 싶은데도, 청계천을지로보존연대를 비롯해 해당 이슈에서 꾸준히 연대해온 시민사회에선 이 문제의 근원이자 악의 축인 만선호프 불매 운동을 비롯해 상생을 촉구하는 캠페인과 문화제를 진행하고 있다. 4월 말, 코로나19로 인한 거리 두기가 완화되어 뮌헨호프도 가볼 겸 OB베어 상생을 위한 문화제도 볼 겸 오랜만에 을지로 노가리 골목에 가보았다. 지난 몇 년 동안 이미 사람들이 가득했던 공간이었지만 거의 1년 만에 찾은 노가리 골목의 번화함은 그때와는 차원이 다른 수준이었다. 젊은이들의 소위 '헌팅' 명소가 되었다는 소문이 사실인 듯싶었다. 과거 을지OB베어의 야외 노점이었던 자리까지 만선호프 건물이 차지했고, 거리에 쫙 깔린 야외 테이블의 거

의 대부분을 만선호프가 점유했고 멋을 부린 수많은 사람들이 그 자리를 채웠다. 그 화려한 거리의 풍경이 마치 만선호프의 메뉴 같다는 생각이 들었다.

위의 글에서는 만선호프만의 장점에 대해서도 이야기했지만, 사실 그러한 만선호프 특유의 차가운 맥주와 맵고 짠 노가리 양념의 조합은 다른 스타일의 호프가 함께 있을 때나 다양성의 일부로서 의미가 있다. 만선호프의 스타일은 미각보다는 차라리 통각 자극에 가깝다. 맵고 짠 양념으로 강한 자극을 주고 거기에 역시 풍미보단 차가움을 강조한 생맥주로 입을 가시는 과정은 중독적이다. 그것이 나쁘거나 편법이라는 건 아니다. 다만 감각의 풍부함 대신 강렬한 자극의 경험만이 제공될 때 우리는 아마 삶의 다양한 맥락을 놓치게 될 것이다. 마찬가지로 형형색색 멋지게 꾸민 이들이 거리를 가득 메운 풍경 역시 화려하고 유혹적이지만, 을지OB베어와의 상생을 외치는 문화제의 목소리를 외면하는 그곳에선 진정으로 인간의 풍부한 감정을 건드리는 어떠한 문화적 요소도 느껴지질 않았다. 과거 테어도어 아도르노가 간파했듯, 자본주의 사회에서 오직 수익성과 시장 원리만을 근거로 소비 지향적인 문화가 생산될 때, 그것은 획일적인 결과물로 이어질 뿐이다. 여기에 익숙해진 소비자들은 갈수록 다양함을 인식할 능력 자체를 잃어버린다. 만선호프 스타일에 익숙해진 혀처럼.

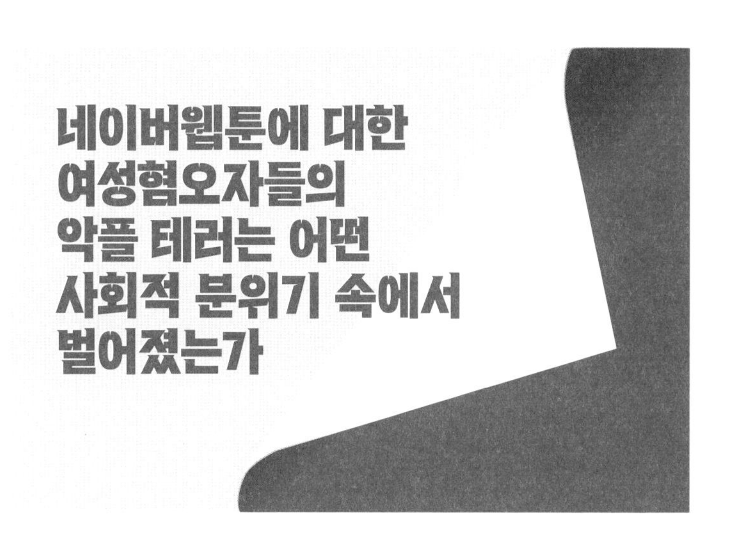

# 네이버웹툰에 대한 여성혐오자들의 악플 테러는 어떤 사회적 분위기 속에서 벌어졌는가

기다릴게 언제라도 출발할 수 있도록 항상 엔진을 켜둘게.

- 델리스파이스, 〈항상 엔진을 켜둘게〉 중.

감성적 가사로 유명한 저 구절은 연애의 설레는 순간 외에도 어떤 보편적 진실을 알려준다. 아무 준비도 없다가 갑자기 액셀을 밟고 가속하는 이가 있다면, 이미 항상 엔진을 켜두고 있었다는 것. 엉뚱하지만, 네이버웹툰 〈성경의 역사〉, 〈바른 연애 길잡이〉, 〈이두나!〉 등을 '남혐 웹툰'으로 낙인찍고 악플 및 별점 테러를 벌이는 일부(라기에는 상당히 많긴 하다) 남성들의 행동을 보며 다시금 저 가사가 떠올랐다. '남혐'은커녕 전형적인 이성애 청춘 연애물인 〈바른 연애 길잡이〉에서 남성 캐릭터가 "조금만"이라는 대사와 함께 취한 손가락 제스처를 메갈리아의 상징 포즈로 규정하고 비난하는 이들에게서 최소한의 논리적 근거나 당위를 찾기란 난망하다. 그들이 그걸 진심으로 믿는지조차 의심스럽다. 디시인사이드 야구갤러리를 비롯한 일부 인터넷 남초 커뮤니티를 중심으로 한 이번 공격은 그럼에도 매우 빠르고 자신만만하게 진행됐다. 이것은 담론의 누적과 폭발보다는 미리 준비된 이들의 급발진에 가까워 보인다. 언제든 여성에 대한 공격을 할 준비가 된 이들이 드릉드릉 시동을 건 상태에서, 누군가 기다리던 출발 신호를 주자 액셀을 밟고 마음껏 질주하는 중이다. 그렇다면 그 신호는 어디서 온 것인가. 그들이 질주할 수 있는 도로는 무엇으로 포장되었는가.

2016년에도 페미니즘 문구가 새겨진 티셔츠를 인증한 여성 성우의 작업물이 남성 유저들의 문제제기로 삭제되고 이에 대해 문제제기를 한 웹툰 작가들을 대상으로 역시 남초 커뮤니티 중심으로 별점 테러가 진행된 바 있다. 티셔츠를 판 페이스북 메갈리아4 페이지는 메갈리아 사이트와 동일한 커뮤니티라거나, 작가가 독자를 개돼지라고 했더라는 가짜 정보가 사실처럼 유통되었고, 이를 근거로 몇몇 유저들은 특정 작가들에 대한 검열이 필요하다며 '예스컷 운동'을 벌였다. 역시 여성혐오가 깔려 있었고 당위는 부족했다. 다만 2016년엔 적어도 최소한의 인과적인 사건의 흐름과 메갈리아라는 명백한 분노의 대상이 있었다.

반면 이번 악플 및 별점 테러는 매우 많은 유저가 적극적이고 일사불란하게 뛰어드는 것과 별개로 사건의 인과를 찾기 어렵다. 공격 대상의 선별도 무차별적이다. 앞서 말했듯 급발진에 가까울 정도로 툭 튀어나온 사건이다. 2016년엔 비록 부당할지언정 각 사건의 인과관계를 메갈리아의 횡포로 해석해 나름의 당위를 확보하려 했다면, 이번엔 그런 것조차 없다. '피X개' 따위의 말로 당당하게 여성혐오를 드러내고, 과거 기안84의 〈복학왕〉도 여성혐오 논란으로 사과했으니 이들 '남혐' 작품도 사과해야 한다는 논리만 반복할 뿐이다. 일부 남성들의 극단적인 여성혐오 자체는 문제적이되 놀랍진 않다. 하지만 이 자신감과 기세등등함은 좀 놀랍다. 마치 자신들의 주장에 대한 사회적 승인이라도 떨어진 것처럼.

민주당의 2021년 재보궐 선거 패배와 20대 남성들의 국민의힘 지지를 두고 여성 우대적인 정부 정책 때문이라 해석하고 20대 남성들의 역차별 주장에 귀 기울이자는 목소리가 여야 가리지 않고 나온 것과 이번 사태는 무관하지 않아 보인다. 《한국일보》에 따르면 민주당 재선 의원들의 선거 리뷰 모임에선 "우리가 20대 남성의 지지율을 잃은 건 페미니즘 때문"이란 주장이 나왔으며, 같은 당 정한도 용인시의원은 "여성 우대 정책 기조를 바꿔야 한다. 남성도 약자이고 피해자"라고 했다. 역시 여당 소속 김남국 의원의 경우 노골적으로 역차별 담론을 지지하진 않았지만, 역시 20대 남성의 목소리를 듣겠다며 본인 페이스북을 통해 일간베스트 저장소 못지않은 여성혐오 정서를 공유하는 커뮤니티인 에펨코리아를 향해 대화 의지를 밝히기도 했다.

당장 20대 남성들이 민주당을 지지하지 않은 이유가 실체조차 불분명한 여성 우대 정책 때문인지 알 수 없다. 1990년대생이 경험하는 불평등에 대한 연구인 《세습 중산층 사회》는 '20대 남성 보수화라는 신화'라는 장에서 "현재 20대 여성이 과거 세대보다 진보 쪽으로 대폭 이동한 것이라면, 20대 남성의 보수화는 흔히 논의되는 것보다 소폭으로 이루어진 것"이라 진단한다. 또한 20대 남성의 야당 지지가 정말 여성 우대 정책에 대한 반동이라 가정해도, 이를 젠더 갈등이란 말로 묶어 하나의 정치적 담론으로 받아들여야 할지도 의문이다. 같은 책에서 저자는 "20대 남성이 주도하는 젠더 갈등이 결국 20대 남성 각각이 속한 계층에 따라 다른 동기에 의해서 발생하며 (중략) 그 때문에 여성혐오를 중심으로 한 20대 남성 대상의 포퓰리즘은 (중략) 그저 가능성에 그칠 확률이 높다"고 지적한다. 남는 것은 정치적 기획도 사회적 개선도 뭣도 아닌, 20대 남성 하고 싶은 거 다 해, 라는 무책임한 구애뿐이다. 20대 남성 표심을 잡겠다며 민주당의 전용기 의원이 이미 위헌으로 판결난 군가산점제도 부활을 공론화할 때, 그동안 누적된 성평등 논의에서의 절차적 합리성과 논변에 대한 가상적 합의는 깨지고, 일부 남성들은 그동안 여성과 페미니즘을 공격해온 것에 대한 정치적 효능감을 만끽한다. 이것을 액셀을 밟아도 된다는 신호로 보지 않을 이유가 있을까.

항상 엔진은 켜져 있었고 마침 출발 신호가 떨어졌다. 하지만 도로에 장해물이 많다면 질주할 수 없다. 현재 한국의 인터넷 플랫폼은 혐오주의자들이 얼마든지 속도를 낼 수 있도록 차별 금지라는 장해물을 제거한 말끔한 포장도로다. 이번 사태에서 네이버 측 역시 테러의 피해자일 수 있지만, 그동안의 댓글 정책에서 이번 사태가 발아했다는 걸 부정하긴 어렵다. 베스트 댓글 시스템의 경우 비록 스팸 댓글 도배를 막기 위한 정책이었다고는 하지만, 특정 세력의 목소리를 과잉 대표화하기 매우 좋은 게 사실이다.

이러한 허점을 파고들어 많은 이들이 웹툰 베스트 댓글란을 차별 및 혐오표현을 전시하는 장으로 사용해왔다. 웹툰 내용과는 상관없다. 액션 만화인 〈신도림〉 중 3년 전 멧돼지 떼가 나온 장면에선 '뭐야 메갈들이잖아?'라는 말이 베스트 댓글이 되었고, 두 달 전엔 등장인물 림춘이 부하들에게 자기 딸을 부탁하며 눈물을 흘리는 장면에 대해서 역시 밑도 끝도 없이 '저게 아버지다 메갈년들아'가 베스트 댓글이 됐다. 물론 플랫폼이 손을 놓는 건 아니다. 무협 만화인 〈낙향문사전〉 최근 화에선 주인공이 내공으로 여성 캐릭터를 치료하는 장면에 대해 “나중에 저 여자가 깨서 ‘전후사정은 기억 안 나지만 저 사람이 내 가슴 만졌어요’라고 말하면 무죄추정의 원칙도 무시되는 우리나라의 성인지 감수성이라는 초법적 논리에 의해 구속되지 않음?’이라는 댓글이 2,000개가 넘는 추천으로 베스트 댓글이 되었지만 삭제되었다. 하지만 여전히 ‘성인지 감수성은 헌법보다 위에 있는 상위법입니다’ 따위의 비아냥거림이나 에둘러 여성을 성적대상화하는 말이 베스트 댓글란을 점한다. 이런 환경에서 혐오표현에 대한 애매한 판단 기준으로 작가와 작품을 향한 혐오주의자들의 공격을 막기란 어렵다.

결국 이번 웹툰 테러 사태는 그동안 누적된 성평등에 대한 논의, 차별표현에 대한 논의를 다시 초기화하며 벌어진 문제에 가깝다. 해당 댓글들을 보면 마치 대단히 논리적인 척, 〈바른 연애 길잡이〉에 나온 ‘허버허버’란 표현(사실 작품에선 ‘허버’까지만 나온다)이 남성 혐오적이며 ‘오또케 오또케’가 여성혐오라 문제면 ‘허버허버’에 대해서도 사과해야 한다고 주장한다. 헛소리다. 과거 주취자 난동에 대한 여경 논란이 그러했던 것처럼 ‘오또케 오또케’는 여성이 위기 상황 및 갈등 상황을 해결할 능력도 의지도 없다는 편견을 재생산한다. 즉 사회생활에서 여성의 능력을 폄하하고 차별을 정당화하는 표현이다. 반면 ‘허버허버’

는 그것이 남성만을 겨냥한다고 말하기도 어렵지만 만약 그렇다 해서 남성들이 실제 식사 자리에서 차별을 받는 건 아니다. 〈복학왕〉은 독자 항의에 사과했는데 왜 〈바른 연애 길잡이〉나 〈성경의 역사〉는 사과하지 않느냐는 논리도 마찬가지다. 〈복학왕〉은 여성이 취업시장에서 겪는 차별의 맥락을 삭제한 뒤 여성이 마치 섹스어필로 부당한 이득을 취한 것처럼 표현했다. 그것이 차별적 행위다. 〈복학왕〉 사태에선 사과했지만 이번에 그러지 않는 건, 악플러들 주장대로 네이버가 '페미버'라서가 아니라 반대로 〈복학왕〉에서 해당 에피소드의 여성 차별 요소를 미처 읽어내지 못했다가 더는 책임을 회피할 수 없을 정도의 문제를 일으켰기 때문이다.

혐오표현은 단순히 상대에 대한 미움의 감정 문제가 아닌 공적 차별의 문제라는 걸 오조오억 번 이야기했지만 그걸 남성들도 외면하고 정치권과 플랫폼도 제대로 이해하지 못해서 이 사달이 나는 중이다. 얼마 전 카카오에선 남성들의 항의에 '허버허버'가 들어간 이모티콘을 삭제했다. 이를 본인들의 주장에 대한 사회적 인정이라 받아들인 이들이 우렁찬 엔진 소리와 함께 액셀을 밟고 기세등등하게 나서는 건 필연적인 귀결이다. 여성혐오의 시동을 걸고 기다리고 있던 일부 남성들과 동석하고 출발을 부추긴 기회주의자들에게 맨 처음 인용한 밴드의 다른 노래 가사를 들려준다.

시간이 다됐어 도태될 낙오자들.

- 델리스파이스, 〈워터멜론〉 중. **2021.04.23.**

+ 〈바른 연애 길잡이〉를 비롯한 몇몇 웹툰 작품에 대한 노골적이고 적극적이고 계획적인 별점 테러와 악플 공격에 대해 두 가지 관점이 존재한다. 하나는 2015년부터 본격화된 대중적 페미니즘 운동 앞에서 담론적 약자가 된 남성들의 억눌린 감정이 폭발했다는 관점이다. 최근 90년대생의 관점을 대표하는 저술가로 종종 호출되는 《K를 생각한다》의 저자 임명묵은 《중앙일보》에 해당 사건에 대해 "일종의 '미러링'(보복적 모방행위) 현상으로도 볼 수 있다. '이제 너희도 한번 겪어봐라'는 심리"라며 "과거에는 오프라인 중심 사회이니 남성들이 이런 목소리를 내는데 주저했지만 온라인 익명성 문화가 보편화되고 SNS 사용에 익숙해지면서 이제는 남성들도 마음 속 깊은 곳에 덮어둔 목소리를 적극적으로 내고 있다"고 코멘트했다. 많은 문화 관련 기사들이 그러하듯 기자가 본인 '야마'에 맞춰 코멘트를 취사선택하며 왜곡됐을 수 있다는 것을 전제하고 말하자면, 나는 이 관점에 조금도 동의하지 않는다. 내가 가진 관점은 정반대인데 담론적 약자로서의 20대 남성이라는 것은 하나의 허구적 세계관이며, 〈바른 연애 길잡이〉 사태는 억눌린 이들의 반격보다는 기세등등한 승리 행진에 가깝다는 것이다. 임명묵의 코멘트를 중심으로 반론하자면, 오프라인 중심 사회에서 대체 언제 남성들이 여성혐오 발화를 주저했다는 건가.

그는 심지어 남성들의 악플 운동을 설명하기 위해 넷 페미니즘 운동의 전략 중 하나였던 미러링 개념을 전유하는데, 바로 그 미러링이 남성들의 '김치녀', '김여사', '된장녀' 따위의 일상적 차별 언어에 대한 반격이었다는 것을 떠올리면 이제야 남성들이 속에 있는 말을 한다는 게 얼마나 실제 세계와 괴리된 허구적 분석인지 알 수 있다.

물론 페미니스트들의 미러링 공격이 정당하다면, 그에 대한 또 한 번의 미러링으로 재반격하는 것도 정당하다는 논리가 마련될 수는 있다. 하지만 실제로 벌어진 건 너도 한 대, 나도 한 대의 유치하지만 평등한 싸움질이 아니다. 차별적 요소가 명백했던 〈복학왕〉의 에피소드에 대한 공격에 반격한다며 전혀 차별적 맥락이 없는 작품 속 장면을 억지로 시비할 때, 실제로 증명되는 건 잘못이 아닌 것도 잘못으로 만들어버리는 불평등한 싸움의 기울기다. 그 기울기는 무시한 채 그 모든 걸 동등한 싸움인양, 〈바른 연애 길잡이〉나 〈성경의 역사〉에도 책임이 있는 것마냥 '남혐 논란' 운운하던 언론과 과도한 페미니즘 때문에 젊은 남성들이 담론적 약자가 된 것처럼 말하던 정치인이나 지식인들이 이 사태의 공모자들이다. 그렇게 모두들 일부 남성들의 부당한 공격에도 한 편이 되어줄 준비가 된 세계야말로 자신들이 주장하는 역차별에 대한 가장 훌륭한 반례이지 않을까.

# 이준석과 〈더 지니어스〉, 공정한 경쟁이라는 허구의 세계

8년 전 방영했던 tvN 〈더 지니어스〉 시즌 1 첫 화를 지금 보면 감회가 새롭다.

최근 정치권에서 연일 주가를 갱신 중인 이준석 국민의힘 전 최고위원이 요즘의 여유롭고 자신만만한 모습과 달리 우왕좌왕하다가 홍진호의 배신으로 1회전 데스매치에서 탈락하는 모습을 볼 수 있기 때문이다. 〈더 지니어스〉 1회전 탈락이라는 과거의 사실을 들어 그의 정치적 역량과 두뇌 회전, 위기관리 능력을 폄하하려는 건 아니다. 정작 그 1화에서 잘못된 전략 변경으로 이준석에게 피해를 준 건 시즌 1 우승자인 홍진호였다. 〈더 지니어스〉는 기본적으로 초반 회차에선 연합을 결성하고 결속력을 유지하는 게 중요한 게임을, 후반으로 갈수록 개인 역량이 중요한 게임을 배치하는 경향이 있다. 이준석이 비록 '박근혜 키즈'로서 나름 촉망받던 정치 신예였다고는 하지만, 김구라를 비롯한 인지도 높은 방송인 출연자들에 비해 불리한 위치에 있을 수밖에 없었다. 출연자들이 시즌 1에 대해 어느 정도 학습한 시즌 2부터는 시간 내에 어느 정도 나름의 전략을 수립하고 대처를 할 수도 있었지만, 첫 시즌 1화에서는 그런 게 있을 리 없었다. 거의 모든 출연자가 겜블러 출신 차민수의 입만 바라보고, 김경란과 성규의 속임수에 속절없이 무너졌다. 그런 정신없는 상황에선 누구나 쉽게 다수 연합의 먹잇감이 될 수 있다. 최종 우승자인 홍진호도 이때는 어리바리하게 끌려다녔다. 1회전 탈락이란 사실은 오히려 탈락자의 능력에 대해 많은 걸 말해주지 못한다. 이준석이 별다른 시도도 못 해본 채 위기에 몰리고 결과적으로 탈락한 건 상당히 운이 없어서였다. 그래서 문득 궁금해진다. 과연 〈더 지니어스〉라는 조작 없는 게임의 세계는 이준석의 책 제목이자 스스로 강조하는 '공정한 경쟁'에 가까운 모델일까. 그는 공정한 경쟁에서의 변명의 여지없는 낙오자임을 인정해야 할까.

이준석이 말하는 공정한 경쟁이란 말하자면 모두가 다른 조건의 변수 없이 오직 능력만으로 평가받는 모델 같다. 가령 그는 저서 《공정한 경쟁》에서 목동 월촌중학교에서의 등수 경쟁에 대해 "열심히 공부하는 자가 이기는 게임이었어요. 중학생에 불과한 아이들 700명이 등수를 두고 다투었어요. (중략) 지금 생각하면 완벽하게 공정한 경쟁"이었다고 술회한다. 왜 공부가 공정한 경쟁일까. 그는 중학교에서의 경험을 "상계동에서 다녔던 초등학교와는 전혀 다른 정글의 법칙"이라면서 "차이점이 있다면 정글처럼 힘이 센 자가 아니라 열심히 공부하는 자가 이기는 게임"이라고 부연한다. 그는 타고난 힘에 좌우되는 실제 정글과 비교해 공부는 개인의 노력에 비례하기에 더 공정하다고 보는 듯하다. 하지만 같은 노력을 해도 암기력이 뛰어난 학생과 다른 재능이 있는 학생의 성적엔 차이가 있다. 타고난 힘에 좌우되는 정글이 공정한 경쟁의 장이 아니라면, 성적 경쟁도 그의 말만큼 '완벽하게 공정한 경쟁'일 수는 없다. 그에게 "회사 다니는 아버지가 많았고, 같은 학원에 다녔고, 똑같이 교육열이 대단"했던 학교에서의 환경은 동등한 경쟁의 출발점처럼 보였겠지만, 당장 바로 그 부모의 고용안정성과 고학력에 기반을 둔 교육열 자체가 목동이라는 공간과 다른 지역 학생과의 명백한 학습 환경의 차이를 만들어낸다. 그가 월촌중학교에서 경험한 '완벽하게 공정한 경쟁'은 다른 지역과의 불공정한 토대 위에서 만들어진 것이다.

과연 〈더 지니어스〉를 공정한 경쟁으로 볼 수 있느냐는 질문은 그래서 공정한 경쟁이라는 개념을 어떻게 정의할 수 있느냐로 바꿔야 한다. 이준석이 예시로 든 중학교에서의 경험이 그러하듯, 실제로 변수 없는 경쟁이란 없으며 단지 특정 조건을 변수로 인정하거나 인정하지 않는 것만이 가능하다. 만약 문제풀이 능력 외의 다른 것이 개입하는 것을 변수로 본다면 〈더 지니어스〉는 불공정하다. 하지만 필승 전략 구상을 포함해 다양한 이들의 마음을 읽고 협상하는 종합 능력 모두를 지니어스의 조건으로 본다면 〈더 지니어스〉는 공정한 경쟁이다. 정반대의 해석도 가능하다. 만약 개인의 능력을 그가 지금껏 쌓아온 인맥과 자산까지로 확장한다면 외부와 차단된 〈더 지니어스〉의 룰은 당시 여당 내 유망주이던 이준석의 경쟁력을 제한하는 것일 수도 있다. 그렇다면 대체 어디서부터 어디까지 변수를 통제해야 공정한 경쟁일까. 그리고 어떤 경쟁이어야 이준석의 1회전 탈락이 공정하거나 공정하지 않다고 판단할 수 있을까. 이 사고실험은 사실 〈더 지니어스〉의 공정성 여부를 판단하는 것이 아니다. 실제로 〈더 지니어스〉가 증명해주는 것은 아무리 공정한 경쟁의 룰을 공들여 설계할지라도 각 플레이어들은 각각 나름 합당한 이유로 불합리함과 불평등을 경험할 수 있다는 점이다.

그래서 이준석의 〈더 지니어스〉 1회전 탈락의 공정성 유무는 그 자체만으로 판단할 수 없다. 이준석은 충분히 억울했겠지만, 〈더 지니어스〉 역시 나름대로 최대한 공정한 룰을 고민한 프로그램이다. 이준석이 당대표가 되면 도입하겠다는 공직 후보자 기초 자격시험을 〈더 지니어스〉에서 시도했다고 더 공정한 게임이 되었을까. 진짜 불공정한 건, 이준석이 1회전에서 탈락했다고 그의 모든 정치적 역량이 의문시되고 오직 〈더 지니어스〉에서의 성적만을 기준으로 국민의힘 경선에서 홍진호에게 다시 패하는 일이 벌어지는 것이다. 이것이 직관적으로 부조리하다면, 그가 입시 경쟁에서 승리해 하버드에서 수학했다는 것만으로 정치인으로서 그토록 유리한 입장에서 출발해 많은 관심과 기회를 제공받은 것도 부조리하다. 경쟁의 승패는 그 자체만으로는 온전히 공정할 수 없다.

이준석은《공정한 경쟁》에서 공정의 기준으로 미국의 자유주의를 예로 들며 "미국은 이런 정글의 법칙, 약육강식의 원리를 최소화하려는 노력을 별로 하지 않는다"고 말한다. 하지만 미국 자유주의 도덕철학의 대가인 존 롤즈는《공정으로서의 정의》에서 공정에 대해 다음과 같이 말한다. "공정한 기회균등은 자유주의적 평등을 의미한다. 이 목적을 달성하기 위해서는 기본 구조에 자연적 자유의 체계에 대한 요구를 넘어서는 어떤 요구들을 부과해야 한다. 과도한 재산과 부의 집중, 특히 정치적 지배로 이어지기 쉬운 집중을 막기 위해 자유 시장 체계는 경제 세력들의 장기 동향을 조정하는 정치적·법적 제도의 틀 안에 놓여야 한다." 어쩌다보니 이준석이 청년 세대를 대표하는 정치인처럼 이야기되고 있지만, 사실 현재 청년 세대가 겪는 불평등의 핵심은 부모의 자산과 고용안정성, 학력이 거의 그대로 대물림되어 계층 사다리가 사라졌다는 것이다. 규제 없는 자유 경쟁에서 승자 계급은 첫 승리로 다음 승리를 매우 쉽게 얻을 수 있다. 이준석도 고학력 금융권 고위직 부모를 둔 계급 불평등의 수혜자다.

공정한 경쟁이란 그래서 현실에선 형용모순에 가깝다. 그나마 경쟁의 승패에 수많은 운과 외부 조건이 개입했음을 인정하고 그걸 교정할 다양한 기회를 만드는 것이 조금이라도 공정함에 다가가는 방법이다. 이준석에게도 기회가 주어졌었다. 1~3시즌 우승자들을 비롯한 기존 출연자들이 함께한 〈더 지니어스〉 시즌 4 '그랜드파이널'에 참가한 그는 지난 번 탈락 때와는 전혀 다른 활약을 보여주었다. 지난 시즌에서 다수 연합에 밀려 탈락했던 그는, 시즌 4 1화부터 다수파에 붙는 척하다가 내부 합의를 깨고 자신의 원래 파트너였던 김경훈과의 연합으로 단독 우승을 노렸다. 비록 한 수 위의 플레이어였던 이상민이 김경훈을 포섭해 이 전략은 실패하고, 그의 배신의 희생자였던 유정현의 지목으로 데스매치를 하게 됐지만 승리해 살아남았다. 1회전의 중요 신스틸러가 되고 승부사로서의 실력을 증명한 건 덤이다. 이후 그는 9회까지 살아남았다. 이것은 그가 잘한 덕도 있지만, 첫 시즌 1회전 탈락이 비록 정당한 승부에서의 패배라 해도 그것만으로 그를 평가하지 않고 재도전 기회를 준 덕이기도 하다. 비유하자면, 그는 〈더 지니어스〉 시즌 4 출연자 구성에 있어 패자부활전 할당제의 수혜자인 셈이다. 첫 시즌 1회전 탈락과 시즌 4에서의 9회전 탈락 중 무엇이 더 공정 혹은 불공정하느냐는 질문은 의미가 없다. 1회전 탈락자에게도 다시 기회가 주어지는 것, 그것이 공정한 세상이다. 정치인 이준석이 공정을 말할 때마다 자신의 〈더 지니어스〉 1회전 탈락을 떠올리길 바란다. **2021.06.04.**

+ 스포츠에서는 올인원 스탯(All in one stat)이라는 개념이 있다. 가령 야구에서 타자의 능력을 볼 수 있는 타율, 출루율, 타점, 도루 그리고 투수의 능력을 볼 수 있는 평균자책점, 승수, 탈삼진, 피안타율 등등의 개별적인 1차 스탯을 가지고, WAR이나 wRC+처럼 선수의 종합적 능력과 게임 내 기여도를 한 눈에 볼 수 있도록 계산한 2차 스탯을 가리킨다. 야구처럼 개인의 기여를 통계화하기 좋은 스포츠 외에 농구에서도 PER, RAPTOR처럼 선수의 기여도를 수치화한 올인원 스탯이 존재한다. 그리고 이준석과 이준석을 추종하는 능력주의자들은 마치 실제 우리의 삶에서도 그러한 올인원 스탯이 존재하는 것처럼 행동한다. 즉 매우 투명하게 어떻게 봐도 이 사람이 더 우위라고 말할 수 있는 단 하나의 기준이 있으며, 그것을 '능력'이라는 개념으로 수식할 수 있다는 믿음.

하지만 위의 글에서 말했듯 실제 경쟁에서는 수많은 운과 외부 조건이 개입되며 그것으로부터 자유로운 진공 상태의 경쟁이란 현실에서 존재할 수 없다. 그것을 차치하더라도 이준석 류의 능력주의는 허구적인데, 이는 복잡한 삶 속에서 올인원 스탯은 실제로 존재할 수 없기 때문이다. 당장 앞서 인용한 스포츠 내에서의 올인원 스탯도 그 정확도에 대해 지적을 받는 경우가 있지만, 그나마 스포츠는 하나의 정해진 규칙과 명백한 승패 안에서 선수의 기여도와 능력을 계산할 수 있다. 하지만 인간의 삶은 그렇지 않다. 가령 어떠한 교우 관계를 맺지 않고 오직 수업과 과제, 발표, 시험에만 집중해 높은 학점이라는 스탯을 얻었다 해도, 그것이 다수와의 협업과 문제 해결 능력을 보증하진 않으며 오히려 마이너스가 되는 경우도 있다. 어떤 문제에선 코딩 실력이 중요한 해결 능력이 되겠지만, 또 다른 문제에선 윤리적 민감성이 더 필요할 수도 있다. n개의 문제만큼 n개의 능력이 있다고는 못하겠지만, 적어도 우리가 삶에서 만나는 다양한 문제들 안에서 기여하는 바를 한두 개의 종합 스탯으로 표시하는 건 불가능하다. 이준석이 자부하는 하버드라는 학벌은 기껏해야 그가 성인이 되기 전 학업에 열중했고 또 열중할 수 있는 환경이 마련되었다는 것까지만 증명해주는 아주 한정적인 1차 스탯에 불과하다.

그렇다면 능력주의자들처럼 누군가의 세상에 대한 기여도를 줄 세워 평가할 수 있는 단일한 올인원 스탯의 허구적 가능성에 집착하기보다는, 우리 사회의 다양한 협업의 기회 안에서 각자의 방식으로 기여하지만 쉽게 집계되지 않는 그 수많은 능력들에 대해 존중하고 겸손해지는 것이 훨씬 이치에 맞을 것이다. 물론 이것은 이들 능력주의자들이 합리적 소통이 가능하다고 가정한 원론일 뿐 현실에서의 이준석은 자기편 골대로 코스트 투 코스트로 달려가 화려한 윈드밀 덩크로 자살골을 넣고 세리머니 중인 승리기여도 마이너스 3인 선수라는 게 경험적 진실에 가깝겠지만.

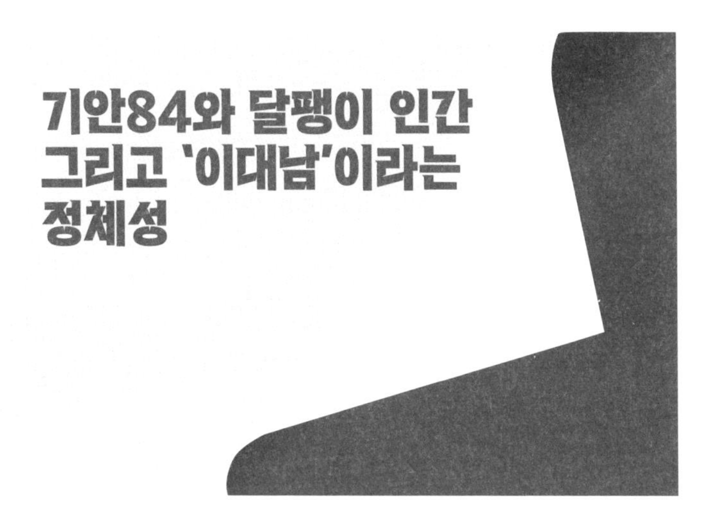

# 기안84와 달팽이 인간 그리고 '이대남'이라는 정체성

"저 요즘 만화에 달팽이가 몇 주째 나오고 있거든요. 욕을 엄청…(먹고 있어요)."

2021년 6월 11일 방송된 MBC 〈나 혼자 산다〉에서 기안84는 전현무가 현재 거주 중인 한옥에서 기르는 달팽이를 보며 이렇게 말했다. 오랜만에 출연한 전현무는 "너 아직도 욕먹고 있니?"라고 물었다. 정말 그렇다. 기안84의 웹툰 〈복학왕〉 중 최근 완결된 에피소드 '인류의 미래' 편에선 주인공인 우기명과 봉지은의 결혼식 중 갑자기 기명의 친구인 김두치가 봉지은과의 비밀 연애를 고백하고 둘이 함께 자웅동체 달팽이가 된다. 뒤를 이어 수많은 결혼식 하객들도 남녀 몸을 합쳐 달팽이가 된다. 해당 에피소드 총 5회는 모두 별점 10점 만점 중 4~5점대를 기록 중이다. 댓글도 살벌하다. 그러니 '아직도 욕먹고' 있는 게 맞다. 다만 분노하는 주체가 다르다. 과거 그가 사과문을 올렸던 바 있는 장애인 차별적 장면이나, 여성 구직자에 대한 차별적 표현에 대해선 기안84의 우호적 독자층 바깥에서 비판이 제기되었다면, 이번엔 기존 독자층으로 보이는 이들이 이해할 수 없는 전개에 대해 분노하는 중이다. 얼핏 이 사태는 〈복학왕〉의 차별표현 관련 논란보다는 전작 〈패션왕〉에서 주인공 우기명이 패션쇼 중 늑대인간이 되거나 닭이 되는 무리한 진행과 지각 연재에 대해 별점을 깎던 모습에 더 가까워 보인다. 하지만 단언컨대, 이번 에피소드의 뜬금없는 진행과 억지스러워 보이는 메시지는 단순히 작가의 역량 부족이나 날림 마감 정도로 해석할 일이 아니다. 방향은 자주 틀리지만 언제나 본능적으로 청년 세대에 대한 촉수를 세우던 기안84가 지닌 세계 인식의 한계를 보여준다는 것이 더 진실에 가깝다.

이번 '인류의 미래' 에피소드를 이해하기 위해서는 늑대인간이 등장하던 〈패션왕〉보다 더 과거로 돌아갈 필요가 있다. 기안84가 2009년 야후코리아에서 연재했던 〈기안84 단편선〉 중 괴작이라 불리는 '패딩 신드롬'은 여러모로 '인류의 미래'를 연상케 하는 요소들을 지니고 있다. 고급 패딩이 필수 아이템이 된 고등학교에서 패딩을 입은 아이들은 서로 뭉쳐 거대한 애벌레 형상으로 한 몸이 되고, 그 애벌레는 역시 서로의 몸이 뒤섞인 형태의 거대 나방이 되어 경쟁을 강요하는 한국 사회를 떠난다. 두 명 이상의 사람이 다른 생명체의 형태로 서로의 정신을 유지한 채 한 몸이 되는 것뿐 아니라, 그것이 경쟁 속에 내몰린 젊은이들의 생존 방식이라는 점에서 '패딩 신드롬'과 '인류의 미래'는 놀랍도록 유사하다. 달팽이 형태로 자웅동체가 된 김두치와 봉지은은 "너무 비싼 집값, 너무 많은 갈등, 끝도 없는 갈등, 코인뿐인 희망, 가족의 해체, 출산률의 종말. 인류가 살아남는 방법은 자웅동체화 뿐"이라 말한다. 달팽이 껍데기를 안식처 삼을 수 있는 이 변태(變態)는 "결혼과 내 집 마련을 한번에" 할 수 있는 방법으로 제시된다. '패딩 신드롬'의 십대 아이들 역시 "시급 4,500원 받아가면서 굽실대기보다는 더 매력적이고 좋은 자리, 높은 곳으로 올라가고" 싶지만 "그건 소수를 제외한 나머지는 이뤄지지 않는다"며 나방의 형태로 어디론가 날아가 버린다.

세상은 만만하지 않고, 중산층 이하 청춘이 본인의 재능과 노력만으로 계층 사다리를 올라가기란 거의 불가능하다. 기안84가 청춘을 묘사하며 일관되게 유지하는 시선이다. '패션왕'이 될 거라던 소년은 나름 패션 서바이벌 오디션에서 주목을 받지만 탈락 후엔 지방대 패션학과에서 별다른 희망도 꿈도 없는 대학 생활을 한다(〈패션왕〉). 그리고 그 대학이 자랑하는 취업률 1위라는 타이틀은 교수들이 학생들에게 소개하는 비정규직으로 이뤄진 것이다(《복학왕》). 그는 치열한 경쟁에 내몰려 아등바등 살아가는 청춘을 전투적 서사로 그려내기보다는 그 경쟁의 출발선에도 설 수 없는 이들의 무력감과 현실 안주의 자조적 풍경을 핍진하게 묘사한다. 〈패션왕〉 연재 당시 인터뷰에서 "〈드래곤볼〉처럼 주인공이 계속 이겨나가는 걸 현실에서 본 적이 없다 보니 만화도 그렇게 된 거 같다"고도 했지만, 그는 현실에 대한 비판적이거나 희망적인 전망을 남기기 위해 서사를 구성하기보다는 자신이 관찰하는 세상의 풍경을 보이는 그대로 옮기려 한다. 여기에 창작자로서 기안84의 장점과 재능, 진정성이 있다. 물론 그 관찰하는 시선 자체에 특정 세대와 젠더의 통념이 작동한다는 걸 인식하지 못하기 때문에 그의 묘사는 거의 언제나 스스로에겐 솔직하지만, 많은 경우 세상을 정직하게 재현하지 못한다. 몇 번의 혐오 및 차별표현 논란은 여기서 비롯된다.

또 다른 문제는 보이는 대로만 재현하는 과정에서 현상의 기저에 있는 정치적 맥락이 제거된다는 것이다. 청년 주거난을 소재로 했던 '두더지 마을', '부동산', '청약대회' 에피소드의 몇몇 장면에 일부 매체는 문재인 정권 부동산 정책에 대한 의도적 비판 아니냐는 해석을 내놓았지만, 억지다. 작품에서 딱히 구체적인 정책 요소를 꼬집거나 비판하지도 않을 뿐더러, 관점의 부재인지 의도적인 회피인지, 기안84는 중산층 이하 청년 세대가 경험하는 소외를 다분히 탈(脫)정치적으로 다룬다. 이것이 그의 작품이 고뇌 끝에 나방과 달팽이의 안드로메다로 향하는 근본적 이유다.

기안84라는 본능적 감각의 관찰자에게 수도권 집값 상승과 청년들의 주거난, 지방대생의 취업난은 너무도 구체적이고 생생한 현실이다. 이에 대한 청년 세대의 분노나 상실감도 생생하다. 그는 이 생생함을 작품에서 재현하기 위해 노력한다. 하지만 〈복학왕〉의 세계는 가장 구체적이고 팔딱팔딱 생생한 순간에조차 그들 청년을 표상하되 대의하지는 못한다. 후자에는 그들을 주체로 호명하는 정치적 기획이 필요하다. 그게 부재한다고 작가를 비난할 수는 없다. 문제는 기안84가 정치적 기획 혹은 상상력을 고민할 만큼 세심하진 않지만, 청년 세대의 상실과 우울을 있는 그대로 긍정하고 넘어갈 만큼 무신경하진 않다는 것이다. 그러니 개인'들'이 적응을 위해 변태해야 한다. 정치적 상상력이 제거된 세계관에서는 승자독식의 구조와 믿음을 바꾸는 것보다 인간이 자웅동체가 되어 달팽이가 되는 게 더 쉬운 일이다. '패딩 신드롬'의 고등학생들과 '인류의 미래'의 청년들은 같은 위기의식과 동질감 안에서 하나의 종으로 결합한다. 그들은 육체적 결합을 통해 하나의 정체성으로 묶이고 호명되지만, 정치적 주체로 호명되진 못한다. 혹은 그들을 하나의 정체성으로 묶어냈기 때문에 구체적이고 개별적인 정치 기획의 언어들이 휘발된다고 말할 수도 있겠다. 자웅동체가 된 봉지은과 김두치가 "싸움, 이별, 이혼. 그런 수많은 갈등들은 이제 없는 거지. 우리는 이미 하나니까"라고 말하는 장면은 이미지의 기괴함과 별개로 섬뜩하다. 정치가 사라진 곳에서 갈등은 담론을 통해 조정되는 것이 아니라, 서로 하나가 되어 무마되어야 하는 것이 된다.

불만과 결핍의 주체로서의 20대가 정작 그것을 능동적으로 해결할 정치의 주체로는 호명되지 못한다는 면에서, 기안84가 그린 달팽이 인간의 황당함은 연재 시기에 유행한 소위 '이대남' 담론의 허구성과 조우한다. 왜 20대 '남성'들의 목소리만 세대론으로 대표되느냐는 정당한 의문을 차치하더라도, 국민의힘 이준석 대표 같은 이들이 '이대남' 혹은 '반페미'라는 미심쩍고 모호한 정체성으로 뭉뚱그려 호명할수록 정작 20대 남성 각각이 경험 중인 계층 사다리의 부재, 폭력적 군 문화, 노동시장의 이중구조를 해결할 정치적 대안은 제대로 논의되지 못한다. 그들이 느끼는 결핍은 여러 구조적 문제를 인식하고 해결하기 위한 정치적 동력으로 동원되지 않는다. 오히려 페미니즘이나 노동운동 같은 정치적 투쟁을 폄하할 때만 '이대남'의 정체성은 과잉 대표된다. 정치에 무관심한 기안84의 탈정치와 공정경쟁으로 정치를 대체하려는 이준석의 반(反)정치 사이에서,

청년 담론엔 담론 없이 정체성만 남는다. 달팽이 인간이 허무맹랑하다면 '이대남'은 양심적이지 못한 개념이다. 그럼에도 왠지 기안84만 '아직도 욕먹고' 있는 것 같지만. **2021.06.28.**

+ 이 글을 썼던 2021년을 지나 2022년에는 바로 저 '이대남' 담론에 적극적으로 기대는 선거 전략을 들고 나온 국민의힘 윤석열 후보가 대통령이 되었다. 그렇다면 이것은 정말로 20, 30대 남성을 정치적 주체로 호명하며 이뤄낸 성취일까.

우선 국민의힘 입장에서 봤을 때 성공적인 전략, 혹은 대선 승리의 한 축이라고 보긴 어려워 보인다. 분명 '여성가족부 폐지'라는 단문 메시지 전략과 병사 월급 200만 원 인상 공약으로 어느 정도 여론몰이를 했지만, 국민의힘과 싱크탱크 여의도연구원의 낙승 예상과는 달리 20, 30대 여성표의 반대편 결집으로 역대 최소인 0.73퍼센트 차이로 겨우 이길 수 있었다. 즉 노골적인 젠더 갈라치기 전략과 2030 남성 표 구애는 오히려 위기를 자초한 면이 있다.

그렇다면 과연 '이대남'으로 호명된 이들은 자신들이 지지한 대통령을 통해 얻는 게 있었을까. 이 역시 의문이다. 대선 이후 벌어진 6월 지방선거에서 국민의힘 측에서는 '이대남'을 염두에 둔 정치적 메시지를 더는 내지 않았으며, 병사 월급 200만 원 공약은 우선 100만 원을 목표로 하향 조정되었다. 소위 '서오남(서울대 오십대 남성)'으로 대표되는 중년 이상 남성 엘리트로 조직된 내각이 과연 평범한 20, 30대 남성들의 생존을 위한 요구에 귀 기울이고 공감할지도 알 수 없다. 단지 내각에 여성이 거의 포함되지 않았다는 반여성주의적 사태만으로 만족할 수 있을까. 의료 민영화를 비롯한 윤석열 정부의 정책을 통해 당장 자신들에게 필요할 사회적 안전망이 파괴될 가능성 앞에서도 여성가족부만 폐지되면 만족하겠다는 게 과연 '이대남'의 정치적 요구일지는 알 수 없다. 다만 '이대남'을 수시로 호명하던 이준석 등의 엘리트 정치 인플루언서나(나는 그를 정치인으로 보지 않는다), 마치 그들의 목소리를 대변하는 듯 으스대던 신남성연대 같은 이익단체들이 2030 남성의 정치적 욕망과 요구를 딱 그 수준으로 축소해 이용해 먹은 것만은 확실해 보인다. 그렇다면, 그들은 누구에게 화를 내야 할까. 적어도 여성가족부가 아닌 건 분명하다.

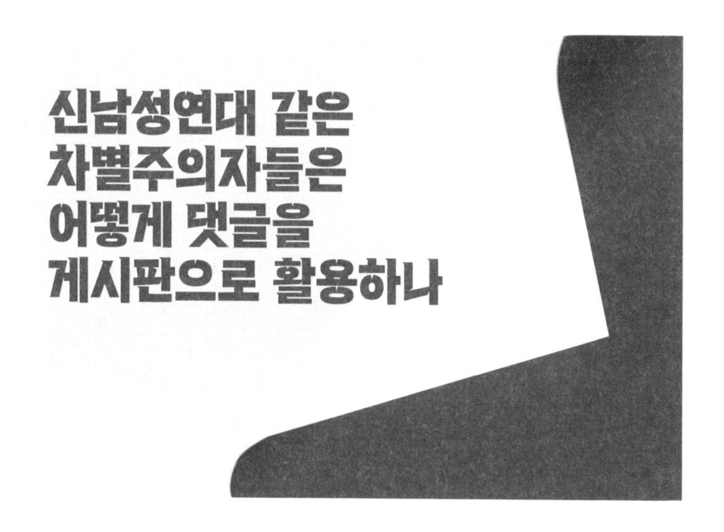

# 신남성연대 같은 차별주의자들은 어떻게 댓글을 게시판으로 활용하나

집에도 안 가고 잠도 안 자고 계속 회사에 상주하고는 있는데 할 일은 안 하는 직원을 보는 기분이다. 네이버에서 악플을 감지하는 'AI클린봇' 이야기다.

두 가지 풍경을 보자. 성차별주의 단체인 '신남성연대'는 2021년 8월 2일부터 익명 메신저 디스코드를 통해 포털 내 젠더 이슈 기사의 링크를 걸어 반여성주의적인 내용으로 베스트 댓글을 점유하는 활동을 하고 있다. 이를 가장 먼저 고발한 《경향신문》 기사의 네이버 댓글란에도 그들의 베스트 댓글이 최상단에 자리하고 있다(2021년 8월 10일 기준). 또 다른 풍경도 있다. 8월 4일 올림픽 여자배구 8강전 한국 대 터키 경기에 대한 네이버 실시간 중계 댓글에선 여성 선수들에 대한 성희롱적 인 발언이 이어졌다. 개중 터키 선수들에 대해 '케밥녀'란 표현 이 사용되기도 했다. 《중앙일보》 기사에 따르면 이에 대해 네이버 관계자는 "'케밥녀'를 욕설로 봐야 할지, 그 기준이 사람마다 다르다. 누군가에겐 표현의 자유"라고 해명했다. 그동안 한국 여성을 비하하기 위해 '김치녀'를, 또한 '김치녀'와 대비되는 개념 있는 여성이란 의미로 한국 여성을 역으로 비하하고 일본 여성을 역시 남성 시각에서 재단해 '스시녀'를 발화하던 사회에서 그로부터 파생된 게 거의 확실한 '케밥녀'가 어떻게 여성혐오적이지 않을 수 있을까. 이런 댓글들 옆에서 클린봇은 쉬지 않고 작동 중이라는 초록 눈을 뜨고 있었다.

물론 클린봇을 나무라서 해결될 일은 아니다. 중요한 건 이런 문제들을 클린봇이 해결할 수 없다는 걸 네이버가 인정해야 한다는 거다. 클린봇이 사전처럼 특정 어휘들을 욕설이나 혐오 및 차별표현으로 수집해 삭제 혹은 블라인드 처리하는 건 가능할지 모른다. 하지만 어떤 언어가 특정 대상의 존엄을 훼손하고 차별적 효과를 발휘하는 건 화용론적이고 유동적인 맥락 위에 있다. 유엔 표현의 자유 특별 조사관 데이비드 케이의 2019년 보고서는 "혐오표현에 대한 세부 맥락에 대한 판단은 인공지능이나 자동화기술에 의존할 수 없으므로 반드시 사람이 해야 하고, 사람에 의한 판단은 혐오표현을 실제로 경험하는 공동체의 경험에서 배운 내용을 바탕으로 진행되어야 한다"고 제언한다(김민정, 〈소셜미디어 플랫폼상의 혐오표현 규제〉에서 재인용). 앞서의 '케밥녀'의 경우 어휘만 보면 케밥이란 음식과 여성의 조합일 뿐이지만 그동안 '김치녀'라는 어휘의 용법, 어떤 물의가 벌어질 때 'ㅇㅇ녀'라 명명하고 부정적 의미로 활용하던 다양한 용례들, 여성을 먹는 것으로 묘사하는 저열한 성적 대상화의 경험이 중첩되어 그 단어의 차별적 맥락이 드러난다. 현재의 AI가 이것을 해낼 수 있으리라 기대하긴 어렵다. 여기에 공백이 있다.

최근 신남성연대는 이러한 공백을 파고들어 댓글란을 점유한다. 그들은 노골적인 여성혐오 및 비하 표현을 쓰는 대신 기사 내외의 성평등적 관점과 문제의식을 편견이나 조작이라 주장하고, 자신들의 베스트 댓글 점유는 그동안 여성주의자들이 해오던 댓글 점유를 '정화'하는 작업이라 명명한다. 당연히 클린봇이 잡아낼 수 없고 포털도 애매하다는 입장을 취하기 쉽다. 여기엔 두 가지 기만이 있다. 먼저 직접적 여성혐오표현을 피하고 중립적인 척 해도 여성이 겪는 성차별적 경험에 대한 발화를 무조건 불신하고 비하하는 담론 지형에서 여성은 동등한 논의 참여의 주체가 될 수 없다. 그러니 여성을 혐오하는 게 아니라 페미니즘을 혐오한다는 말은 실천적으론 모순에 가깝다.

두 번째 기만은 이에 대한 신남성연대의 반론에서 드러난다. 여성들도 남성들의 목소리를 페미니즘의 이름으로 억눌렀기에 자신들의 활동은 그것을 다시 되돌리는 정의로운 작업이라는 것이다. 딱히 참신할 것 없는 논리지만, 그동안 여성들도 응원 혹은 비판의 의도로 포털 기사 댓글에 대한 화력 지원을 한 건 사실이다. 하지만 여성들도 했으면서 자신들의 활동만 비난하는 건 '내로남불'이라는 논리는 댓글 지원의 의도와 실천적 효과, 도덕적 근거를 모두 괄호 치고 오직 형식적 동일함만 따진다는 점에서 매우 허약하다.

가령 얼마 전 제주도에 함께 여행을 간 여성이 성관계를 거부하자 죽인 남성에 대한 포털 기사에선 '줄 생각도 없이 제주도까지 따라간 년이나 안 준다고 죽인 놈이나'라는 댓글이 600개의 호응을 받으며 베스트 댓글이 됐고 대동소이한 논리의 댓글들이 상단을 차지했다. 하루 뒤 그러한 댓글을 조목조목 비판하는 여성의 댓글이 3,000이 넘는 '좋아요'로 상단을 차지했다. 이것을 페미니즘 진영의 베스트 댓글 점유 공작으로 신남성연대의 그것과 동일하게 놓아도 될까. 여성의 자기 결정권을 부정하고 고인이 된 여성을 모독하는 이들의 목소리가 과잉대표되지 않도록 힘을 모으는 건 건강한 담론장을 위한 활동이다. 하지만 실재했던 안산 선수에 대한 남성들의 사이버불링과 모의를 페미니스트들의 조작이라 주장하고 '페미는 정신병'

따위의 댓글을 올리는 건, 가짜 뉴스를 통한 선동이자 페미니즘에 내재한 평등에 대한 믿음을 적극적으로 훼손하는 행위다.

올림픽 중계를 보며 성차별 댓글을 다는 방구석 성차별주의자들과, 신남성연대의 지령을 받으며 베스트 댓글 점유에 동원되는 역시 방구석 성차별주의자들에 대한 당연한 비판과 별개로 이런 목소리가 쉽게 유사 공론장에서 과잉 전시되는 것에 대해 포털의 책임이 요구되는 건 그래서다. 앞서의 《중앙일보》 기사에서 네이버는 올림픽 중계 '응원톡'에서의 성희롱 표현에 대해 "기사 댓글 개념과 다르다. 선수가 기사를 보고 상처받는 게 문제라는 건데 실시간 라이브의 경우 선수가 경기에 임해 직접 보지 못하고 선수 응원 글이 훨씬 더 많다"고 해명했다. 맞는 말이다. 하지만 성희롱을 비롯한 혐오차별표현은 그것이 당장 기사나 영상의 대상에게 보이지 않더라도, 그것이 게시되는 것만으로 차별에 취약한 이들이 기대야 할 암묵적 공공선에 대한 약속을 파기하는 효과를 갖는다. 그리고 비슷한 차별주의자들에게 혼자가 아니라는 신호를 낸다. 선량한 시민들이 그들의 여론 조작에 휘둘리지 않더라도 그러하다.

신남성연대가 그러하듯 차별주의자들은 포털 기사 및 웹툰 베스트 댓글을 기사나 웹툰 피드백과 상관없는 공공연한 혐오 정서의 메인 게시판으로 사용한지 오래다. 지난 2020년 네이버 댓글 개편에 대한 한국언론진흥재단의 〈미디어 정책

리포트〉에선 "대다수 이용자들은 전체 댓글을 10개 이내로 보는 경향이 있기 때문에 이 순위에 들기 위한 조작의 가능성"이 있어 최상위 댓글 노출을 고정이 아닌 변동형으로 적용할 것을 제안한다. 지금은 조작의 가능성이 문제가 아니라, 대놓고 조작이 이뤄지는 걸 모두가 목도하는 중이다.

하여 클린봇은 죄가 없다. 현재 차별주의자들이 네이버 댓글란에서 벌이고 있는 건 기술적 빈틈에 대한 해킹이 아닌 제도적 빈틈을 노린 해킹이다. 댓글 시스템에 내재한 빈틈과 포털의 방관을 변화시킬 근거가 없는 사회의 빈틈. 김수아 서울대 언론정보학과 교수는 "현재 우리 법 제도상으로 차별과 혐오가 금지된다는 조항이 어디에도 없어서 정보통신망법에서도 이를 규제할 근거가 없다. 포털 입장에선 본인들이 임의로 규제하면 헌법이 보장한 표현의 자유를 침해했다는 판결이 나올 수 있어 방어적일 수밖에 없다. 그래서 논의가 돌고 돌아 언제나 차별금지법으로 돌아간다"고 설명한다. 포괄적 차별금지법이 제정되어도 그것을 근거로 정보통신망법을 수정하는 논의 및 설득 과정이 필요하다. 굉장히 지난하고 가능성이 아주 높진 않은 시나리오다. 하지만 기술 개발로 클린봇이 실재하는 차별의 맥락을 당장 모두 깨달을 가능성보다는 훨씬 높다.

그러니 이 칼럼에 신남성연대가 네이버에서 댓글을 달더라도 클린봇을 원망하진 않겠다. 대신 차별주의자들과 방관하는 포털과 차별금지법 제정에 지지부진한 국회를 비난하겠다. 물론 댓글이 안 달리더라도 이 셋을 비난할 거다. 그게 혐오차별표현에 공격받는 이들에 대한 진정한 의미의 '연대'일 테니.

**2021.08.13.**

+ 이 칼럼엔 실제로 신남성연대의 다음과 같은 댓글이 4,500여 명의 추천으로 베스트 댓글을 차지했다. '성차별주의자 단체? 케밥녀? 소설은 일기장에 쓰는 거예요 기자님. 안 부끄러우십니까?' 그럭저럭 예의를 갖추다 만 댓글이지만, 분석의 가치는 있다. 신남성연대를 비롯한 성차별주의자들의 중요 논리 중 하나가 페미니즘에 대한 반대는 성차별이 아니라는 것이기 때문이다. 즉 본인들은 악마와도 같은 페미니즘에 반대하고 싸우는 것일 뿐, 성차별주의자는 아니라는 거다. 대체 이런 허접한 논리에 언제까지 반박을 해줘야 할지 모르겠다.

페미니즘 혐오와 여성혐오를 분리하기 위해서는 페미니즘이 등장하기 이전의 세상이 충분히 평등했다는 전제 아래 페미니스트들이 던진 돌이 불필요한 파장을 일으켰다는 서사에 동의해야 한다. 즉 이미 김치녀, 김여사, 된장녀, 맘충 같은 차별적 어휘가 기본값이었던 세상에서 대항 언어로 한남이 등장한 것을 마치 평화롭던 세상에 남혐 단어가 뚝 떨어진 것처럼 거짓말을 해야 한다. 사실 이런 미러링 예시를 드는 것조차 무의미할 정도다. 차별적인 사회에서 기득권은 굳이 과격한 표현을 쓸 이유가 없기 때문이다. 유의미한 수준의 성별 임금

격차가 존재하고, 여성들이 오프라인 및 디지털 성범죄에 대한 실존적 두려움을 느끼고 사는 세상에서 기득권으로서의 남성은 굳이 험한 말을 쓸 필요도 없다. 오직 세상을 바꿔야 할 사람들만이 이 세상의 부조리함에 대해 고래고래 소리를 지르고 험한 말을 해서라도 시선을 모으려 한다. 그 생존의 목소리에 반대한다면서, 자기들 기분 상하는 게 더 중요하다고 말하는 게 어떻게 여성혐오와 차별이 아닌가. 전국장애인차별철폐연대의 출근길 지하철 투쟁에 대해 비난하면서 자기는 장애인을 차별하거나 혐오하는 게 아니라는 얼간이들만큼이나 모순적이다. 마찬가지로 아이를 차별하자는 건 아니지만 노키즈존은 업주의 자유라는 사람들, 외국인을 차별하자는 건 아니지만 인종차별을 지적하는 흑인 방송인은 퇴출시키자는 사람들 모두 신남성연대와 오십 보 백 보인 셈이다.

세상엔 간단하게 설명되지 않는 일이 훨씬 많지만 이것만큼은 간단하다. 불평등한 세상을 고치자는 목소리가 불편해서 듣기 싫다면, 그건 그냥 차별의 동조자일 뿐이다.

**페미니즘 혐오와 여성혐오를 분리하기 위해서는 페미니즘이 등장하기 이전의 세상이 충분히 평등했다는 전제 아래 페미니스트들이 던진 돌이 불필요한 파장을 일으켰다는 서사에 동의해야 한다. 즉 이미 김치녀, 김여사, 된장녀, 맘충 같은 차별적 어휘가 기본값이었던 세상에서 대항 언어로 한남이 등장한 것을 마치 평화롭던 세상에 남혐 단어가 뚝 떨어진 것처럼 거짓말을 해야 한다. 대체 이런 허접한 논리에 언제까지 반박을 해줘야 할지 모르겠다.**

3장
TV는
정색을
싣고

**권력이란 분류할 수 있는 힘이며, 분류하는 과정을 통해 순환적으로 증명된다. 그래서 다시, 무엇을 보고 웃을 것인가, 웃어도 되는 것인가, 라는 질문은 다분히 도덕적이고 정치적인 질문이다. 웃자고 한 말의 무게란 결코 가볍지 않다.**

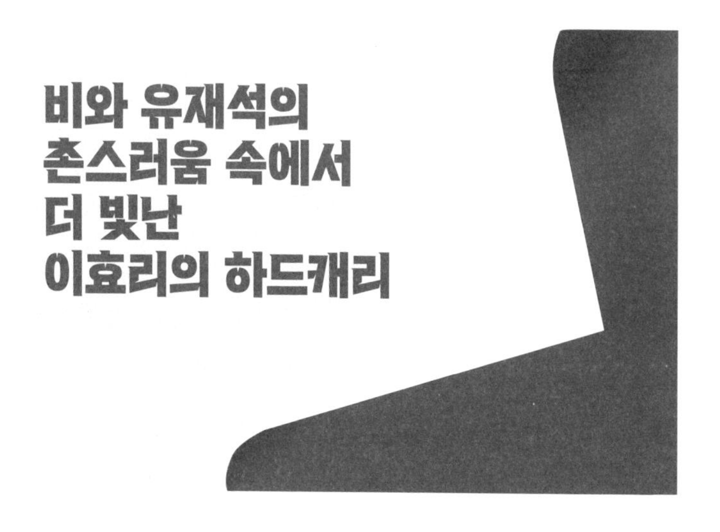

# 비와 유재석의 촌스러움 속에서 더 빛난 이효리의 하드캐리

맞다, 저 사람 가요대상이랑 연예대상 둘 다 타본 사람이었지.

MBC 〈놀면 뭐 하니?〉에 출연한 이효리를 보며 든 생각이다. 해당 방송에서 그의 수상 내역을 자막으로 짚어주기도 했지만 그 때문만은 아니다. 여름 시장을 겨냥한 혼성 댄스 그룹을 만드는 '여름×댄스×혼성그룹' 프로젝트에서 처음부터 섭외 0순위로 꼽히며 제주도에서 〈놀면 뭐 하지?〉 팀과 미팅을 가졌던 그는, 이번 방송에서 유재석 그리고 〈깡〉의 역주행 인기로 섭외된 비와의 혼성그룹 결성을 확정지었다. 솔로 가수로서 2000년대 초중반을 말 그대로 지배했던 두 명의 퍼포먼스 머신과 유재석의 조합이라는 점에서 이미 크게 회자될 수밖에 없는 방송이었지만, 그 조합에서조차 이효리는 압도적이었다. 솔로 첫 타이틀이었던 〈10 minutes〉의 퍼포먼스를 즉석에서 여유롭게 재현하고, 혼성그룹 멤버 구성에서 잘난 사람만 모은다고 잘되는 건 아니라는 말로 유재석의 공감을 사는 듯하다가 자신이 강한 캐릭터니 나머지는 그냥 "수줍수줍하고 쭈뼛쭈뼛하고 기죽어 있는 사람으로" 모으자고 훅 치고 나가는 것까지, 그는 방송의 모든 순간을 자신의 리듬대로 지배했다. 물론 이효리가 방송을 잘하는 건 하루 이틀 일이 아니며, 반대로 이효리가 아니라 해도 웬만큼 능숙한 선수라면 분위기에 따라 방송 한 회 정도는 물오른 토크를 보여줄 수 있다. 이번 〈놀면 뭐하지?〉에서의 이효리가 특별한 건 비와 유재석 사이에서도 자기 페이스를 유지해서가 아니라, 비와 유재석이 '여름×댄스×혼성그룹' 프로젝트를 더할 수 없이 촌스럽게 끌고 가는 걸 자신의 카리스마로 차단했기 때문이다.

당장 이번 방송을 전후해 제작진과 유재석이 비의 〈깡〉을 적극적으로 활용하는 방식을 보자. 최근 인터넷 밈으로 열렬히 소비되고 있는 이 곡에 대해 비 스스로는 의연한 듯 '대인배' 포지션을 수행하고, 유재석과 〈놀면 뭐 하니?〉 제작진은 이조차 〈태양을 피하는 방법〉이나 〈It's Raining〉 등 비의 과거 뛰어났던 곡과 무대의 연장선으로 연결해 해석한다. 〈깡〉의 안무가 굉장히 고난이도이고 그나마 비이기에 그 정도 느낌이 나온다는 것을 인정하더라도, 〈깡〉은 제목과 가사의 정서, 테크닉에만 치중했던 안무 구성까지 모든 게 시대착오적이다. 사람들이 이 곡을 즐기고 가지고 노는 건 건 바로 그 시대착오적이지만 비 본인만 그걸 모르는 것에서 오는 불일치의 반미학 때문이다. 〈놀면 뭐 하니?〉보다 한 발 앞서 〈깡〉 신드롬을 다룬 유튜브 〈문명특급〉 '제 1회 숨듣명 총회'에서 비의 팬클럽 출신이자 케이팝 팬덤과 인터넷 밈에 해박한 재재가 사람들이 〈깡〉에 열광하는 포인트를 정확히 짚고 밈으로서의 〈깡〉을 가지고 노는 것과 비교해, '춤선 하나하나 살아 숨 쉬는 대한민국 K-pop의 자랑' 같은 자막을 다는 〈놀면 뭐 하니?〉는 신드롬의 맥락을 전혀 잡지 못하거나, 의도적으로 왜곡해 구성하는 것처럼 보인다. 이럴 때, 이번 〈깡〉 신드롬이 알고리즘을 통해 자신의 과거 명곡들과 무대를 소개하는 창구가 되어 좋다는 비를 향해 "너 멘트가 계속 똑같다? 정해진 것처럼? 그 질문 나오면 그 대답해야지, 정해놓은 거 아니야?"라고 〈깡〉과 비를 원래 그랬어야 할 자리로 끌고 오는 건 이효리다. 비와 이효리의 일거수일투족을 전설의 귀환이라는 느끼한 맥락으로 구성하려는 제작진의 의도는 가볍게 무시된다.

이효리가 입을 열 때마다 비는 쩔쩔매고 유재석은 당황하는 모든 순간이 매우 합당하게 느껴지는 건 그래서다. 〈놀면 뭐 하니?〉와 유재석이 〈깡〉의 소비 맥락을 제대로 이해하지 못한 채 성급히 접근한 것처럼, 멤버 구성을 이야기하다 펭수를 들이는 아이디어를 내며 "웃기려고 하는 거 아니"라면서 역시나 펭수의 인기에 억지로 편승하려는 비에게 이효리는 "펭수는 웃기려고(하는 거)지"라고 바로 반박한다. 그런 거침없음이 이효리의 오랜 캐릭터이긴 하지만, 이를 흔히 말하는 '센 언니'라는 성격적 개념으로 퉁치는 건 부당하다. 이효리는 예능인으로서의 전성기 시절 남성 방송인들과 우호적인 케미스트리를 보여줘왔다. 하지만 지난 2017년 즈음 KBS 〈해피투게더〉나 MBC 〈라디오스타〉 등에 출연할 때부터 이효리는 자신의 권위와 거침없는 발언을 통해 남자 방송인들끼리 주도하는 분위기에 제동을 거는 역할을 해왔다. 다시 말하지만 그는 연예대상과 가요대상을 둘 다 탄 연예인이다.

이번에도 멤버 구성 및 음악 스타일에 대해 주도적으로 논의를 이끄는 이효리에 대해 비는 "이럴 거면 '이효리와 아이들'로 해요"라고 투덜댔지만, 실제로 비와 유재석의 제안 중 쓸 만한 건 별로 없었다. 레트로 혹은 뉴트로 감성에 대한 합의를 전제했다 해도 코요테 스타일의 여성 고음 보컬에 집착하는 유재석은 MBC 〈무한도전〉 '토요일 토요일은 가수다'의 지난 영광에서 아직 헤어 나오지 못하는 듯했고, 비는 작사 작곡에 대한 작은 욕심을 드러냈지만 귓등으로도 듣지 않는 이효리를 통해 다행히 기각당했다. 이효리가 둘보다 유독 더 합리적인 사람인지는 모르겠다. 다만 남성, 그것도 성공한 중년 이상의 남성들이 서로 의기투합해 자신들의 취향과 미감을 아무 브레이크 없이 펼쳐 보일 때, 그 질주의 끝엔 제 2의 〈깡〉이나 〈자전차왕 엄복동〉이 있을 확률이 높다.

이처럼 이효리가 재미에 있어서든 프로젝트 본연의 목적에 있어서든 '하드캐리'했음에도 방송 후반부터 지코, 광희, 쌈디와 코드쿤스트까지 등장하며 방송 내 성비가 6대 1이 되고, "쌈디쒸, 쌈디쒸"하는 유재석과 "재석쒸"라 호응하는 쌈디가 경상도 방언 억양으로 남자들끼리의 친분을 과시하는 전형적 장면을 연출하면서부터 이효리의 토크 비중이 급속히 줄어든 건 우연으로 보이지 않는다. 심지어 새로 오는 남성 멤버들마다 〈깡〉 무대를 재현하거나 편곡하는 방식으로 〈깡〉에 대한 존경을 반쯤 강요받는 구성에서 이효리가 할 수 있는 건 별로 없다. 물론 그렇다고 비가 〈깡〉을 중심에 놓고 그 상황을 재밌게 가지고 놀 줄 아는 타입도 아니다. 중반까지의 높은 텐션이 무색하게 그 순간부터 방송은 견딜 수 없이 따분해졌다.

다시 말해 이번 '여름×댄스×혼성그룹'에서의 이효리의 활약상은 성 평등이나 정치적 올바름이라는 당위적 측면을 차치하더라도, 왜 방송에서 할 말을 하는 여성 캐릭터의 존재와 성비 균형이 필요한지 증명한다. 특정한 성별과 연령대 위주로 구성된 방송은 어쩔 수 없이 스스로도 의식하지 못하는 맹점들을 드러낸다. 남성의 성기를 간접적으로 지시하는 '꼬만춤' 이야기 중 이효리가 가슴을 들어 올리는 동작을 보이자 기겁하는 유재석을 보라. 남성 예능인 중 가장 덜 마초적이며 균형감과 소통의 아이콘인 그조차 남성을 기본값으로 하는 대화 중 여성이 남성의 '꼬만춤'에 준하는 말과 행동을 보이자 크게 당황한다. 어떤 광고를 찍고 싶으냐는 질문에 이효리가 "유기농 생리대"라 답하자 말문이 막히는 것도 마찬가지다. '유기농 생리대'라는 단어 하나도 쉽게 말할 수 없을 정도로 다양한 취향과 생활방식과 정치적 입장이 공존하지 못하는 자리라면, 대체 혼성그룹의 동시대적 의의와 발전적 방향은 어디서 찾을 수 있을까.

이번 방송 전까지 유재석이 이상민, 윤일상 등과 이야기한 혼성그룹이란 개념이 90년대 후반부터 2000년대 초반 댄스 음악에 고착된 중년 남성의 과거형 취향이었다면, 이번 이효리와의 토크를 통해 그 개념은 지금 이곳에서 다시 재구성해볼 만한 프로젝트로서의 가능성을 획득했다. 분명 이효리이기에, 이효리만이 할 수 있는 활약이었다. 하지만 그래서 더더욱, 이효리가 아니어도 그럴 수 있는 방송 환경을 고민할 필요가 있어 보인다. 이효리 같은 커리어를 지닌 사람은 이효리 단 한 명이니까. **2020.06.05.**

+ 소셜 네트워크 연구자인 데이먼 센톨라의 책 《변화는 어떻게 일어나는가》에선 다수가 믿거나 지키는 기존 통념을 변화시킬 수 있는 헌신적 소수의 숫자가 어느 정도일 때 변화가 일어나는지 실험과 실제 사례를 통해 증명한다. 그가 주장하는 변화를 일으킬 수 있는 티핑 포인트는 전체의 25퍼센트로, 새로운 생각을 지닌 이들이 10퍼센트에서 20퍼센트로 늘어나는 것으로는 변화가 거의 일어나지 않지만 20퍼센트에서 25퍼센트로 늘어날 땐 드라마틱한 변화가 벌어진다. 저자는 이러한 티핑 포인트로 강한 고정관념과 규범이 바뀐 실례로 덴마크 의회를 제시한다. "수 세대에 걸친 정치 분야의 젠더 편견"은 너무 확고해 "정치 분야에서 여성이 맞닥뜨리는 난관은 도저히 극복할 수 없을 것처럼 보였다". 하지만 입법부에서 여성의 수가 티핑 포인트인 25퍼센트를 넘어서며 '상징적 소수'에서 벗어나자 기존의 젠더 편견이 상당히 줄어든 것으로 나타났다. "여성의 수가 많아지자 여성에 대한 고정관념을 적용하기가 어려워졌기 때문이다." 나는 남성 출연자 중심의 방송 구성에 대해서도 같은 이야기를 할 수 있다고 본다.

글에서 이야기한 것처럼 그 이효리조차 스튜디오가 남성들로 가득하게 되자 더는 주도권을 쥐고 적절한 긴장감을 만들어내기 어려워졌다. 대부분의 경우 남성들로만 MC를 구성하거나 '상징적 소수'로서 한 명의 젊은 여성을 끼워 넣는 수준의 인적 구성에서 여성의 예능 적응은 어려울 수밖에 없다. 특히 예능에서 서로가 서로의 말을 받아주는 것이 절대적으로 중요하다고 할 때, 여성에 대한 편견을 가지고 있거나 무지한 남성 출연자들 무리로부터 여성 출연자는 자연스럽게 배제되고 재미없다는 평가를 받기 십상이다. 남성들끼리만 모인 MC 구성에 시청자들이 아무런 위화감을 느끼지 못하는 것도 비슷한 맥락이다. 그러한 편견을 바꾸기 위한 헌신적 소수로서의 여성 출연자들이 최소 25퍼센트는 의무적으로 한 프로그램 안에 캐스팅되어야 한다. 물론 산술적으로는 50퍼센트, 그동안 남성들끼리만 해먹은 것까지 고려하면 여성들로 90퍼센트를 채워도 되겠지만, 우선 의무적 할당으로라도 25퍼센트를 채워야 한다는 뜻이다. 이에 대한 지적 없는 이효리 찬사는 뛰어난 여성 방송인을 '상징적 소수'로 활용하는 것에 그칠 뿐이다.

# 남발하는 ♡는 사랑을 가장한 어뷰징

이쯤 되면 연예 기사가 아니라 연애 기사 아닐까.

2020년 9월 8일 기준, 약 두어 시간 동안 별도 검색 없이 포털 연예면 메인에서 확인한 기사 제목들은 다음과 같다.

'주영훈♡' 이윤미, 다이어트한 보람 있네… '딸셋맘' 믿기지 않는 비주얼. "수진아! 그립다" 김성은, 3년째 잠수 '배용준♡' 박수진과 여전한 우정. 하희라, 붉은 드레스 입고 우윳빛 피부 과시 '♡최수종'이 반할 만해. '김원효♡' 심진화, 인간 복숭아가 따로 없네, 과즙미 팡팡. '현아♡' 던, 나른함 넘어서 퇴폐미… 치명적 섹시함.

해당 기사들은 모두 이윤미, 박수진, 하희라, 심진화, 던 등의 연예인에 대한 짧은 근황 기사인데, 이들은 모두 하나의 개인이 아닌 각각 '애인 이름♡' 아무개로 표기된다. 당연히 단 하루 동안 벌어진 일은 아니다. 조금만 시간의 범위를 확장해 검색해보면 다음과 같은 제목들도 만날 수 있다. 최근 이혜성 전 KBS 아나운서의 MBC 〈라디오스타〉 출연은 "'전현무♡' 이혜성, KBS 퇴사→라스 출격"으로, KBS 〈한 번 다녀왔습니다〉에 출연 중인 배우 이민정의 활약에 대해서는 "'이병헌♡' 이민정, 39세가 안 믿기는 미모, 비주얼, 연기력 전성기" 같은 제목으로 소개된다. 연애나 부부 사이에 대한 기사라면 모를까, 당대의 스타 배우이자 최근 tvN 〈청춘기록〉에도 출연 중인 하희라의 최근 사진에 대해 최수종의 ♡라는 수식이 굳이 왜 필요할까. 사적으로나 공적으로나 자신의 삶을 써나가는 주체적인 개인들을 굳이 왜 누군가의 애인이나 반려자로 수식하는 걸까. 우리가 모르는 사이 연애와 사랑이 세상의 가장 중요한 가치이자 한 인간의 전부가 된 것일까.

당장 떠올릴 수 있는 답은 제목을 통한 어뷰징이다. 위의 기사는 온전히 하희라, 박수진, 이민정 개인에 대한 소식이지만 최수종, 배용준, 이병헌을 검색해도 노출되도록 설계되었다. 반대의 경우도 마찬가지다. 명백한 꼼수지만 팩트가 틀린 제목은 아니다(♡를 사랑이라는 의미로만 해석하면 확신할 수 없지만). 다만 불필요한 정보다. 토니 안의 예능 출연 소식에 대해 '이옥진 아들' 토니라고 수식하지 않는 건, 그것이 사실이라 해도 해당 소식을 이해하는데 필요한 어떠한 정보적 가치도 더해주지 않기 때문이다. 오히려 직관적인 이해를 방해한다. 기사 내용을 고려한다면 위의 제목들은 '김성은, 과거 〈테이스티 로드〉 함께 했던 박수진과 여전한 우정 과시', '배우 이민정, 영화와 트렌디 드라마 벗어나 주말 가족극에서 새로운 전성기' 같은 제목으로 수정하는 편이 더 적절하고 직관적이다. 하지만 실제 제목을 보면 마치 이들이 애인이나 반려자와 마치 무언가를 함께 하는 일에 대한 소식처럼 오해하기 십상이다. ♡를 둘의 이름 사이에 의도적으로 배치할 때 특히 그러하다.

이것이 인터넷 언론 어뷰징의 본질이다. 클릭을 유도하기 위해서라면 독자가 오해 혹은 착각할 법한 제목을 달아 게재하는 것에도 거리낌이 없는 것. 물론 누군가를 다른 누군가의 ♡로 수식하는 것이 어뷰징을 위한 온갖 자극적 언어들, 가령 과거 하나의 밈처럼 소비되기도 했던 '숨 막히는 뒤태' 같은 수식만큼 천박하진 않다. 하지만 ♡가 사용되는 맥락을 보면, 독자를 헷갈리게 하지 않는 경우에조차 해롭다.

일반화할 수는 없겠지만, 기사 속 대상을 누군가의 ♡로 수식한 기사의 상당수는 연예인의 인스타그램 속 셀카를 공개하는 수준이다. 물론 연예 매체는 십 수 년 전부터 연예인의 싸이월드 게시물에 대해 생중계하듯 기사를 써왔으며, 관음의 대상이 SNS로 옮겨온 지 오래다. 보도가치 없는 연예인의 사적 순간들을, 그것도 팔로잉만 하면 굳이 매체를 거치지 않고도 볼 수 있는 정보를 포털에 팔아 유지되는 이 기괴한 시장에서 기사 제목의 ♡는 마치 매체 특유의 관점이나 해석이라도 되는 양 추가된다.

앞서 인용한 기사에서 하희라가 인스타그램에 공개한 사진에 대해 매체는 '♡최수종'이 반할 만하다고 첨언한다. 그랬을지도 모른다. 하지만 간만에 복귀하는 프로 연기자로서 본인의 현재 모습을 대중에게 자신 있게 드러내는 것이 남편을 매혹하기 위한 것은 아니다. 마찬가지로 가수 별이 민낯을 드러낸 셀카 관련 기사에는 "별, 민낯에도 무결점 피부 '♡하하'가 왜 반했는지 알겠어" 같은 제목이 붙는다. 이런 제목에서 한 연예인의 자기 표현은 남편을 위한 아내의 매력 발산 정도로 축소된다. 당연히 무례한 제목이다. 연애나 결혼이 어느 정도 독점적 관계일 수 있다는 것이, 누군가의 대표적 정체성을 다른 누구의 연인으로 규정해도 된다는 뜻이 될 수는 없다. 반대로 최수종이나 하하가 미모 때문에 아내를 사랑하리라 말하는 것은 그들의 관계에 대한 평가로서 무례하다. 연예인 SNS 내용으로 쉽고 빠르게 기사는 써야겠고, 베끼는 와중에 차별화된 제목으로 클릭 유도 경쟁에서는 승리해야겠고, 사진 관련해 우윳빛이니, 과즙미니, 딸 셋 있는 엄마 같지 않다느니 '얼평'은

해야겠고, 그 '얼평'의 알리바이를 위해 그들의 애인이나 반려자 이름을 끌어들이는 온갖 부조리한 동기가 ♡의 남발로 이어진 셈이다.

하지만 대중이 '기레기'라 폄하하고 비웃는 중에도 여전히 매체의 영향력은 행사된다. 최근 1년 사이 급속히 늘어난 하트어뷰징이 보여주는 것은, 어뷰징의 진정한 해악은 자극적인 어휘나 독자 낚시에 있는 것이 아니라 대상에 대한 관점의 교묘한 왜곡에 있다는 점이다. 앞서 말했듯 저 수많은 ♡가 거짓은 아니다. 하지만 한 개인의 수많은 정체성 중 하나를 과대표하는 것만으로도 그 개인의 행동에 대한 해석은 왜곡된다. 혹은 왜곡하고 싶은 이들을 유도한다. 이혜성 전 아나운서가 인스타그램에 요리 사진을 올렸을 때 정말 수많은 매체가 이를 아무 근거나 취재도 없이 '전현무♡' 이혜성의 신부 수업이라는 프레임으로 보도했고 당연히 아무 책임도 지지 않았다. 최근 그가 〈라디오스타〉에 나와 이에 대해 해명했고, 또한 본인이 전현무의 명성을 이용한다는 악플에 대한 상처를 고백했지만 그에 대한 기사들에서마저 그는 여전히 '전현무♡' 이혜성으로 표기된다. 악플의 문제를 전하는 기사들이 바로 그 악플의 지배적 관점을 그대로 사용하는 뻔뻔한 모습은 그래서 실패한 풍자화처럼 보인다. 연예 매체가 연예계와 대중 사이에서 더는 특권적인 지위를 누리지 못하고 희화화된 지 오래지만, 그들의 꼼수는 여전히 세상을 조금은 더 나쁘게 만들 수 있다는 점에서 그렇다. 심지어 ♡의 형상으로. **2020.09.13.**

+ 글을 쓰고 약 2년이 지났지만 포털 연예면에서 ♡는 사라지지 않았다. 당연한 일이다. 어느 칼럼니스트 한 명의 글로 각 연예 매체 기자들이 생각을 고쳐먹을 리도 없거니와, 산업적 편의에 의해 정착된 습관이 단지 도덕적 비판에 의해 교정되기란 쉽지 않다. 하지만 또한 이런 연예 기사에 대한 꽤 광범위한 대중적 혐오로도 이는 교정되지 않는다. 많은 이들이 포털 연예 기사를 소비하지만 글에서도 이야기했듯, 연예 기자에 대해서는 예외 없이 '기레기'라 폄하하기도 한다. 대중이 '기레기'에 대한 경멸을 위해 기사를 소비한다고 생각하지는 않는다. 다만 기사를 통해 '기레기'에 대한 경멸을 재확인하는 일련의 과정 자체가 이 산업의 인센티브가 되고 있다는 건 진실이다. 정치 혐오가 저질 정치인들이 활개 칠 판을 깔아주듯, 언론 혐오는 저질 언론이 게임의 룰을 쥐고 흔드는 판을 유지시켜준다. 어차피 뭘 하든 '기레기'로만 보는 세상에선 향상심 없이 '기레기'의 역할에 충실하면 그만이다.

만약 ♡를 이용한 어뷰징이 사라진다면, 그것은 스타의 인스타그램에 기생하는 방식이 더는 통하지 않을 방식으로 미디어 산업 구조가 재편되거나, 어뷰징이 아닌 다른 방식이 더 큰 인센티브로 이어질 때의 일일 것이다. 전자는 먼 미래에 벌어질지 모르겠지만 쉽게 상상이 되진 않는다. 후자는 많은 경우 실패했지만 그럼에도 구체적으로 상상하고 구현할 수는 있다. 오늘도 제목 낚시와 별 볼 일 없는 내용으로 가득한 기사를 한 번 클릭하고 '기레기'를 혐오할 시간에 어뷰징 꼼수를 쓰지 않는 매체, 더 나은 관점으로 엔터테인먼트 시장을 읽어내려는 기자를 기억하고 관심을 가지고 지지해주는 것이 그나마 이 부끄러움을 모르는 판에 작게나마 파문을 일으킬 수 있다. 그런 매체가 잘 눈에 띄지 않는다면… 우선 《경향신문》에 '위근우의 리플레이'라는 코너가 있기는 하다.

# '가짜사나이'들의 자발적 착취가 만들어내는 자기 극복의 가짜 쾌감

교관 관련 논란들을 차치하고도 카카오TV 〈가짜사나이 시즌 2〉(이하 〈가짜사나이 2〉)에 대해 비판하기란 어렵지 않은 일이다.

당장 프로그램 오프닝에서부터 "참가자들의 고통스러워하는 장면을 부담스러워하실 수 있는 분들은 시청에 특별한 주의를 부탁"한다고 할 정도로 그 안에서 진행되는 모든 순간은 너무나 가학적이다. 출연자들은 첫날 새벽 해변에 몸을 뉘어 파도를 맞는 정신력 훈련 중 저체온증에 기절 직전까지 가기도 하고, 얼차려 중에는 약간의 부주의로 심한 타박상을 입기도 한다. 평화연구자이기도 한 임재성 변호사는 〈가짜사나이 2〉에 대해 《한겨레》 칼럼에서 "당하는 이들이 원한다고 하더라도, 고문과 같은 비인격적 수단을 훈육이나 처벌의 수단으로 사용하는 순간 문명이 힘겹게 쌓아 올린 인간의 존엄성이나 인격이라는 개념이 사라지게 된다"고 온당하게 지적한다. 또한 프로그램의 뼈대를 이루는 군사 훈련의 모티브로부터 한국 사회 특유의 병영국가 문화의 잔재를 읽어낼 수도 있다. 《연합뉴스》 기사에 인용된 정덕현 평론가의 코멘트처럼 "군대 포르노로 소비되는 측면"도 있다.

하지만 〈가짜사나이 2〉에 대한 가학성 비판이 당위적으로 온당할수록, 그 가학성에 기꺼이 자신을 내던지는 참가자들의 피학적 욕망과 그에 대해 감동의 자기 극복 서사를 읽어내는 시청자들의 욕망은 불가해하게 남는다. 위에 인용한 《연합뉴스》 기사는 "왜 높은 수위의 훈련을 받고 있는지, 왜 그 모습을 방송으로 보여줘야 하는지에 대한 정당한 기획 의도가 보이지 않는다"고 비판하지만, 〈가짜사나이 2〉가 문제적이고 정말 문제인 건, 가학의 정당성을 증명하지 못해서가 아니라 오히려 너무 잘 정당화해서다.

논의의 핵심으로 들어가기 위해 우선 가지치기가 필요해 보인다. 지난 시즌까지 포함해 〈가짜사나이 2〉는 제목의 모티브가 된 병영 체험 프로그램 MBC 〈진짜사나이〉와는 아무런 유사성이 없다. 병영 체험을 특수부대 체험으로 바꿔도 마찬가지다. 물론 프로그램에 삽입된 인터뷰에서 한 교관은 "특수전 요원이 임무를 수행하는 건 삶과 죽음이 오가는 환경"이기에 "모든 훈련은 극한으로 최악의 상황을 항상 만든다"고 훈련의 강도를 정당화한다. 이 말엔 이중의 속임수가 있다. 먼저 첫 번째, 프로그램 참가자들은 실제 특수 임무에 투입되는 군인이 아니다. 그러니 이 변명은 명백히 구차하다. 하지만 이를 근거로 〈가짜사나이 2〉와 병영 체험의 철학적 빈곤함을 폭로하고 비판하는 것은 실제 이 프로그램을 지탱하는 담론에 아무런 타격을 주지 못한다. 여기서 두 번째 속임수가 작동한다. 그들은 특수전 훈련을 가르치기 위해 혹은 배우기 위해 모인 것이 아니며, 보는 이들 역시 그러하다. 즉 교관의 코멘트는 구차한 변명이 아니라, 이 프로그램의 진실을 은폐하기 위한 기만전술이다. 〈가짜사나이 2〉의 훈련 프로그램은 유사 군사 훈련이 아닌, 참가자들이 자발적 착취를 당하면서도 구조가 아닌 스스로를 탓하는 극단적 능력주의 세계관의 완벽한 알레고리다.

만약 〈가짜사나이 2〉와 형식과 욕망에 있어 근친적인 콘텐츠를 찾는다면 그것은 〈진짜사나이〉보단 차라리 〈슈퍼스타 K〉(특히 시즌 3)부터 최근의 〈아이랜드〉에 이르는 엠넷 서바이벌 월드에 가까울 것이다. 극한의 경쟁 구도 안에서 그로부터 발생하는 모든 결과의 책임을 출연자 개인의 근성과 노력의 문제로 치환한다는 점에서 그러하다. 가령 낮은 평가를 받은 연습생들이 '그라운드'라는 일종의 낙오된 공간에서 살게 되는 〈아이랜드〉에서 진행자 남궁민은 "이들 스스로 선택한 결과가 자신들의 운명을 좌우하게 되죠"라고 말한다. 마찬가지로 〈가짜사나이 2〉에서 방송인 오현민이 첫 훈련 중 다른 출연자의 팔꿈치에 맞는 사고로 각막이 찢어져 훈련 가능 여부에 대해 문의하자 교관은 "묻지 마, 네가 판단해"라고 말한다. 다행히 오현민은 자진 퇴교했지만, 각막이 찢어지게 되는 과정과 혹여 그가 훈련을 지속했을 때 벌어질 문제들에 대한 책임은 오롯이 개인의 것으로만 취급된다. 그럼에도 오현민은 인터뷰에서 "더 멋진 모습을 못 보여드려 그 부분에 대해선 되게 죄송"하다며 "부주의해서 다친 거"에 대해 자책한다. 여기엔 판본만 바뀐 '노오력' 부족의 서사가 그 어느 때보다 강하게 작동한다. 저체온증에 의한 근육 마비 때문에 기어서 훈련에 합류하던 유튜버 윽박이 교관에게 연신 죄송하다고 할 수 있다고 외치는 모습으로부터 〈아이랜드〉의 연습생들이 "우리 이제 잠을 줄여야 해요"라고 말하는 자발적 착취의 풍경을 오버랩하기란 어렵지 않다. 열외는 실패고, 실패는 네 노력 부족 때문이라는 오래됐지만 효과적인 담론은 능력주의가 공정 개념을 대신하게 된 2020년의 한국에서 다시 주술적 힘을 발휘한다.

그럼에도 의문은 남는다. 〈슈퍼스타 K 3〉에서 패자부활을 기다리는 출연자들이 울면서 〈거위의 꿈〉을 부르는 순간이 더할 나위 없이 끔찍하다 하더라도, 적어도 서바이벌 오디션은 그 경쟁에 승리했을 때의 보상을 명확히 제시한다. 〈가짜사나이 2〉는 수십 배 가학적이면서도 그러한 명시적 보상을 제시하지 않는다. 그럼에도 출연자들은 기꺼이 고생을 감수하며, 시청자들은 그 어떤 서바이벌 오디션을 볼 때보다 열광한다. 역설적으로 〈가짜사나이 2〉는 바로 그 보상이 없기 때문에 노력과 자기 극복의 서사를 더 완벽히 완성하기 때문이다.

시즌 1부터 〈가짜사나이〉 시청자들이 강하게 반응한 건 '진정성'이란 개념이다. 하헌기 새로운소통연구소 소장은 《시사IN》에 기고한 글에서 〈가짜사나이〉 시즌 1에 대해 "한국은 냉소가 팽배한 사회"이며 "냉소가 깊어질수록 진짜에 대한 갈망도 커지기 때문"에 대중이 열광하는 것이라 분석한다. 어떤 보상이 없음에도 자발적으로 자신의 육체를 한계까지 밀어붙이는 출연자들에게서 자기 극복의 진정성을 읽어낸다는 것이다. 그는 '고문관' 포지션의 트위치 스트리머 공혁준이 훈련을 통해 자신을 바꿔나가는 모습을 예시로 "'진짜'가 되기 위한 '가짜사나이'들의 분투"를 높게 산다. 하지만 공혁준의 변화하려는 노력이 진짜인 것만큼, 어떤 한 사람을 고문관으로 낙인찍고 비난하는 이들의 비겁함도 진짜이며, 트위치의 수익 모델이 많은 스트리머의 감정 노동을 당연시하고 피폐하게 만드는 것도 진짜다. 그럼에도 오직 개인이 겪고 책임지는 고통만 이 '진짜'로 취급된다.

그래서 〈가짜사나이〉 시리즈의 성공 비결은 개인의 서사가 아닌 것을 개인의 서사로 치환했다는 점에 있다. 구조적 착취라는 거대 서사를 개인의 노력과 극복이라는 미시 서사로 대체할 때, 자발적 착취의 메커니즘은 피, 땀, 눈물이 있는 지극히 인간적인 풍경으로 채색된다. 이번 시즌에 출연한 쇼트트랙 선수 곽윤기는 입수 훈련 중 여기 왜 왔느냐는 교관의 다그침에 "끈기 있게 변하고 싶어서, 금메달 따고 싶어서" 왔다고 답했다. 흙탕물에 온몸을 적시고 금메달을 따고 싶다 외치는 절실함은 진짜일 것이다. 하지만 여기서 다시, 개인의 진정성은 구조적 진실을 은폐한다. 곽윤기가 이번 훈련으로 강한 동기를 얻고 정말로 다음 올림픽에 금메달을 딴다면(그는 이미 세계선수권에선 금메달을 땄다) 좋은 일이겠지만, 그가 따지 못하거나 혹은 다른 선수가 금메달을 따지 못하는 것이 절실함의 부족 때문은 아니다. 즉 자신을 극복하고 싶다는 출연자들의 진정성이 가학적 훈련 안에서 절절히 증명되고 시청자들의 마음을 울릴수록, 승자가 승자인 건 그만한 이유가 있으며 패배자는 불만 없이 더 노력해야 한다는 세계관은 더 공고해진다. 하여 〈가짜사나이 2〉에 대해 우리는 이 가학적 풍경을 어떻게 볼 것이냐가 아닌, 이 가학적 풍경이 정당화되는 세계를 어떻게 볼 것인지 질문해야 한다. 이것은 해석의 문제가 아니다. 오직 자신이 겪는 고통의 크기만으로 진심을 증명받을 수 있는 이 진정성 가득한 지옥에서 우리가 과연 살아갈 수 있는지, 그렇게 살아가도 되는지의 문제다. 진정성 있는 지옥이, 지옥이 아닌 건 아니므로. **2020.10.16**

+ 프랑스대혁명 이전, 에티엔 드 라 보에시는 《자발적 복종》이라는 격문으로 권력자의 권력을 당연하고 그 자체로 자연스러운 것으로 받아들이는 것에 대해 비판한 바 있다. 과거의 비민주적 왕정이 시민들의 자발적 복종을 통해 유지되었다면, 현재 능력주의의 폭정은 자발적 착취를 통해 유지되고 있다 말해도 무방할 것이다. 자유 경쟁에 모든 걸 맡기면 알아서 능력 있는 자들은 성공하고 그렇지 못한 이들은 도태해 공정함이 증명되고 세상이 발전할 테니 국가의 규제나 사회적 안전망과 배려는 필요하지 않다는 근본주의적 믿음이 착취당하는 이들에게도 내면화된 것이다. 즉 경쟁에서 밀려 경제적 어려움과 사회적 무시를 겪으면서도 그 책임을 스스로에게 찾는 비극이 벌어지는 것이다.

〈가짜사나이 2〉는 바로 이러한 세계관 위에서 육체적 가학을 정당화할 수 있었다. 힘들어? 견뎌. 못 참겠어? 그건 네가 의지가 부족해서 그래. 물리적 가학성이 극대화되었다는 것만 제외하면 한국의 수험생으로서, 회사의 직원으로서 수없이 들어온 이야기들이다. 물론

〈가짜사나이 2〉 측에는 당당한 알리바이가 있다. 여기서 벌어지는 일을 출연자들이 받아들이기로 상호 합의했고, 스스로 견딜 수 없으면 종을 치고 중도 포기할 자유를 주었노라고. 이것도 정확히 시장 만능적인 자유 경쟁 체제가 내놓는 알리바이와 동일하다. 상호 합의하에 쓴 계약서니 정당하다. 원하지 않으면 언제든 알아서 그만둘 수 있다. 자세한 정보의 제공과 평등한 관계에서의 합의 없이 사업자에게 유리하게 체결한 계약이 불공정 행위이듯, 출연자들이 자발적으로 참여했다는 것이 그들을 마음대로 굴려도 정당하다는 뜻이 될 수는 없다. 마찬가지로 일을 그만두고도 생존할 안전망 없이는 불공정한 계약을 포기할 자유를 실제로 행사하기 어렵듯, 자발적 퇴소를 부끄러운 포기로 규정하는 암묵적 분위기 안에서 떳떳하게 훈련을 그만두기란 어렵다.

이 세계의 착취는 매우 동어반복적인 논리로 구성되어 있다. 포기는 능력과 노력 부족 때문이며, 그 두 가지가 충분하면 포기하지 않을 수 있다는 논리. 이준석의 능력주의에 대한 이 책의 다른 글에서 지적했듯, 능력은 단일한 개념이 아니며, 수많은 상황 안에서 다양한 양태로서 존재할 수 있다. 〈가짜사나이 2〉의 세계는 단지 특정한 육체적 훈련에 필요한 능력만을 능력으로 규정할 뿐이다. 인간 사회를 유지시키는 수많은 요소 중엔 경쟁과 별도로 작동하는 다양한 호혜적 덕성이 있다. 그것은 능력이 아닌 걸까. 그럼에도 하나의 가학적 상황을 제시하고, 그것을 견디고 이겨내는 능력만이 개인의 가치를 평가할 어떤 절대적 잣대가 될 수 있는 것처럼 구는 것도 시장 만능적인 능력주의와 똑 닮았다. 이것은 명백히 자기실현적 세계다. 라 보에시는 《자발적 복종》에서 이렇게 말한다. "오직 너희(대중)가 강하게 만들어주기 때문에 그(독재자)는 막강할 뿐이다." 능력주의 역시 그것이 진실이라서가 아니라 우리가 내면화함으로써 현실이 된다. 물론 당당히 중도 포기의 종을 울리라 쉽게 말할 수는 없다. 다만 이렇게 말할 수는 있겠다. 그것은 사실 포기의 종이 아니라는 것. 착취적 시스템은 우리의 '저항' 혹은 '거절'을 '포기'로 말하고 싶어 한다는 것.

# 사생활 리얼리티쇼와 하이에나의 언어들

사구와 쓰리쿠션 당구를 꽤 잘 치는 친구가 있다.

잘 치는 만큼 다른 실력자들과도 종종 게임을 하는 듯하고 그렇기에 더 잘 치고 싶은 모양인데, 굳이 따로 레슨을 받고 싶진 않다고 했다. 돈이나 시간이 아까워서는 아니다. 정식으로 레슨을 받으면 그동안 자신이 고등학교 시절부터 경험적으로 만들어온 폼에 스민 나쁜 습관을 지적받고 큐를 잡는 법부터 다시 배워야 하는 게 싫다는 이유였다. 이해할 수 있었다. 나이 마흔이 되어서 굳이 기존의 본인 경험을 리셋하고 초보로 돌아가야 한다는 것, 능숙하지 못한 모습을 공개해야 한다는 것은 꽤 거북한 일이다. 자신의 미숙함을 스스로 확인하는 것도

영 피하고 싶은 일이다. 그래서 2020년 11월 6일 방송된 MBC 〈나 혼자 산다〉의 배우 김지훈 에피소드가 인상적이었다.

방송에서 사교육 마니아로 그려질 정도로 그는 하루에만 스트레칭, 농구 스킬 트레이닝, 보컬 학원을 순회했다. 보통 마흔 즈음 다양한 취미에 도전하는 이들은 재능이 다양하거나 습득 능력이 좋은 경우가 많다. 김지훈은 그와 거리가 멀어 보였다. 스트레칭을 하면서는 고통에 얼굴이 퀭해졌고, 드리블 기술을 사용하기엔 공이 손에 착착 붙지 않았으며, 노래를 부를 땐 아무 기교 없이 거의 성대를 혹사시키는 수준으로 발성했다. 그럼에도 그는 꿋꿋했고, 농구와 노래 모두 지금 보면 마냥 못하는 것처럼 보이지만 그나마도 배우기 전보단 나아진 거라고 설명했다. 못하는 것일수록 배우기 싫고 시도하기 싫다는 것을 잘 아는 입장에서 그 태도가 좋아보였다.

하지만 정작 〈나 혼자 산다〉는 그 태도의 어떤 것이 시청자에게 긍정적 자극을 주는지 잘 이해하지 못한 것 같았다. 김지훈이 2년 동안 보컬 학원을 다녔는데도 그 정도 실력이라는 사실에 대해 기존 멤버인 만화가 기안84가 "취미로 할 거면 그냥 2년 동안 노래방을 다니지 그랬냐"고 말하는 장면이 그대로 나온 것을 보면. 악의 없는 농담이었다. 다만 존중은 없었다.

〈나 혼자 산다〉라는 제목에서의 '산다'라는 개념이 단순히 1인 가구로서 거주의 양식만을 뜻하는 건 아닐 것이다. 혼자 산다는 것은 주체적으로 자기만의 삶의 양식을 만들어가는 것을 의미한다. 최근 〈나 혼자 산다〉에서 배우 서지혜가 사회적 거리두기를 유지하며 친구들과 온라인 술 모임을 한 것처럼 방역과 친교의 조화를 이루는 것도 삶의 한 형식이자 아이디어고, 보이그룹 2PM의 장우영이 단지 자신의 기분이 좋아지기 위해 아로마 오일을 애용하는 것도 삶의 태도다. 그중 멋들어진 것도 있고 아닌 것도 있다. 7,000여 장의 LP를 모으고 세척하고 감상하는 장우영의 취미는 전자에 가까울 것이다. 김지훈은 후자에 가까울지 모르겠다. 하지만 중년이 되어 자신이 잘 못하는 분야에 대해 향상심을 갖고 배워나가는 것 역시 그 자체로 삶의 스타일이자 방향성이다. 중요한 건 2년 동안 레슨을 받았는데도 노래 실력이 별로라는 게 아니라, 자신의 미숙함에 대한 민망함을 견뎌내며 더 나아지기 위해 2년을 투자했다는 것이다. 충분히 배울 만한 태도다. 그리고 앞에 인용한 기안84의 코멘트는 그 태도의 근본 전제를 부정하는 셈이다. 다들 왁자지껄하는 도중 생각 없이 던진 농담이지만, 누군가의 일상을 쫓아 그 안에서 삶의 스타일을 발견하고 소개하는 프로그램이라면 편집하거나 애초에 하지 않는 게 나을 말이다.

리얼리티쇼가 개인의 사적인 삶의 풍경을 상품처럼 시장에 공개해 이득을 얻는 포맷이라면, 여기엔 그들이 비추는 일상과 개인에 대한 최소한의 존중이 필요하다. 하지만 이에 대해 제작진과 출연자가 어느 정도 고민하는지는 회의적이다. 〈나 혼자 산다〉 10월 2일 방영분에서는 배우 김광규가 종이신문을 구독한다는 것이 유머 소재처럼 사용됐다. 함께 출연한 배우 하석진이 태블릿으로 뉴스를 보는 장면에서 하석진은 김광규에게 "종이신문 보는 건 아니죠?"라고 슬쩍 눙쳤고, 그가 실제로 종이신문을 본다는 사실에 다들 놀라거나 박장대소했다. 이것은 주택 구매의 때를 놓쳐 월세로 살며 "이 집에 있는 순간마다 고통"이라는 그의 진담 섞인 농담에 폭소하는 것과는 다른 문제다.

김광규의 말대로 스마트폰으로 활자를 보는 건 눈이 아픈 일이고, 그 외에도 종이신문만의 정보 습득에서의 강점들도 있다(비슷한 시기 《한겨레》에 실린 여성학자 정희진의 칼럼 '첨단 산업, 종이신문'을 읽어보라). 설령 김광규가 세대적 습관 때문에 과거의 유물인 종이신문을 버리지 못하는 것이라 가정하더라도, 자신에게 익숙한 매체로 동시대의 시사와 교양을 습득하는 것은 놀림 받기보단 존중받을 일이다. 박나래는 친우 장도연도 종이신문을 본다고 그 유용성을 어느 정도 변호하고 무례할 수 있던 웃음을 수습하려 했지만, 이시언은 "그것과는 좀 다른 느낌 같다"고 말했다. 김광규의 변명 아닌 변명에 과거 교양 프로그램에 배경음악으로 자주 쓰이던 〈Il Mio Nome E'Nessuno〉를 깔아 그가 옛날 사람임을 강조하고 희화화한 제작진의 편집은 덤이다. 이것은 김광규 개인에게도 부당하지만, 종이신문이라는 매체에 익숙한 세대와 여전히 종이신문을 만들면서 동시대적 효과를 고민하는 생산자들에게도 부당한 희화화다. 이것은 무례하기 이전에 편협하다.

'신개념 사적 다큐멘터리'를 표방하며 〈나 혼자 산다〉와 유사한 포맷으로 진행되는 tvN 〈온앤오프〉 10월 10일 방송분에서도 비슷한 장면을 볼 수 있다. 프리랜서 아나운서 이혜성의 빵에 대한 사랑과 빵집 투어를 담은 VCR을 보던 MC 성시경은 계속해서 빵을 먹는 이혜성을 보며 "저거 어떡해"라며 반쯤 찌푸린 표정을 지었고 제작진은 굳이 "또 먹어 또"라는 자막을 달았다. 먹어도 먹어도 빵에 질리지 않고 행복해 하는 모습에는 "처음에는 귀여웠는데 이젠 조금 무섭다"고까지 했다. 한국 예능의 오래된 나쁜 관행인 무안 주기의 연장일지 모르겠다. 그 자체로도 문제지만, 〈나 혼자 산다〉에서와 마찬가지로 누군가 삶에서 느끼는 행복 척도나 추구 방식을 폄하하는 건 비슷한 라이프스타일에 대한 일종의 배제 역할을 한다. 다양한 개인의 삶을 소개하는 리얼리티쇼의 시대에 편협한 기준, 보통은 스튜디오를 선점한 어떤 남성들의 기준이 적용되어 타인의 삶이 은연중 배제되는 역설은 이렇게 만들어진다.

게스트에 대한 예의, 폭력적이지 않은 소통 추구라는 한국 예능의 오래된 과제를 리얼리티쇼의 시대에 새롭게 문제 삼아야 하는 건 이 지점이다. 이것은 과연 방송 윤리만의 문제일까. 자신의 그것과 비교해 유사하지 않거나 쉽게 이해되지 않는 타인의 취미와 행복의 기준에 대해 고개를 끄덕이기보단 후려치고 무안을 주는 말과 행동은 방송 안과 밖에서 쉽게 볼 수 있다. 자신이 잘난 척할 기회, 만만한 대상을 찍어 함께 놀리며 작은 권능을 누려볼 기회, 타인의 노력을 폄하할 기회, 상대를 자기 수준으로 끌어내릴 기회를 호시탐탐 노리는 하이에나의 언어들. 한국 사회의 꽤 많은 이들이 공유하는 이 습속은 특별한 악의 없이 방송에서도 툭툭 튀어나온다.

그러니 질문해보자. 자신의 미숙함과 대면하는 걸 무릅쓰고 향상심을 갖고 배우는 것에 대해, 익숙한 과거의 매체를 통해 지식과 정보를 습득하는 것에 대해, 맛있는 음식을 찾고 먹는 것에 만족하지 않고 만드는 것에까지 도전해 행복감을 느끼는 것에 대해 놀리거나 부정적 피드백을 남기며 배제할 때 우리에게 남는 라이프스타일이란 과연 무엇일까. 하이에나들이 남김없이 먹어 치운 자리에 남는 것이란. **2020.11.13.**

+ 예능 프로그램의 발화를 정당화하는 가장 흔한 논리는 그저 웃자고 한 말이라는 것이다. 하지만 바로 그 이유로 예능의 발화는 그것이 웃을 만한 이야기나 소재라는 것에 대한 입증의 의무가 생긴다. 이것은 사실에 대한 입증보다는 도덕적 입증에 가깝다. 무언가에 대

해 웃어도 된다고 할 때, 그것은 비하의 맥락을 지닌 웃음인가 아닌가, 비하의 웃음이라면 그 비하는 도덕적으로 정당한가. 이런 입증 부담을 적극적으로 지지 않을 때, 거의 대부분의 경우 웃음의 기준은 도덕이 아닌 익숙함으로 정당화된다.

익숙한 웃음의 패턴들, 가령 외모 비하 개그 따위를 이야기하려는 게 아니다. 웃음의 대상, 놀림의 대상을 정할 때 익숙하거나 익숙하지 않은 게 기준이 된다는 뜻이다. 익숙한 삶의 모습은 쉽게 보편의 자리를 차지하며, 웃을 수 있는 권리를 획득한다. 반대로 익숙하지 않은 삶의 형태는 웃음의 대상이 된다. 이 불평등한 위계는 직관적으로도 어딘가 부당하지만, 그 익숙함이라는 것에 대해 진지하게 고찰하면 문제는 더 깊어진다. 익숙함이란 삶의 궤적 안에서 경험적으로 축적된 귀납적 데이터일 수도 있지만, 또 많은 경우 대상을 분류하는 발화 권력에 의한 임의적 기준이기도 하다. 가령 스마트폰으로 기사를 보는 게 눈이 아프다는 김광규의 고백이 웃음거리가 되기 위해서는 발광체를 봐도 아프지 않은 눈이 정상적 신체로 전제되어야 한다. 그리고 이것은 허구다. 만약 50대 이상 패널 위주의 방송이었다면 김광규의 상태가 차라리 정상에 가깝게 받아들여질 것이다. 익숙함이란 결국 발화의 주도권을 쥔 이들에게 무엇이 익숙하냐는 것으로서 결정된다. 즉 무엇이 익숙하고 익숙하지 않은지 결정하는데 이미 권력에 의한 위계가 설정된다는 점에서, 익숙함을 기준으로 그 바깥을 웃음의 대상으로 삼는 건 이중적 불평등이 된다.

이것은 그저 안일함이나 편협함의 문제가 아니다. 오히려 익숙함 바깥을 웃음의 대상으로 삼는 것은, 익숙함의 자리를 전유하는 쪽이 발화 권력을 공고히 하기 위한 미시적 통치술이다. 빵을 무척 좋아하는 젊은 여성의 모습을 무안 주고 웃음거리로 만들 때, 그 웃음은 결과적으로 웃음의 대상을 결정하는 자리의 권위를 재생산한다. 권력이란 분류할 수 있는 힘이며, 분류하는 과정을 통해 순환적으로 증명된다. 그래서 다시, 무엇을 보고 웃을 것인가, 웃어도 되는 것인가, 라는 질문은 다분히 도덕적이고 정치적인 질문이다. 웃자고 한 말의 무게란 결코 가볍지 않다. 누군가의 삶을 소재로 하는 관찰 예능의 시대에는 더더욱.

# 드라마 속 흥신소 클리셰는 사라져야 한다

두괄식으로 미리 핵심 결론을 이야기하겠다. 앞으로 한국의 드라마나 영화에서 흥신소를 통해 누군가의 신원이나 행적을 파악하는 장면은 나오지 않거나, 철저히 비판적인 거리를 두고 재현되거나, (가능한 것인지 모르겠지만) 충분히 합법적으로 처리되는 과정을 보여주어야 한다. 적어도 현실 세계에서 한 스토킹 범죄자가 신변보호 중이던 여성의 거주지를 흥신소를 통해 알아내 그의 모친을 살해하고, 흥신소에 그 정보를 2만 원에 팔았던 구청 직원은 2년간 같은 짓으로 3000만 원이 넘는 돈을 받아왔다는 사실을 알게 된 이후에는 그러하다.

그동안 흥신소를 통해 불법적인 정보를 취득하는 과정은

한국 드라마 안에서 일종의 장르적인 클리셰로 통용되어왔다. 2012년 최고 시청률 40퍼센트를 넘겼던 KBS2 〈내 딸 서영이〉에서 주인공 이서영(이보영)의 비밀을 알기 위해 강우재(이상윤)는 흥신소를 통해 서영의 가족관계증명서를 받아보고 그가 여동생 이미경(박정아)의 애인이던 이상우(박해진)의 누나였음을 알게 된다. 그 증명서는 얼마짜리였을까. 2014년 MBC 일일드라마 〈엄마의 정원〉에서는 김수진(엄현경)이 남편의 외도 상대인 나혜린(유영)의 신상명세서를 흥신소를 통해 전달받는 모습이 나온다. 그건 또 어떤 공무원의 손에서 전달된 걸까. 30퍼센트가 넘는 시청률을 기록했던 2014년 MBC 〈전설의 마녀〉에선 마주란(변정수)이 흥신소 직원들을 통해 이복동생 약혼자의 조카가 실은 조카가 아닌 자식임을 유전자 검사로 알아낸다. 당사자 동의 없는 친자 확인이 불법이라는 건 밝혀진 출생의 비밀 앞에서 아무런 의미를 갖지 못한다. 흥신소 직원이 의뢰인 지시로 누군가를 미행해 밀회 사진을 찍어오는 장면은 일일이 나열하기 어려울 정도로 수없이 재현됐다. 케이퍼 무비에서의 전능한 해커 캐릭터가 그러하듯, 드라마 속 흥신소 직원은 누군가의 숨겨진 개인 정보를 밝히는 매우 편의적인 장치 역할을 해왔다. 최근작인 tvN 〈불가살〉에서도 주인공 단활(이진욱)은 자신과 악연을 지닌 인물이 환생한 민상운(권나라)을 찾기 위해 흥신소 직원을 찾는다. 괴물과 환생이 존재하는 판타지 세계관에서도 원하는 사람의 신원을 파악하는 건 흥신소의 몫이다. 만드는 사람도 보는 사람도 별다른 문제제기를 하지 않았다. 과연 그 정보는 어디에서 왔던 것인지, 그래도 되는 것인지.

픽션 속 흥신소의 모습이 그들의 불법 행위에 대한 도덕적 불감증으로 이어졌다고 말하려는 건 아니다. 그보단 현실의 맥락으로부터 충분히 분리되어 부담 없이 사용되던 클리셰라 해도 새로운 경험세계와 접촉할 때 그 맥락 안에서 새로이 해석될 수밖에 없고 전에 없던 윤리적 부담과 책임을 져야 할 수도 있다고 말하려는 것이다. 앞서 인용한 드라마 속 흥신소와 의뢰인의 모습은 이리 보고 저리 보아도 불법적이고 부도덕하지만, 그것이 충분히 현실과 괴리된 그저 장르적인 관습이라는 믿음 위에서 그럭저럭 불편함 없이 소비될 수 있었다. 어떤 클리셰가 빤하고 따분할지언정 서로 합의된 놀이 규칙으로서 매끄럽게 작동하기 위해선 그 놀이와 규칙이 서로에게 충분히 안전하다는 감각이 전제되어야 한다. 그 감각은 주관적인 마음가짐의 문제가 아닌, 상당히 높은 수준의 사회적 합의와 경험적 근거의 문제다. 가령 한국 드라마에서 남자 주인공이 여성을 벽에 밀치거나 손을 잡아끄는 장면은 창작자가 아무 고민 없이 반복하는 공식이란 점에선 클리셰가 맞지만, 그저 로맨스 장르에서의 관습으로 허용해주기엔 현실에 상존하는 여성 대상 폭력과 밀접한 유사성을 보인다. 그럼에도 현실로부터 분리해 이것은 폭력이 아닌 과장된 낭만이라 말한다면 진정한 의미의 탈맥락화가 아닌 기만에 불과하다. 흥신소의 활용도 마찬가지다. 쉽게 소비하고 쉽게 잊어도 됐던 전과 달리 이제는 어떤 일을 저지를지 모를 의뢰인에게 불법적 과정으로 얻은 정보를 전달하는 행위를 현실 맥락 안에서 어떻게 받아들여야할지, 해석의 무게를 감당해야 한다.

개인적으로 한국 코미디 영화 중 손꼽히는 수작이라 생각하는 〈달콤, 살벌한 연인〉에서도 흥신소 클리셰가 반복된 바 있다. 남자 주인공 황대우(박용우)는 사귄 지 얼마 되지 않은 애인 이미나(최강희)에게 수상함을 느끼고 흥신소를 통해 그의 과거 결혼 사실과 남편 살해 혐의 및 무죄 판결에 대해 알게 된다. 관객들은 대충 알고 있지만 정확한 내막은 모르고, 대우는 아예 모르고 있었지만 어느 시점에 알아야만 하는 정보를 자연스럽게 노출하기에 흥신소는 매우 편리한 장치다. 하지만 이젠 그들이 과연 어떻게 정보를 입수했는지, 과연 그러한 정보가 대우처럼 까칠하지만 선한 인물에게만 전달될 것인지 생각하지 않고 보기란 어려워졌다. 좀 더 정확히 말해, 생각하지 않고 보기 위해서는 앞서 말한 현실의 사건과 실재하는 두려움을 의도적으로 삭제한 세계 안에서 해석해야 한다. 그것이 너무 자기편의적인 해석임을 인정한다면, 이 스치듯 짧고 다분히 기능적인 장면에 대해서도 비판적으로 논의할 필요가 있다. 어느 정도 상호 구속적인 연인 관계라 해서 뒷조사를 통해 과거를 샅샅이 알 권리가 생기는가? 그런 뒷조사를 의뢰한 대우를 마냥 찌질하지만 순박한 인간으로만 보고 서사를 해석해도 되는가? 감당하기 어려운 진실을 알고 배신감을 느낀 대우의 이후 행동을 우리는 긴장하지 않고 봐도 무방한가? 이러한 질문들이 단 한 신을 근거로 〈달콤, 살벌한 연인〉을 쓰레기나 보이콧의 대상으로 몰아붙이지는 않는다. 우리가 작품 해석을 위해 서로 공유한다고 생각했던 순진한 배경적 가정을 검토하는 과정에서 작품은 말하고자 했던 것보다 더 많은 것들을 실토하게 되며, 우리는 작품이 가르치려 했던 것보다 더 많은 것들을 배울 수 있다.

앞서 두괄식으로 내놓은 제언이 소위 '캔슬컬처(Cancel Culture)'의 연장선으로 받아들여져선 안 되는 건 그래서다. 흥신소 클리셰는 주관적으로 불편하니 치우자는 이야기가 아니다. 이제 창작자는 흥신소의 불법 행위를 더는 탈맥락화된 클리셰로 받아들일 수 없는 해석 맥락의 변화를 인정하고 그 안에서 세계를 설계해야 한다는 뜻이다. 실재하는 폭력을 재현해선 안 된다는 것도 아니다. 그 폭력을 그저 허구의 것으로 받아들일 수 없는 맥락 위에서 과연 어떤 실천적 효과가 생길지 고려해야 한다는 뜻이다. 왜냐면, 그게 소통에 참여하는 이들이 감내해야 하는 당연한 화용론적 부담이기 때문이다. KBS 코미디 서바이벌 프로그램 〈개승자〉 공식 유튜브 채널에서 개그맨 김준호는 공개 코미디가 몰락한 이유에 대해 "개그는 개그일 뿐인데, 다 비하로 본다. 우리는 비하할 의도가 없다"고 했다. 하지만 창작자에게 유별나게 까다로운 기준이 제시되는 게 아니다. 창작자라고 해서 화용론적 맥락에서 벗어나 자신의 의도만으로 평가받는 특혜를 누릴 수 없다고 말하는 것뿐이다. 한국 드라마 속 흥신소든, 한국 코미디의 외모 비하 개그든, 박태준 만화에서의 일진 놀음이든, 로맨스 판타지 소설에서의 타임슬립이나 환생이든, 수많은 장르적 문법이 각각의 세계 안에서 자체적으로 완결된 놀이 규칙으로 존재할 수 있는 건, 장르적 세계가 현실과 온전히 분리된 허구여서가 아니라, 그래도 된다는 합의가 현실 세계에 암묵적으로 이뤄졌다고 가정하기 때문이다.

이번 흥신소와 불법 자료 유출에 대한 사건처럼, 그 합의 자체를 의문시할 강한 계기가 마련됐을 때 작품을 이해할 배경으로서의 세계는 재구성되며 작품의 의미 역시 변화한다. 클리셰는 근본적으로 게으른 것이지만, 이러한 변화마저 무시할 만큼 게을러지면 더는 소통이 불가능한 지경으로까지 도태된다. 그러지 않길 바라는 마음을 나는 애정이라 부르고, 다른 누군가는 검열이라 부른다. **2022.01.24.**

+ 문화 비평에 있어 화용론적 접근이 주는 이로움은 명백하다. 어떤 문화적 재현을 소통 행위에서의 발화로 보고, 해당 발화가 기대하는 향유자(혹은 소비자)의 수용 가능성이 어떤 배경적 맥락에 의존하는지 고려해 해석할 수 있게 해준다. 이러한 배경적 맥락은 사회 안에서의 잠정적인 합의들로 구성되어 있으며, 이러한 합의는 담론 투쟁을 통해 다시금 변동한다. 화용론적 접근은 이러한 변동 안에서 문화적 재현의 현재적 의미와 효과가 어떻게 변화하는지 읽어내며, 때문에 이러한 해석은 작품에 대한 소통 행위를 사회적 공론장에서의 소통과 연결한다. 즉 어떤 작품의 어떤 장면이 재밌는지 재미없는지 분석할 때, 화용론적 접근은 그것을 재밌는 것으로 받아들이기 위해 상호 전제해야 할 사실적 규범적 조건들이 무엇인지 질문하고 그것을 실제 세계와 대조한다.

그런 면에서 클리셰는 그것의 서사적 진부함과 별개로 굉장히 흥미로운 분석 대상이다. 클리셰의 효율성은 독자, 시청자, 관객과 합의된 놀이 규칙으로서만 작동하기 때문이다. 이 규칙은 서사적 개연성, 진실성과 분리된 채 자체적인 원리로 작동한다. 그렇기에 종종 클리셰는 그저 안일하고 진부해서 문제일 뿐, 재현 윤리의 부담으로부터 자유로운 것처럼 여겨진다. 잘못된 접근이다. 화용론적으로 본다면, 놀이 규칙이 정말 놀이로서만 받아들여질 수 있는 소통의 배경 근거가 중요하다. 가령 남자 주인공의 각성을 도모하기 위해 여성의 죽음이란 장치를 사용하는 '냉장고 속의 여인' 클리셰는 여성을 오직 도구적으로만 바라보는 남성 중심적 세계관에 아무 문제를 느끼지 않는 사회에서만 단지 클리셰일 수 있다. 우리가 그 사회를 어떻게 바라볼 것이냐에 따라 클리셰에 대한 도덕적 평가가 가능해지며, 단지 장르적 허용일 뿐이라던 여러 장면들의 실천적 의미에 대해 접근할 여지가 생긴다.

클리셰는 많은 경우 안일함과 동일시된다. 그리고 당연한 말이지만, 그 안일함은 얼마든지 윤리적 안일함과도 연결될 수 있다. 비평의 민감함이 클리셰에도 적용되어야 할 이유다.

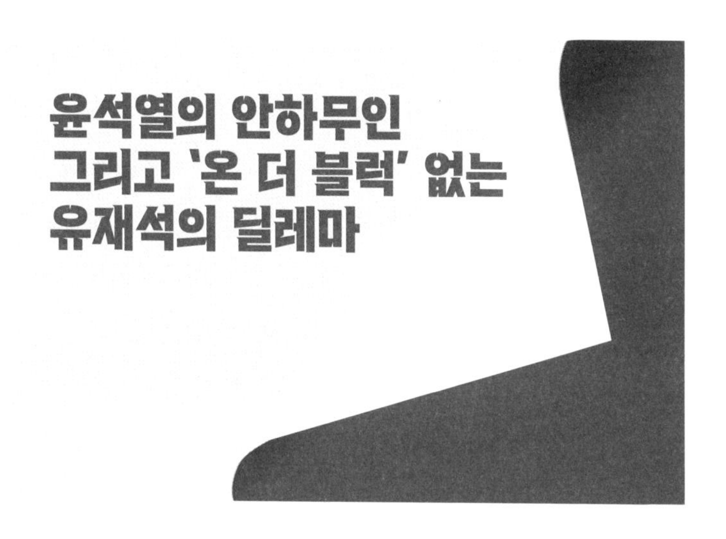

# 윤석열의 안하무인 그리고 '온 더 블럭' 없는 유재석의 딜레마

유재석도 살릴 수 없는 토크가 있다.

2022년 4월 20일 방송된 tvN 〈유 퀴즈 온 더 블럭〉 윤석열 대통령 당선자 편 이야기다. 요즘 가장 큰 고민에 대해 질문하자 "국민이 편하게 잘 살 수 있는 좋은 결과를 내놔야 되기 때문에 어떡하면 잘할 수 있는지 여러 가지로 고민도 한다"는 식의 추상적이고 원론적인 답변이나 내놓겠다고 굳이 인기 토크 프로그램을 찾아온 사람에게서 뭘 더 꺼내긴 쉽지 않은 일이다. 그나마도 젊은 시절 검찰에서 밥 총무를 맡았던 이야기나, 친구 결혼식 함진아비를 하고 돌아오는 길에 공부하기 싫어 읽은 법전 구석의 내용이 시험에 나와 9수째에 사법고시에 붙었다는 이야기는 이미 2021년 12월 KBS 〈옥탑방의 문제아들〉에서 밝힌 바 있다. 많은 이들이 우려했던 정권의 프로파간다보다는 횡설수설하는 사장님 훈화 말씀에 가까운 시간이었다.

그거면 된 걸까. 하지만 좀 더 정확히 말하면 유재석도 살리지 못한 토크인 동시에 유재석이라 더는 살릴 수 없는 토크이기도 했다. 그는 상대방의 긴장을 풀어주고 순발력 있게 반응해주는 뛰어난 진행자지만, 또한 게스트 스스로 보여주고 싶어 하는 이상적 모습에 최대한 맞춰주는 진행자이기도 하다. 대통령 당선자가 작정하고 딱 그 정도 수준의 모습만 보여주겠다고 해도 유재석이 따져 물을 수 있는 건 많지 않다. 제대로 된 인사도 없이 먼저 자리에 앉아 "영광이죠?"라며 대통령 당선인이 숨길 수 없는 오만함을 드러낼 때 동공이 흔들리는 중에도 신사적 태도를 유지할 뿐이다. 이번 방송이 단순한 해프닝이 아닌 건 그래서다. 국내 최고 진행자 유재석의 딜레마와 국내 최고 권력자 윤석열의 안하무인이 교차했다는 점에서. 그게 우연이 아니라는 점에서.

윤 당선인의 〈유 퀴즈 온 더 블럭〉 녹화일 다음날, 《한국일보》는 시청자 게시판의 반발과 티빙 구독 해지 움직임을 전하며 '길 위에서 만나는 우리네 이웃의 삶', '어쩌면 당신의 이야기'라는 프로그램 기획 의도와 윤 당선인 출연 사이의 괴리를 지적하는 기사를 냈다. 맞다. 대통령 당선인의 출연 요청은 길 위에서 만나는 이웃의 삶과는 거리가 멀다. 그런데 사실 지난 1년여 동안 〈유 퀴즈 온 더 블럭〉은 스스로 기획 의도를 배신해왔다. 코로나19로 인한 비상 시국에 어쩔 수 없이 스튜디오 토크쇼로 포맷을 변경했지만 이후 어느 정도 혼란이 잦아들고 KBS 〈김영철의 동네 한 바퀴〉의 김영철이 여전히 각 지역의 여러 사람들을 만나는 동안에도 〈유 퀴즈 온 더 블럭〉은 스튜디오를 고수했다. 길 위의 우연한 만남을 통해 벌어지는 의외의 웃음이나, 생애 구술사 수준의 동네 장삼이사들의 진득한 이야기는 사라진 지 오래다. 14살부터 시작한 세탁소 일을 50년 동안 성실하게 이어온 우리 이웃의 사연처럼 길 위에서만 들을 수 있던 이야기를 대체한 건 유명인사의 성공담이나, 화제적인 인물의 휴먼 스토리, 인기 연예인들의 인간적이고 유쾌한 모습이다. 퀴즈를 맞히고 받는 상금 백만 원이 과거엔 누군가의 평생 기억에 남을 기적 같은 선물이 될 액수였다면, 이제는 출연자 상당수가 흔쾌히 기부를 하는 액수가 됐다. 단순히 과거의 형식, 과거의 재미가 없어진 문제가 아니다. 이제 더는 연희동 골목 사넬미용실의 할머니들, 목포 서산초등학교의 초등학생들이 프로그램을 대표하는 멘트 '유 퀴즈(You Quiz)?'의 당신(You)이 아니라는 게 진정한 문제다.

〈유 퀴즈 온 더 블럭〉의 '유(You)'는 말하자면 경청할 대상이다. 경청은 유재석이 가장 잘하는 일 중 하나다. 이것이 거리에서는 놀라운 폭발력으로 이어졌다. 모든 미디어 재현과 담론이 서울 화이트칼라 중심으로 극도로 집약된 한국의 비대칭성 안에서 '그' 유재석이 직접 서울 외 지역 곳곳의 다양한 연령, 다양한 직업의 사람들을 만나 그들 각각의 이야기를 특유의 진행 능력과 함께 경청하고 TV로 전할 때 방송을 보는 우리 세계의 지평은 조금씩 넓어졌다. 하지만 이제 경청의 대상 '유(You)'의 자리에서 유재석이 아니더라도 이미 누군가 귀를 기울이고 있는 명사들이 마이크를 쥔다.

물론 좋은 내용도 많다. 하지만 별다른 검증 과정 없이 유명 유튜버 카걸 부부를 섭외해 그들의 허위 경력에 고개를 끄덕여주다가 논란이 되자 제작진이 사과문을 올렸고, 역시 본인의 성공담을 자랑스럽게 이야기하던 이상엽 현대차 디자이너가 부하 직원에 대한 폭언을 일삼았다는 의혹이 제기되기도 했다. 제작진의 안일한 섭외에 일차적 책임이 있지만, 여기서 유재석의 경청은 양날의 검이 된다. 최근 출연한 유튜버 한문철 변호사에게 직업적 사명감을 들을 수 있었지만, 그가 남초 커뮤니티의 여론에 편승해 소위 '민식이법 놀이'라는 말을 유행시키며 스쿨존 사고의 책임을 조심하지 않은 운전자가 아닌 아이에게 돌린 커다란 해악에 대해서는 이야기하지 않는다. 과학적 검증이 되지 않은 필적학이라는 의심스런 지식을 주장하는 출연자가 사회적 성공을 개인의 성향 문제로 치환하며 요설을 펼치는 중에도 유재석이 바로잡을 수 있는 건 별로 없다. 남는 건 자신이 보이고 싶은 자아상을 충분히 디자인할 자원을 갖춘 출연자들의 노골적인 퍼스널 브랜딩이다.

여기에 유재석의 책임이 있을까. 그럴 수 있지만, 적어도 이번 윤석열 출연 방송에선 아니다. 앞서의 명사나 주목경제 참가자들이 〈유 퀴즈 온 더 블럭〉과 유재석의 힘을 너무 잘 알고 기대하며 출연했다면, 윤석열은 지난 2021년 유튜브 채널 '삼프로TV'에 출연했을 때처럼 프로그램에 대한 별다른 예습 없이 나온 티를 숨기지 않았다. 이번에도 그가 얻은 건 딱히 없고, 호감만 소폭 잃었을 확률이 더 높다. 다만 유재석이 불편하지만 필요한 이야기를 감당하는 진행자가 아니기에 윤석열 측이 그를 만나는데 별 부담을 느낄 필요가 없는 것도 사실이다. 여기서 일종의 딜레마가 생긴다. 유재석은 안전한 범위 안에서의 맞는 말, 신사적 태도로 광범위한 포용력을 획득했지만, 같은 이유로 그의 후광 효과엔 필터링이 없다. 윤석열 같은 게스트와의 만남은 아마도 피하고 싶은 일이겠지만, 그런 이들이 가장 선호하는 진행자가 되는 역설. 충분하거나 과도한 소통적 자원과 권력을 갖춘 이들이 그렇지 못한 '유(You)'의 목소리에 귀 기울이는 대신 오히려 '유(You)'의 자리를 전유하는 공론장의 비대칭 안에서, 유재석의 포용성은 기울기를 교정하기보단 오히려 증폭시킨다.

이 유쾌하지 않은 경험은, 그럼에도 중요한 시사점을 남긴다. 직접 길을 걸어보지 않으면 들을 수 없는 목소리가 있다. 그런 당신(You)들의 목소리를 찾아 귀를 기울인 게 〈유 퀴즈 온 더 블럭〉의 지난 성취라면, 윤석열 대통령 당선인에게는 현재의 의무다. 하지만 〈유 퀴즈 온 더 블럭〉 방송 당일, 윤 당선자는 지역 민심 청취를 위한 지역 순회를 하겠다면서 정작 지역 언론의 취재를 거부해 한국기자협회 소속 지역기자협회의 비판을 받았다. 지역의 목소리를 듣고 소통하지 않는 지역 순회는 요식행위일 뿐이다. 길 위로 나가는 걸 한동안 포기했던 프로그램과, 길 위로 나서 직접 국민과 소통하는 대신 예능의 힘을 빌어 자기 하고 싶은 말만 하고픈 권력자는 가장 안 좋은 방식으로 길 아닌 곳에서 조우했다. 이것이 우연일까. 왜곡되지 않은 공론장과 좋은 정치는 상호 보완적이다. 반대의 경우도 마찬가지다. 그리고 답은 길 위에 있다. 그렇다면, 누가 먼저 나설 것인가. **2022.04.22.**

+ 윤석열 당시 대통령 당선인은 취임 이후 길에 나가긴 했다. 사실 너무 나가서 문제다. 굳이 멀쩡히 있던 청와대를 두고 용산으로 대통령 집무실을 옮겨 매일 자택에서 출퇴근을 하느라 아침 출근길마다 교통 통제가 벌어진다. 길 위엔 나갔지만 시민과의 소통은커녕 시민들의 불편만 가중한 모양새다. 대통령 취임 첫 주말엔 북한의 미사

일 발사 도발이 얼마 지나지 않았음에도 신세계백화점 강남점에서 구두를 사고, 종로구 광장시장 단골식당에서 빈대떡, 떡볶이를 포장해 갔다. 선거철마다 정치인이 시장에서 어묵꼬치를 입안에 쑤셔 넣는 이벤트가 딱히 재래시장을 위한 정책으로 이어지지 않듯, 대통령의 서민 코스프레 이미지 정치는 그 자체로는 별다른 의미가 없다. 정치인과 미디어에게 길이 중요한 건 물리적 '장소'가 아닌 그곳을 걷는 삶의 맥락이 포함된 '공간'의 의미로 접근할 때다. 과연 대통령이 그러한 공간으로서의 길을 걷고 있는지 잘은 모르겠다. 마찬가지로 대통령의 나들이에 메르켈 전 독일 총리의 이름을 소환해 띄워주기 바쁜 언론 역시 길을 오직 대통령을 위한 배경으로만 소비하는 것처럼 보인다. 이런 분위기에서 공론장이 왜곡되지 않기란 어렵다.

정치적 의사소통을 위한 자원이 고루 배분되지 않은 사회에서 1인 1표로 상징되는 법적 평등과 권리는 다분히 형식적 차원에서 작동할 뿐이다. 규제되지 않는 시장에서 벌어지는 부익부 빈익빈의 메커니즘은 정치적 공론장에서도 유사하게 반복된다. 경제적 여유와 사회적 지위 및 권위를 지닌 엘리트나 유명인은 SNS를 통해 세상 돌아가는 것에 대해 한마디만 얹어도 수많은 이들에게 읽히고 자주 기사화된다. 즉 이미 세계 내에서 많은 것을 누리고 영향력을 발휘하는 이들의 입장이 과잉 대표되어 본인들에게 유리한 변화를 이끄는 정치적 부익부의 흐름이 만들어진다. 그 반대편 평범한 이들의 고된 삶은 공론장의 안건으로 오르지 못한다. 그들에겐 잘 나가는 '페친'이 없다.

미디어와 정치인이 조금은 기울어졌다 싶을 정도로 사회 주변부를 향해 민감하게 귀를 기울여야 하는 건 그래서다.

최고의 커뮤니케이터 중 하나인 유재석의 경청 능력이 초기 〈유퀴즈 온 더 블럭〉에서 최고로 빛을 발한 건 우연이 아니다. 그것을 이제 보기 어려운 건 아쉬운 일이다. 하지만 대통령이 길 위의 목소리를 경청하지 않는다면, 그건 아쉬운 게 아니라 직무유기다.

# 임종린의 세계와 포켓몬빵의 세계라는 대혼돈의 멀티버스

현재 한국 사회에는 두 개의 세계가 존재한다.

하나는 포켓몬빵에 환호하며 흔히 '띠부씰'로 불리는 포켓몬 스티커를 모으기 위해 마트를 순례하는 이들이 만들어가는 열광적이고 즐거움으로 가득한 세계다. 또 다른 하나는 포켓몬빵을 만드는 삼립을 자회사로 둔 SPC그룹의 부당노동행위에 대해 개선을 요구하며 화섬식품노조 파리바게뜨지회 임종린 지회장이 51일째(원고를 쓴 2022년 5월 17일 기준) 단식 중인 엄혹한 투쟁의 세계다. 다차원 세계를 경험하기 위해 굳이 〈닥터 스트레인지 2: 대혼돈의 멀티버스〉를 보러 극장을 찾지 않아도 된다. 두 세계는 동시에 존재하지만 또한 가늠할 수 없을 정도로 분열되어 있다. 3월 28일 임종린 지회장의 무기한 단식이 시작되어 지금까지 이어졌다. 그리고 그 사이, 4월 3일 SBS 〈미운 우리 새끼〉에선 배우 임원희가 투덜대는 탁재훈을 이끌고 포켓몬빵 구입을 위해 오전부터 마트를 전전하는 에피소드가 등장했다: 단식 일주일째. 4월 18일 방송인 강남의 유튜브 채널 '동네친구 강나미'에선 포켓몬빵 구매를 위해 자칭 포켓몬빵 전문 트레이너와 함께 물류차를 쫓는 콘텐츠를 방영했다: 단식 22일째. 4월 22일 개그맨 박명수의 유튜브 채널 '할명수'에선 희귀 '띠부씰'을 찾기 위한 포켓몬빵과 쿠키런빵 먹방 콘텐츠가 공개됐다: 단식 26일째. 5월 1일 SBS 〈런닝맨〉에선 포켓몬빵 유행에 착안했다고 스스로 밝힌 '런닝몬' 스티커 찾기 레이스가 펼쳐졌다: 단식 34일째.

목숨을 건 치열한 투쟁이지만 정작 임종린 지회장의 요구는 온건하고 합리적이기 그지없다. 2017년 SPC파리바게뜨의 불법 파견이 증명된 이후, 수백억 과태료를 내는 대신 지키기로 한 사회적 합의 내용을 제대로 실현하고, 민주노총 조합원에 대한 승진 누락과 탈퇴에 대한 종용 등 불법적 노조 파괴를 그만두라는 것이다. 점심시간 1시간도 제대로 보장되지 않는 노동환경을 개선하라는 요구에 어떤 억지와 과격함이 있는가. 그럼에도 사측은 제대로 된 대화를 시도하지 않고, 임 지회장의 단식은 끝날 기미가 없다. 50일 동안 그의 체중은 20kg 정도

줄었다. 분신 시위가 스스로 자신의 몸을 태워 정치적 메시지를 전하는 것이라면, 임 지회장의 단식은 자신의 피부와 근육, 뼈, 장기 곳곳을 서서히 태워 소멸 중인 느린 분신이라 할 수 있다. 한 인간이 정당한 요구를 위해 천천히 재가 되어가는 이 세계는, 하지만 SPC삼립의 포켓몬빵이 신드롬을 일으키는 세계와 포개져 일부의 눈에만 보일 뿐이다. 미디어 속 밝은 세상이 가상이고, 목숨을 건 투쟁의 현장만이 진실인 건 아니다. 우리가 감당해야 할 진실은 이 거대한 괴리 사이의 심연 그 자체다.

앞서 언급한 TV 및 유튜브 콘텐츠들에 현재 상황에 대한 도덕적 책임을 묻긴 어렵다. 당장 방영일과 제작일의 간격도 알 수 없으며, 제작진과 출연자들이 상황을 몰랐을 확률이 더 높다. 중요한 건 콘텐츠 제작진의 윤리 감각이 아니다. 이들 콘텐츠에서 재현된 세계가 반복 재생산되며 커질수록 두 세계 사이의 심연은 다른 한 세계를 집어삼킨다. 임종린의 세계를 지키기 위해선, 심연을 건너 포켓몬빵 신드롬의 세계에 말을 걸어야 한다. 당신들의 세계는 분명히 실재하는 것이지만, 그 실재의 무게를 지탱하는 또 다른 진실의 세계를 다른 차원으로 숨겨놓았기에 지금의 평온함을 유지할 수 있는 것이라고. 〈미운 우리 새끼〉에서 임원희의 포켓몬빵 스티커 수집은 오십 넘은 아저씨의 조금은 한가하지만 무해한 취미 생활로 그려졌다. 분식집에서 만난 초등학생들에게 수집한 스티커를 자랑하는 그의 모습엔 순수한 수집광의 기쁨만 있을 뿐이다. 하지만 이러한 순수한 열망이 모여 SPC삼립은 역대 1분기 최대 실적을 기록했고, 자금이 넉넉한 SPC는 임종린 지회장의 시위장 근처 모 아파트 전 세대에 상품권을 돌렸다. 예상대로 해당 아파트 앞엔 민폐 시위 중단하라는 현수막이 걸렸다. 이것이 앞으로 악의 없는 '띠부씰' 수집가들이 감내해야 할 실재의 무게다. 뮤츠 스티커는 귀하다. 노동자의 목숨과 권리는 몇 천 배 더 귀하다. 후자를 위해 전자를 부정하려는 것이 아니다. 후자가 부정되지 않는 세계에서만 전자의 즐거움이 온전해진다는 이야기다.

유튜브 '할명수' 채널에서의 재현도 마찬가지다. 희귀 스티커를 찾기 위한 여정이었지만 결과적으로는 박명수의 빵 먹방으로 이어진 해당 방송에서, 유독 맛있었던 빵에 대해 박명수는 30개도 먹을 수 있으니 광고 모델을 시켜달라고 요청했다. 방송인으로서 광고주에 대한 어필이 잘못도 아니거니와, 딱히 계산적일 것도 없는 몇몇 빵에 대한 박명수의 애정은 진심처럼 보였다. 그러니 전혀 탓할 일이 아니다. 다만 이렇게 조언할 수는 있겠다. 만약 한 달 전 바람 그대로 SPC삼립 제품의 모델이 된다면, 그건 유튜브 댓글창만 봐선 알 수 없던 도덕적 리스크를 감당하는 일이 될 것이라고. SPC삼립의 빵은 맛있지만, 또 다른 누군가는 그 빵에 포함된 노동자의 피, 땀, 눈물의 비린 맛에 치를 떤다고. '임종린의 친구들'을 자처하는 시민들은 SPC 본사 앞 오프라인 시위장에서, SNS를 중심으로 온라인에서 SPC 전 브랜드 불매 운동을 벌이는 중이다. 이것이 과거 남양유업 불매 운동이 그러했듯 임계점을 넘어 퍼질지 아직 알 수 없지만, 무기한 곡기를 끊은 임종린의 결기에 동참한 '친구들'이 빵 좀 안 먹는 정도의 결기를 유지하는 건 일도 아니다. 〈런닝맨〉은 어떤가. 굳이 포켓몬빵 인기와 연동하지 않더라도, 프로그램 특유의 추격전은 포켓몬 콘텐츠 특유의 수집 시스템과 잘 맞아 떨어진다. 하지만 콘텐츠로서의 재미와 완성도에 집중하면서도 '결정적 한 빵'이란 재치 있는 타이틀로 포켓몬빵에 대한 사회적 신드롬의 맥락을 스스로 끌어들일 때, 오롯이 열의에 찬 술래잡기 놀이만으로 받아들일 수는 없다. 다시 말하지만 제작진의 윤리적 문제가 아니다. 사회적 현상에 대한 맥락을 열어놓고선 마냥 독립된 게임의 세계로만 봐달라고 더는 말할 수 없다는 것뿐이다.

물론 이러한 말 걸기가 두 세계를 잇는 교량으로 이어질지는 모르겠다. 포털 검색창에 '포켓몬빵'을 검색하면 수많은 경제지에서 입을 모아 포켓몬빵 마케팅을 찬양 중이며, 유튜브의 수많은 채널에서 포켓몬빵 관련 콘텐츠를 여전히 제작 중이다. 이 세계만을 보는 이들과 임종린의 세계를 사는 이들은 대화할 수 있을까. 다행히 5월 13일 KBS1 시사프로그램 〈시사직

격〉에서 SPC그룹의 부당노동행위 문제를 다뤘지만, 여전히 매스미디어에서 재현되는 소통적 자원은 다른 한쪽에 과도하게 배분되어 있다. 이것은 불평등의 문제지만, 단순히 임종린의 세계가 착취되고 끝날 문제는 아니다. 앞서 말했듯 포켓몬빵 신드롬의 세계는 사실 임종린의 세계로 지탱되고 있다. 단지 드러나지 않을 뿐. 과연 임종린의 세계가 무너졌을 때 두 세계 사이의 심연은 그대로 사라지고 맛있는 삼립 빵과 '띠부씰' 수집의 즐거움만 남을 수 있을까. 사회는 우리가 같은 세계에서 살고 있다는 공통의 인식과 감각을 통해 유지된다. 우리가 감당해야 할 진실은 그 공통의 지반이 돌이키기 어려울 정도로 무너지고 있다는 것이며, 그 끝에선 누구도 웃을 수 없을 것이다.

**2022.05.20.**

+ 이 원고를 칼럼 담당자에게 송고하며 메일에 이렇게 썼다. 이 원고가 무색하게 주중에는 임종린 지회장의 단식 투쟁이 끝날 수 있으면 좋겠다고. 우연이겠지만, 다음날인 5월 18일 임종린은 살아서 끝까지 투쟁하기 위해 하루 뒤 단식 투쟁을 종료하겠다는 입장을 SNS를 통해 밝혔다. 그의 단식은 53일째로 종료됐다. 물론 SPC 측이 전향적 태도로 협상에 임한 것은 아니다. 사람이 53일 동안 서서히 육신을 태워가는 걸 지켜보면서도 여전히 사과를 하지 않았고, 사회적 합의 이행 여부에 대한 검증도 거부했다. 그러니 임종린의 단식이 끝난 것에

안도하고 그의 건강 회복만 바라는 건 반쪽짜리 반응일 것이다.

그가 그토록 고통스러운 단식을 끝낼 수 없었던 건, 단식이 끝나면 혹시라도 시민사회의 한 줌 관심조차 사라져 투쟁의 동력이 사라질까봐 걱정해서다. 그러니 그의 단식 종료를 진정으로 완성하는 것은 SPC에 대한 불매 운동을 비롯한 꾸준한 사회적 압박과 개선 요구일 것이다. 다행히 많은 이들이 동참 의지를 드러냈다. 53일간 곡기를 끊는 것과 비교해 SPC의 빵 대신 다른 빵을 먹는 것은 얼마나 쉬운 일인가. 하지만 한편, 5월 23일 케이블 KBS Joy 채널 인기 프로그램 〈무엇이든 물어보살〉에선 '띠부씰' 일반인 수집가가 나와 포켓몬빵 열풍에 따른 수집의 어려움을 토로했다. 그의 취미생활을 존중하지만, 그 시점에도 포켓몬빵 이야기를 문제의식 없이 다루는 방송이 있다는 것에 대해서는 속상했다. 회사가 상식적 요구를 들어주지 않아 시작한 단식을 그만둘지 말지에 대한 고민 대신, 포켓몬빵 인기로 '띠부씰' 수집이 어려워진다는 고민이 전파를 타고 더 많이 기사화되는 이 비대칭은 때때로 현기증이 난다.

그러니 임종린 지회장의 단식 중단은 잘된 일이다. 이것은 SPC라는 한 거대 기업과의 싸움만이 아닌, 노동자 한 명의 생명엔 관심도 없는 미디어 비대칭과의 싸움이기도 하다. 불리한 싸움이고 시간은 오래 걸릴 것이다. 그러니 밥부터 든든히 먹어야 한다.

# 세상엔 오은영 박사님도 해결 못할 문제가 있다

MBC 〈오은영 리포트-결혼 지옥〉(이하 〈결혼지옥〉)의 제목은 이중적으로 느껴진다.

아마도 제작진이 생각한 건 '지옥 같은 결혼 생활'이란 의미에 가까울 것이다. 이러한 의미 구성에서 '결혼 지옥'의 반대말은 '결혼 천국'이 된다. 그러니 극복 대상은 지옥 같은 생활이며, 목적은 평온한 부부 관계의 회복이 된다.

하지만 다른 해석도 가능하다. '결혼은 지옥'이란 의미다. 여기서 '결혼 지옥'의 반대말은 '비혼 천국'이다. 여기서 결혼은 그 자체로 극복되어야 할 지옥문이며, 목적지는 결혼 제도 안에 내재한 폭력성의 붕괴다. 재밌는 건, 프로그램은 명백히 전자를 지향하지만, 순간순간 후자의 가능성을 드러낸다는 것이다. 매 회차마다 서로에 대한 불만이 쌓여 지옥 같은 나날을 보내는 부부가 등장하며, 정신의학자이자 상담 전문가인 오은영 박사는 특유의 분석과 솔루션으로 그들의 관계를 회복시켜주려 한다. 물론 결혼을 유지한 상태 안에서의 회복이다. 소통을 중요시하는 그의 해법은 서로의 차이를 인정하는 상호 이해와 존중에 집중된다. 결혼이라는 것이 서로 다른 두 사람이 공동체를 이루는 것이라 할 때, 서로가 어떤 인간인지 제대로 이해하는 것은 당연히 너무나 중요하다. 그러니 오은영의 해법은 효과가 있다.

하지만 또한 결혼 공동체의 규범엔 다양한 사회적 맥락이 작동하며, 두 사람의 갈등 밑바닥엔 이러한 제도화된 패턴의 흔적이 남아 있다. 오은영도 제작진도 굳이 그 흔적을 파헤치진 않지만, 〈결혼지옥〉이 부부의 갈등을 각 개인의 심리적 문제로 남김없이 환원하려 할수록 미처 환원될 수 없는 의문들이 끈덕지게 따라붙는다.

오은영이 정서적인 이혼 상태라고까지 선언한 3회 '음소거 부부'의 사례는 〈결혼지옥〉의 접근 방식이 지닌 한계를 잘 드러낸다. 5년째 대화를 거의 대부분 문자로만 나눌 정도로 두 사람이 결정적으로 틀어진 계기는 차에서 말다툼 중 남편이 만삭의 아내를 도로에 두고 가버린 일이었다. 임신 기간 중 출퇴근 시간에 남편이 데려다주길 바랐지만 거의 들어주지 않거나 들어주더라도 짜증을 낸 경험도 아내에겐 임신 때 받아야 할 보호를 받지 못한다고 느낀 이유가 됐다. 물론 남편은 그걸 귀찮아했던 과거를 후회하지만 아내는 그에 대한 사과가 언제나 구체적이지 못하고 미흡하다 여긴다. 여기서 패널 하하는 "남자들은 항상 이 지점에서 막힌다. 이 퀴즈쇼에서의 정답을 모르겠다"고 말하며, 패널 김응수 역시 "남자들의 한계 같다"고 한다. 한계는 맞다. 왜 상대가 구체적 사과를 원하고, 본인들이 왜 구체적으로 문제를 인식하지 못하는지 고백한다는 점에서는. 〈결혼지옥〉은 '남편 공감', '대한민국 남편분들 응원합니다 ^^;' 자막으로 심각한 분위기를 슬쩍 눙치지만, 같은 장면을 본 다른 기혼 여성들 역시 의뢰인 아내에게 이입하며 강렬한 '아내 공감'을 느꼈을 것이다.

문제의 핵심은 아내의 사과 요구가 너무 구체적이고, 남편은 그 구체성의 정도를 가늠하기 어렵다는 서로의 심리적 차이가 아니다. 본인이 무엇을 잘못했는지 특별히 인식하지 않고 넘어가도 됐던 남편의 권력화된 무신경함이 문제의 본질이다. 즉 아내들이 분노하는 건, 단순히 상대가 자신의 잘못을 모른다는 사실 때문만이 아니라 몰라도 되는 지위를 누리면서도 그걸 모른다는 것 때문이다. 임신이 육아의 시작이라면, 임신 당시 아내가 느낀 소외감은 또 다른 방식의 독박 육아다. 즉 남편의 행동은 감정적으로 서운한 일이 아니라, 결혼 공동체가 함께 져야 할 부담을 외면한 일이다. 그 구체성을 인식하고 인정하지 못한다면 이 공동체의 일원으로서, 어떻게 받아들여야 할까.

이것은 〈결혼지옥〉이 살벌한 분위기를 전환하는 과정에서 저지른 안일한 연출 실수가 아니다. 지옥 같은 부부 관계를 정상적으로 회복하자는 기획 의도 안에는 이미 정상적 결혼 생활이라는 하나의 이데아가 전제된다. 그리고 그것은 상당히 허구적이다. 한국의 결혼 생활과 문화를 둘러싼 제도화된 젠더 불평등의 요소를 모르쇠 한다는 점에서 특히 그러하다. 가령 첫 화에 등장한 안무가 배윤정 부부의 경우, 육아와 가사 노동을 아내인 배윤정이 거의 대부분 부담한다. 오은영은 남편에게 육아와 가사를 더 적극적이고 주도적으로 해야 한다고 적절히 조언했지만, 실은 개인의 적극성 부족의 문제라기보다는 가사를 처음부터 자신의 일로 여기지 않는 게 문제다. 그러니 식사로 아내가 라면을 끓이자 짜증을 내는 것이다. 아내가 아내로서 해야 할 일을 제대로 하지 않았다는 짜증. 남성이 가사 노동을 자신의 일이자 결혼 공동체를 유지하기 위한 자신의 의무로 받아들이지 않는 건 개인사의 굴곡이나 심리적 상흔 때문이 아니라, 그냥 그래도 되는 가부장적 문화가 지배적이었기 때문이다. 이 부조리에 대한 문제의식을 전제하지 않을 때, 모든 솔루션은 결국 각 개인의 심리 분석과 마음가짐의 문제로 환원된다.

오은영 박사의 분석과 솔루션은 각 행위를 하는 주체가 어떠한 개인사적 경험과 관습의 내면화를 통해 구성되었는지 파악하고, 그 안에서 그들 행위의 이유를 연역하는 방식으로 진행된다. 4회에서 간호사 대신 쇼핑호스트에 대한 꿈을 키우는 며느리에게 모진 말을 하던 시어머니의 행동도 오은영의 분석 안에서는 어느 정도 이해 가능하다. 이러한 이해가 의뢰인 아내가 시어머니에 대한 서러움을 달래는 데는 큰 도움이 될 것이다. 하지만 또한 각 주체는 과거로부터 구성되는 동시에 지금 자신의 실천적 수행을 통해서 구성되기도 한다. 시어머니는 단순히 옛날 사람이라 옛날 방식으로 며느리를 대하는 게 아니라, 며느리를 아들과 자신이 구성한 가족의 타자이자 아랫사람으로 규정하고 발화하는 수행적 행위를 통해 가부장제 안에서의 시어머니라는 지위와 권력을 행사하며 또한 획득한다. 이것은 동시에 벌어진다. 즉 시어머니의 발화는 한 나이든 개인의 시대착오적 실언이 아니라, 오히려 오랜 시간 반복되어 온 상징 권력의 의도적 행사에 가깝다. 이러한 발화엔 화용론적 담론 분석이 더 적절하다. 화용론적 관점에서는 서로의 관계에서 그런 권력이 행사될 수 있는 문화적 역사적 맥락과 그것의 부당함을 함께 논의할 수 있다. 상대가 어쩌다 그런 행동을 하는지 이해하려는 노력이, 그 행동의 타당성 여부를 비판적으로 검토하는 일과 병행되지 못할 이유는 없다.

물론 이것을 오은영이라는 전문가의 한계라고 말하는 건 엄혹한 비판이다. 그의 해법은 적어도 의뢰인들에겐 지옥 같은 순간을 넘길 실용적 조언이다. 사실 어떤 전문가든 한계는 있으며 오히려 문제는 자신의 한계를 넘어서려 할 때 발생한다. 오은영은 적어도 자신의 전문성 너머에서까지 멘토 역할을 하지는 않는다. 문제는 〈결혼지옥〉의 오은영 활용법이다. 오은영 박사가 참여한 육아 상담 프로그램 채널A 〈요즘 육아 금쪽같은 내 새끼〉나 MBC 〈다큐플렉스〉 '오은영 리포트'와 비교해보면 좀 더 잘 알 수 있다. 어른과 아이의 관계에서 아이의 미숙함이란 어른들이 감내해야 하는 것이며, 서로가 겪는 소통의 어려움은 철저히 아이의 눈높이에 맞춰 극복되어야 한다. 셜록 홈즈처럼, 스치듯 지나가는 아이의 행동 하나하나에서 어떤 징후들을 포착하고 그 원인을 재구성해 설명하는 소통 전문가 오은영의 존재가 소중한 건 그래서다. 〈결혼지옥〉에서도 어릴 때 미국으로 건너가고 태국에서 축구선수를 했던 배윤정 남편의 개인사와 관찰 카메라 영상으로부터 한국어의 서투름에 의한 소통의 어려움과 오해의 순간들을 파악하는 오은영의 관찰력은 여전히 탁월하다.

다만 정말로 미숙할 수밖에 없는 아이의 마음을 들여다보고 거기에 맞춰주는 것과, 미숙해도 되는 문화적 배경을 지닌 성인의 마음을 이해해주는 건 다른 일이다. 둘 다 각 의뢰인들에게는 갈등 해소의 실용적 해법이 될 수 있지만, 전자는 시청자들에게도 어른의 책무라는 공적 차원을 충분히 환기시켜주는 반면 후자는 한국의 결혼 생활에서 꾸준히 반복되는 젠더 불평등과 가부장적 문화라는 공적 차원을 축소하거나 지워버린다. 두 사례 모두 일차적으로는 사적인 문제지만 궁극적으로는 공적 담론을 통한 투쟁과 인식 변화를 통해 개선되어야 한다는 점에서 후자의 한계는 뚜렷하다. 앞서 정상적 결혼이라는 것이 허구적 이데아라고 했지만, 만약 그것이 먼 훗날에라도 도래할 수 있다면 그것은 그동안 남성 중심으로 구성되었던 결혼 문화의 불평등에 대한 끊임없는 투쟁과 시행착오를 통해서만 가능할 것이다. 이러한 투쟁과 문화적 변동의 전망을 남기지 않은 아름답고 평화로운 결혼상은 또 다른 억압으로서의 정상성 이데올로기가 될 뿐이다. 이러한 억압이 정작 결혼을 지옥으로 만드는 주요 원인이라는 진실은 숨긴 채. **2022.06.17.**

+ 결혼에서 여성 파트너가 경험하는 소위 '시월드'는 매우 흥미로운 개념이다. 단순히 남편 혈연으로부터 경험하는 일회적인 부조리만으로는 그것이 하나의 '월드'를 이룰 수 없다는 점에서 그러하며, 이것이 여성 파트너 개인 대 한 세계의 구도로 경험된다는 점에서도 그러

하다. '시월드'란 오랜 시간 반복된 가부장제의 문화 패턴이 각 가정마다 조합된 것에 가깝다. 며느리에게 말도 안 되는 몽니를 부리는 시부모가 있다면, 그들이 성격파탄자라서가 아니라 그것이 허용되고 심지어 도덕적으로 정당화되는 문화적 배경이 여전히 습속의 힘을 발휘하기 때문이다. 여기서 가부장제라는 문화적 담론은 관념적이기보다는 오히려 물질적이다. 한 인격적 주체에게 '며느리'라는 특정 역할과 규범을 부여하고 강제하는 것만큼 물질적인 힘이 어디 있는가.

각 가정에서 이 구조에 대항하기 어려운 건, 단순히 한 명 대 남편 가족 다수의 구도라서가 아니다. 그가 맞서야 하는 건 세상의 '시월드' 전부다. 그러니 결코 사적인 차원의 지옥이 아니다. 결혼지옥에 시달리는 이들을 위해 위로의 언어만큼이나 비평의 언어가 필요한 건 그래서다. 화용론적 비평은 발화가 허용되는 맥락 안에서 권력을 읽어내고 그 정당성 자체를 논의의 테이블에 올린다. 어떤 문화적 담론이 물질적이라면, 담론의 타당성을 검토하고 균열을 내는 담화 역시 물질적이다. 이것이 비평이 세상에 기여할 아주 작은 가능성의 영역이다.

우리는 이 가학적 풍경을 어떻게 볼 것이냐가 아닌, 이 가학적 풍경이 정당화되는 세계를 어떻게 볼 것인지 질문해야 한다. 이것은 해석의 문제가 아니다. 오직 자신이 겪는 고통의 크기만으로 진심을 증명받을 수 있는 이 진정성 가득한 지옥에서 우리가 과연 살아갈 수 있는지, 그렇게 살아가도 되는지의 문제다. 진정성 있는 지옥이, 지옥이 아닌 건 아니므로.

4장
작지만
의미 있는
전진

**코로나 팬데믹이 우리에게 어떤 고통을 주었다는 것이, 코로나 이전의 세계가 우리가 회귀해야 할 어떤 '정상' 세계라는 것을 뜻할 수는 없다. 우리에게 필요한 건, 회귀할 좋은 과거가 아닌 새로운 미래에 대한 전망과 가능성이다.**

# 진심은 어떻게 진실을 속이는가 - 〈스토브리그〉

“드림즈가 강해지길 바라십니까?”

SBS 드라마 〈스토브리그〉에서 만년 리그 꼴찌에 코치진은 파벌 싸움을 하고, 드래프트 지명된 신인이 울상을 짓는 막장 프로야구팀 드림즈에 새로운 단장 후보로 면접을 보러온 백승수(남궁민)는 운영팀장 이세영(박은빈)에게 묻는다. 세영은 당연히 그렇다고 답한다. 진심일 것이다. 지는 게 싫고 속상하다면, 우리 팀도 모기업 지원을 팍팍 받으면 좋겠다면, 드래프트에서 지명한 신인이 류현진, 이정후처럼 입단 첫해부터 폭발해 주길 바란다면. 드림즈가 강해지길 바라는 마음은 진심일 것이다. 하지만 진심이 진실은 아니다.

드림즈가 강해지길 바라는 것이 진실이 되기 위해선 지금껏 그들이 수년 동안 꼴찌를 전전할 수밖에 없던 이유를 찾아내 변화시켜야 한다. 그게 프런트의 일이다. 말로 하면 간단해 보이지만 쉬운 일은 아니다. 실제로 어려운 일이기도 하지만, 무엇보다도 때로 진심은 진실을 속이기 때문이다. 나 혹은 우리의 마음이 진심인 만큼 진실로 무언가를 하고 있다고 믿는다면, 그게 스스로를 속이는 거다. 단순하지만 핵심을 찌르는 승수의 저 질문은 그래서 방영 초기부터 가파른 시청률 상승세를 보인 〈스토브리그〉의 핵심이기도 하다. 5화까지 승수가 한 일이 바로 그것이기 때문이다. 드림즈를 실제로 강하게 만드는 것.

승수는 부임되자마자, 팀을 분열시켜온 프랜차이즈 스타 임동규(조한선)를 트레이드시키고, 학부모에게 금전을 받아 선수를 지명해온 고세혁(이준혁) 스카우트팀 팀장을 해고했다. 임동규는 트레이드 이야기에 폭력배를 사주해 승수에게 린치를 가할 정도의 인격 파탄자이고, 고세혁의 타락은 팀을 위해서나 야구계를 위해서나 조금도 용납되어선 안 되는 일이 맞다. 하지만 그들을 내칠 때마다 승수가 싸워야 하는 것은 당사자 둘만은 아니다. 승수는 임동규 트레이드를 반대하는 프런트 앞에서 세이버매트릭스를 활용해 국가대표 5번 타자 임동규가 과대 평가되어왔다는 걸 밝히며 합리적 논거를 대지만,

사실 세영이나 유경택(김도현) 전력분석팀장이 그 정도 세부 지표를 몰랐을 거라 보긴 어렵다. 실제 활용 가치보다 고평가받는 선수를 팔고, 저평가받는 선수를 사는 건 '머니볼'의 기본 전략이다. 다만 그들의 머릿속에 임동규를 트레이드 시장에 내놓을 수 있다는 가능성 자체가 없었던 것뿐이다. 성적이 안 나온다며 한탄하던 드림즈의 팬들도 임동규 트레이드설에 대해선 강력한 반대 목소리를 낸다. 이것을 지역 연고 출신 슈퍼스타 강두기(하도권) 영입으로 돌파하는 것이 다분히 드라마적인 장치라면, 강팀에서 일하고 싶고 강팀을 응원하고 싶다고 말하던 이들이 실제로는 강팀이 되기 위한 변화를 거부하는 모습은 충분히 현실적이다. 변화하면 좋겠지만 내 눈에 익숙한 만큼만, 노력해야겠지만 힘들지 않을 만큼만, 회의는 해야 하지만 서로 불편하지 않을 정도만 하길 바라는 것. 그러면서 강팀이 되면 좋겠다는 것.

고세혁의 비리도 마찬가지다. 그가 그런 전횡을 일삼을 수 있었던 건 그에 대한 무조건적인 신뢰 때문이다. 의심이 당연한 건 아니다. 하지만 몇 년째 꼴찌를 하며 드래프트 1순위를 뽑아오지만 제대로 된 유망주 성장이 이뤄지지 않는 상황이라면 승수의 말대로 "최소 무능"한 게 맞다. 이 역시 유망주의 잠재력이 터지지 않아 속이 터지지만, 한솥밥 먹는 스카우터를 비판적으로 검토하긴 싫은 정도로만 답답해하기에 벌어지는 일이다. 다시 말해 그들은 강팀을 만들기 위해 뭔가를 계속 해왔지만 가장 결정적인 지점에선 요행을 바란다. 여기에 〈스토브리그〉의 핍진성이 있다.

승수의 원맨쇼를 통해 통쾌함을 강조하는 〈스토브리그〉지만 드림즈의 부조리를 거침없이 파헤치는 승수의 냉철하면서도 거침없는 캐릭터는 사실 그리 낯선 것은 아니다. 당장 약팀의 부실한 자원 안에서 승리 공식을 찾아가는 단장 캐릭터를 보며 동명의 책과 영화 〈머니볼〉의 실제 주인공인 오클랜드 애슬레틱스의 단장 빌리 빈을 떠올리지 않기란 어려우며, 역시 야구 스토브리그의 치열함을 다룬 최훈의 웹툰 〈GM〉의 전력분석팀장 하민우, 우연이지만 드라마 방영 당시 꼴찌로 시즌을 마무리한 롯데 자이언츠에서 파격적으로 채용한 시카고 컵스 스카우트팀 출신 38세 성민규 단장 등의 모습도 승수에게서 겹쳐 보인다. 분야는 전혀 다르지만 tvN 〈비밀의 숲〉에서 감정을 철저히 배제하며 합리적으로 특임팀을 지휘하는 검사 황시목(조승우)도 역시 감정을 거의 드러내지 않는 남궁민의 연기 안에서 언뜻언뜻 연상된다. 이것은 결코 흠이 아니며 승수역의 남궁민은 언제나처럼 드라마 주연이 해야 할 몫을 정확히 해내는 배우다. 만약 한국에서 〈머니볼〉 스타일의 작품을 제대로 만든다면 그 주인공은 분명 승수의 모습에 가까워야 할 것이다. 다만 〈스토브리그〉가 단순히 〈머니볼〉의 그럴싸한 모방에 그치지 않고 한국 사회의 한 단면을 드러낼 수 있는 건, 승수의 매력 덕만이 아니라 승수를 통해 드러나는 적폐의 양상 때문이다. 〈머니볼〉의 빌리 빈이 세이버매트릭스를 경시하는 야구계의 기득권과 싸웠다면, 〈스토브리그〉의 백승수는 한국 사회 곳곳에 스민 언어적 사기와 싸운다. 혹은 언어의 주술적 사용과 싸운다고 해도 될 것이다.

드라마 안에서 승수는 다른 이들의 단어 사용을 종종 지적하고 정정한다. 세혁에게 무조건적인 신뢰를 보내는 세영에게 "믿음"이 아닌 "방관"일 수 있노라 지적하고, 스카우트팀 양원섭(윤병희)이 존지를 받는 줄 알았다가 아닌 걸 알게 된 운영팀 한재희(조병규)가 "다행"이라 하자 "언제부터 '당연'한 게 '다행'한 일이 됐느냐"고 정정한다. 또한 세혁의 비리에 대해 크게 혼내는 척하며 "실수"라는 말을 쓰는 드림즈 사장 고강선(손종학)에겐 "실수요?"라고 반문한다. 통념이란 논리가 아닌 언어적 습관을 통해 그 힘을 유지한다. 책임자의 '비리'를 '실수'라 말할 때 그것은 충분히 교정 가능한 것이 되고, 또한 교정의 기회를 주지 않는 쪽이 무정한 것이 된다. 꼼수지만, 효과적이다. 야구계가 아니더라도 쉽게 자주 볼 수 있는 장면이다.

이 드라마에서 그리고 승수에게 세이버매트릭스가 중요한 건 그것이 야구에서 전가의 보도라서가 아니라 언어의 미신을 깨는데 도움을 주기 때문이다. 승수는 임동규 트레이드를 위해 그의 세부 지표에서의 문제점을 이야기했지만 결국 그 모든 과정은 '국가대표 5번 타자 프랜차이즈 스타'라는 언어의 마술적 힘을 깨고 '지금 우리에게 필요한 만큼 효율적이진 않은 선수'라는 더 적절한 이름을 붙이기 위한 것이다. 귀화에 따른 병역 면제로 지탄받았던 로버트 길(이용우)을 외국인 선수로 영입한 승수가 바로 기자회견을 열어 '비겁한 병역 거부자'라는 부정적 낙인을 '국가를 위해 팔꿈치를 다치도록 던졌던 과거를 가졌지만 병역 문제 때문에 다른 외국인 선수보다 부정적인 반응을 받는 선수'로 새롭게 정립하려 한 것도 마찬가지다. 한국에서 '국민 정서'라는 강력한 마법의 단어를 로버트 길의 구속 수치만으로 이길 수는 없다. 그 이상으로 중요한 건 해석 투쟁을 통한 언어의 정정이다. 이것은 세이버매트릭스를 이용한 실증의 문제보다 더 어려운 싸움이다.

다시 맨 처음의 질문으로 돌아가 보자. 승수는 드림즈가 강해지길 바라느냐고 물었다. 세영은 당연하다 답했고, 또한 프런트 모두가 그러리라고 답했다. 진심이란 측면에선 참인 문장이다. 하지만 또한 승수의 거침없는 행보에서 드러났듯, 세영과 프런트들은 드림즈가 강해지기 위해 취했어야 할 조치들을 취하지 않고 방관했다. 그렇다면 이 답은 거짓이 된다. 좀 더 정확히 말하면 거짓을 말하면서도 참이라 믿는 상황이 된다. 이것이 언어의 왜곡 효과다. 굉장히 무능하거나 특별히 게으른

게 아니라도 얼마든지 드림즈 프런트처럼 스스로를 속일 수 있다. 승수가 합리적인 인간인 건, 단순히 숫자와 통계에 익숙해서가 아니라(드라마에서 그는 아직 통계 수치 보는 법을 배워가는 중이다) 언어의 잘못된 사용에 의한 현실 왜곡을 바로잡을 줄 알아서다. 어쩌면 〈스토브리그〉의 흥행이, 드라마가 말하고자 했던 것에 대한 하나의 증명이 될 수 있으리라 보는 건 그래서다.

2016년 MBC 드라마 극본 공모전에서 수상한 이 작품이 어쩌다 3년 뒤 SBS에서 편성됐는지 그 내막을 알 수는 없다. 다만 SBS 측에서 이 대본에서 '경험 없는 신인 작가' 대신 '재밌는 이야기'를 발견하고, '한국에서 본격 스포츠 드라마는 안 된다'는 통념에 기대는 대신 '그동안 제대로 만든 스포츠 드라마가 없었다'는 현실 판단에 근거해 캐스팅(남궁민은 이미 스타지만 세이버매트릭스 개념으로 접근했을 때 더 높게 평가될 배우다)부터 연출까지 상당히 힘을 준 드라마를 심지어 실제 스토브리그 기간에 편성해 입소문만으로 높은 시청률을 올리는 과정 자체가 언어적 미신에 대한 합리적 결정의 승리라 할 수 있다. 그러니 〈스토브리그〉의 흥행을 보는 방송 관계자들이라면 이렇게 질문해도 될 것이다. 드라마 시청률이 잘 나오길 바라는 건, 진심인가 진실인가. 물론 야구와 드라마에만 국한할 질문은 결코 아니다. **2020.01.03.**

+ 드라마 마지막회에서 트러블 메이커인 백승수는 팀을 떠나지만, 새로운 기업에 인수된 드림즈는 한국시리즈까지 올라 우승을 향해 도전한다. 그들의 스토브리그는 성공적이었다. 하지만 드라마에서 백승수가 드림즈에 남긴 정말 중요한 유산은 에이스 강두기도, 길게 우회해 다시 데려온 국가대표 5번 타자 임동규도, 에이스급 2선발 로버트 길도 아니다. 모기업의 부당한 권력 행사와 압박에 지지 않고 용기를 내 드림즈가 강해지는 방향을 향해 자기 자리에서 노력하는 프런트 멤버 각각의 변화야말로 진정 그해 겨울 스토브리그의 성과이자 유산이다. 야구와 경영에 대한 드라마가 '강한 사람이 아니어도 괜찮습니다. 우리는 서로 도울 거니까요'라는 자막과 함께 마무리된 건 그 때문이다.

통념의 힘은 그것의 합리성이 아닌 익숙함에서 나오며, 그 익숙함에 반하는 결정을 실행하기 위해선 용기가 필요하다. 드라마의 백승수는 모기업의 전횡에 맞설 수 있는 어느 정도 초인적 인간이지만, 모두가 백승수 같을 수는 없다. 그렇기에 혼자가 아니라는 믿음이 필요하다. 어디 남들 하는 대로 안 하면서 잘되나 보자, 라고 백안시하는 수많은 의혹의 눈길 앞에서 그럼에도 옳다고 생각하는 길을 걸을 때, 조금만 잘못해도 그럴 줄 알았다고 신나서 떠들 이들의 냉소 앞에서 그래도 한 발을 더 디뎌야 할 때, 모두의 의심 속에서 결국 스스로에 대한 의심이 피어오를 때, 당신은 혼자가 아니라는 목소리만이 불확실한 미래를 위해 헌신할 버팀목이 되어준다. 보수화된 통념의 힘

앞에서 그럼에도 함께해주는 이들의 존재는 그 자체로 하나의 헌신이며, 오로지 그런 헌신만이 도래할 더 나은 미래에 대한 믿음을 준다. 세상의 작은 변화를 이끌어내려는 모든 노력은 그러한 헌신과 연대로만 가능하다. 그러니 그들의 믿음에 호응하고 싶다. 드라마가 말했듯, 우리는 서로 도울 거니까.

# 김신영이라는 천재가 소환한 새로운 예능 캐릭터

## - 둘째 이모 김다비

딱히 새로울 것 없는 이야기로 시작하겠다. 김신영은 천재다.

혹시라도 동의할 수 없다면, 유튜브에서 쉽게 검색할 수 있는 그의 과거 애드리브 모음 영상을 몇 분만 보면 된다. 바쁜 시간에 각기 다른 메뉴를 시킨 것에 단단히 화가 난 백반집 주인, 예약 시간이 아니니 지금은 때를 밀어줄 수 없다고 손님을 달래는 세신사, 김장 중인 모녀에게 자신의 권위를 내세우는 경상도 남자 등 그의 즉흥 연기는 즉흥이라고 믿기 어려울 정도로 대상을 디테일하게 묘사하는 동시에, 다른 생각을 하지 못할 만큼 빠르게 몰아치는 기세로 그 공간에 있는 모두를 장악한다. 10년 전 TV에서 보고 탄복했던 QTV 〈여자만세〉에서의 대학 신입생 MT 상황극에서, 그는 우는 친구를 달래는 친구, 시니컬한 친구, 민박집 아저씨까지 1인 3역 연기를 선보였고, 역시 천재적인 희극인인 이경실, 정선희 같은 선배들조차 그의 연기에 숨을 헐떡이며 깔깔댔다. 방송 칼럼니스트 복길은 책 《아무튼, 예능》에서 "제일 재능 있는 코미디언이 누구냐고 물으면 많은 후보 중에서 주저 없이 김신영을 말할 것"이라 자신하기도 했지만, 오로지 개인 능력만으로 밑도 끝도 없이 웃길 수 있는 것만 따지면 그와 비교할 만한 후보군조차 쉽게 떠오르지 않는다. 이제는 너무 아무에게나 발급되어 무의미해진 '예능 치트키'란 수식은 그래서 오직 김신영에게만 부여되어야 마땅한데, 방송계가 그의 압도적 재능을 일종의 반칙(Cheat)으로 규정했다고 가정하지 않고선 지금껏 그를 중용하지 않은 것을 이해하기 어렵기 때문이다. 여성 방송인 거의 전부에 해당하는 문제이긴 하지만, 만약 김신영이 허재나 현주엽, 안정환 등 은퇴하고 방송에 얼굴을 내민 남자 운동선수들의 반만큼만 푸시를 받았다면 지금쯤 넷플릭스엔 그의 이름으로 된 쇼가 세 편 정도 올라왔을 것이다.

그러니 그가 〈주라 주라〉라는 곡을 발매하며 만들어낸 트로트 가수 둘째 이모 김다비 캐릭터는 반가운 동시에, 예상보단 늦게 도래한 미래처럼 보인다. 둘째 이모 김다비에게서 가까이는 유재석의 유산슬을, 조금 멀게는 유세윤의 UV를 떠올릴 수 있고 또한 실제로 유사한 점들도 있지만 김다비의 가장 중요한 구성 요소는 김신영이기 때문이다. 음원 발매 전 소속사 대표인 송은이가 진행하는 〈비밀보장〉에 전화 연결로 등장한 "빠른 45년생" 김다비는 그동안 김신영이 수없이 연기했던 경상도 방언을 쓰는 중년 혹은 그 이상의 여성 캐릭터 연장선에 있다. 또 다른 진행자 김숙을 "김죽 씨"라 부르고 "죽 쑤는 소리하고 있다"고 핀잔을 주며 막무가내로 자기 페이스로 몰아치며 청자들을 몰입시키는 힘도 여전하다.

하여 김다비는 유산슬이나 UV의 모방이 아닌 명실 공히 '김신영 표' 디테일 개그다. 또 다른 디테일 개그의 장인인 강유미와 비교하면 그 차이가 보이는데, 강유미의 경우 모사하고 싶은 대상의 사례들을 귀납적으로 종합한 뒤 그 대상의 어떤 보편적 상을 추상해내고 재현한다면, 김신영은 마치 어디 실제로 존재하는 독특한 아무개가 그대로 자신의 목소리를 내는 듯한 연기를 보여준다. 가령 〈비밀보장〉에서 노래에 대한 열정을 인정받지 못하지 않았느냐는 질문에 "말해 뭐해, 아무도 몰라"라고 짧게 치는 연기엔 꿈을 포기하고 살아온 경상도 할머니의 회한이 짧은 상황극 서사 안에 놀라울 정도로 짙게 배어 있다.

김신영이 회사 대표 송은이를 생각하며 만들었다는 〈주라주라〉의 가사가 둘째 이모 김다비를 통해 발화됐을 때의 시너지는 이 지점에서 만들어진다. 열정적인 CEO가 직원에겐 어떻게 악몽일 수 있는지 다분히 한국적인 디테일 안에서 묘사한 〈주라 주라〉의 가사는 그 자체만으로도 또 김신영과 송은이와의 관계 안에서도 충분히 재밌고 공감 가지만, 한국 '이모님'의 목소리를 빌렸을 때 '입 닫고 지갑 한 번 열어주라'라는 가사에 삶의 지혜와 연륜이 수반된다. 즉 해당 곡과 뮤직비디오, 그리고 가끔 MBC 〈전지적 참견 시점〉에서 송은이가 반쯤 가상적으로 수행하는 꼰대 캐릭터에게 더 나이 많은 둘째 이모가 한 수 가르치는 구도가 만들어지는 것이다. 설정만으로 이미 하나의 재밌는 이야기가 담긴 이 구도의 확장성은 감히 예측하기 어려운 수준이다. 〈주라 주라〉에서 그러하듯 세상을 향해 또 한 번 일갈하는 두 번째 곡이 나올 수도 있으며, 수장 송은이에 제동을 거는 콘셉트로 회사 안에서의 관계를 타 프로그램으로 확장하는 것도 가능하다. 상상이지만 가장 기대되는 것은 물론 셀럽파이브와 김다비의 컬래버레이션 과정을 담은 〈판벌려〉 다음 시즌이다. 앞서 인용한 책에서 복길은 "김신영의 '성이 난 아줌마'는 소화가 되기도 전에 식어버린다"며 아쉬움을 표했는데, 김다비라는 가상의 캐릭터를 전면에 내세우며 이 '성이 난 아줌마'는 비로소 상황극의 무명씨가 아닌 하나의 대표성을 띨 수 있게 되었다.

당연한 일이지만 김다비의 등장을 여성 예능의 확장이라

는 맥락에서 볼 수밖에 없는 건 그래서다. 송은이와 컨텐츠랩 비보의 지원으로 셀럽파이브와 김다비 아이디어를 실제로 구현할 수 있었지만 그것 때문만은 아니다. 조카 회사 대표에게 '가족이라 하지 마이소. 가족 같은 회사. 내 가족은 집에 있어요'라 말해주는 둘째 이모는 든든하다. 우악스럽고 자기 할 말만 하는 경상도 아주머니라는 스테레오타입은 이제 할 말 있는 이들을 위한 스피커 역할로 전환된다. 여기엔 굳이 권위의 근거가 필요하지 않다. 나이 좀 있는 남성들이 그거 하나로 쉽게 얻었던 말의 무게를, 김신영도 김다비를 빌어 천연덕스럽게 행사한다. 이것이 남성에게만 허용되던 권위를 전유해 반복하는 것일지 아니면 그러한 권위에 대한 풍자적 미러링이 될지는 아직 알 수 없지만, 동시대 예능 안에서 둘째 이모라는 화자가 김신영 특유의 연기로 위풍당당하게 귀환해(다시 말하지만 그는 여러 장애물 때문에 노래에 대한 열정을 접어야 했던 한 많은 45년생 여성이다) 목에 힘을 준다는 것은 충분히 여성주의적인 전복이 될 수 있다.

그래서 다시, 딱히 새로울 것 없는 이야기로 마무리하겠다. 김신영은 과거에도 천재였지만 앞으로 그 천재성으로 할 일이 더 많아질 것이다. 송은이와 김숙의 대활약 이후 이영자, 박나래 그리고 최근의 장도연 등이 서로의 조력자가 되어 본래 자신들이 있었어야 할 궤도에 오른 것처럼 김신영도 그럴 테지만,

그보다 중요한 건 그가 본인의 다재다능함으로 열어갈 예능의 새로운 영역들이다. 지금도 전설로 회자되는 수많은 장면을 만들어냈음에도 그 모든 것이 웃음과 함께 휘발되어버렸다면, 송은이라는 미더운 제작자의 조력과 김다비라는 성공적 캐릭터의 구현으로 그는 간만에 스포트라이트의 중심에 섰다. 앞서 말했듯 여기엔 이미 상당한 확장성이 내재되어 있으며, 더 무서운 건 그 김다비조차 김신영이 연기할 수 있는 폭의 아주 일부라는 것이다.

과연 그 수많은 캐릭터들은, 그리고 그 캐릭터들의 목소리를 빌어 김신영이 전할 메시지들은 어떤 방식으로 한국 예능에 새로운 자극을 줄 수 있을까. 아직 알 수 없지만, 당장은 그에게 기회를 지금보다 더 많이 '주라 주라'. **2020.05.08.**

+ 정직하게 말하면, 이후 김신영의 커리어는 기대만큼 폭발적으로 이어지진 못했다. 여러 요인이 있을 것이다. 위의 글 마지막 바람처럼 더 많은 기회가 주어지지 못해서일까. 물론 좀 더 많은 기회가 제공되었더라면 좋았을 것이다. 하지만 또한 믿음직한 조력자 송은이의 지원과 함께 '둘째 이모 김다비' 이후에도 그는 여러 예능 프로그램에 출연했고 언제나 1인분 이상의 몫을 해냈다. 문제는 다른 곳에 있다. 김신영의 천재성을 온전히 발휘하기에는 한국 예능의 포맷이 너무 한정적이라는 것.

당장 글에서 이야기한 것처럼 그의 '둘째 이모 김다비' 수행은 유재석의 '유산슬' 이후 유행한 '부캐' 수행과는 궤를 달리한다. 하지만 유재석의 성공 이후 개나 소나 '부캐' 놀음을 하는 과정에서 '둘째 이모 김다비' 역시 '부캐' 유행이라는 흐름 안에서 해석되며 그만의 유니크한 맥락이 휘발되어버렸다. 그가 2020년 10월 웹예능인 〈부캐선발대회〉에 캐스팅된 것은 '둘째 이모 김다비'를 통한 캐릭터 수행의 진정한 가능성을 이해하는 이들이 조금도 없었다는 반증처럼 보인다. 김다비 캐릭터는 콘셉트 놀음이 아니다. 김신영 본인과 한국 사회에서 소위 '경상도 아줌마'에게 부여되는 다양한 맥락을 활용해 구체적인 욕망을 지닌 나이 많은 여성의 목소리를 수행해냈다는 것이야말로 김다비의 탁월함이다. 여기에서 전복적 효과가 발생한다. 하지만 적어도 '유산슬'까지는 흥미로웠던 유재석의 다중 정체성 수행이 이후 MBC 〈놀면 뭐 하니?〉 프로젝트마다의 '부캐' 수행과 함께 일종의 설정 놀음으로 변질된 것처럼, 한국 방송계는 그 전복적 가능성을 이해하지 못하거나 차단한다.

김다비에게 기대했지만 방송계가 거의 활용하지 못한 가능성이 박찬욱 감독의 영화 〈헤어질 결심〉에서 드러났다는 건 그래서 흥미로우면서도 씁쓸한 일이다. 김신영이 영화에서 연기한 연수는 남초 집단인 경찰 무리 안에서 그들이 바라는 여성성을 수행하지 않는 소위 '선머슴' 같은 모습 때문에 배척되는 인물이다. 그가 형사로서 좋은 자질을 가지고 있음에도 그러하다. 김신영 개인의 프로필과 그 스스로 수행해오던 누적된 캐릭터의 시간과 만날 때, 김다비가 그러하듯 연수는 굉장히 풍부한 맥락을 품게 된다. 방송계에서도 박찬욱만큼 김신영의 재능과 가치를 백 퍼센트 끄집어내줄 진정 새로운 '판'이 벌려지길 진심으로 바란다.

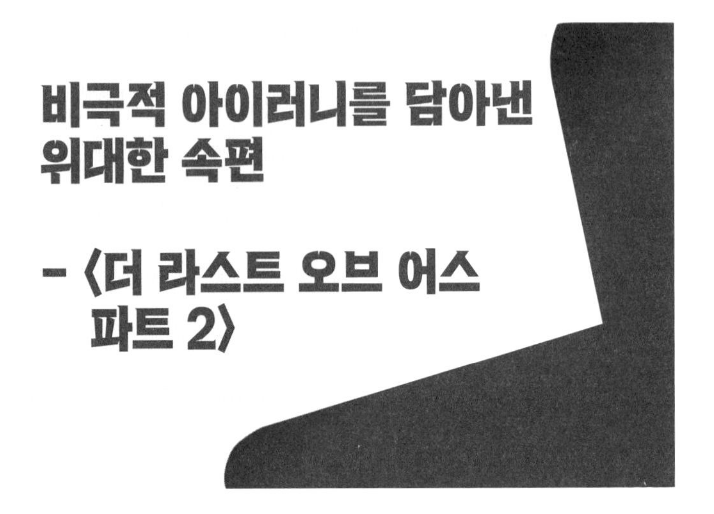

# 비극적 아이러니를 담아낸 위대한 속편

# – 〈더 라스트 오브 어스 파트 2〉

내 너희를 지옥 끝까지 따라가서 갈기갈기 찢어 죽이겠다.

게임 〈더 라스트 오브 어스 파트 2〉(이하 〈라오어 2〉) 플레이 초반, 전작의 주인공이었던 조엘이 그에게 복수하러 온 애비 일행에게 잔혹하게 맞아 죽을 때, 그 모습을 지켜보며 울부짖던 역시 전작의 주인공 엘리에 빙의해 다짐했다. 당연하지 않나. 인간을 좀비처럼 만드는 곰팡이에 잠식당한 시대를 그린 전작에서 플레이어는 조엘이 되어 곰팡이에 면역이 있는 엘리를 갖은 고생 끝에 목적지까지 데려다주었고, 그곳에서 엘리의 뇌를 해체해 백신을 만들려던 걸 알고 연구진과 그 무리를 모두 죽이면서까지 엘리를 구출했다. 그 고난을 함께 한 이들에게 조엘을 위한 복수는 너무나 정당하게 느껴진다. 이후의 양상은 예상한 대로 진행됐다. 플레이어는 엘리가 되어 조엘을 죽인 이들에 대한 단서를 찾아 복수를 하기 위해 애인인 디나와 함께 시애틀로 떠난다. 엘리는 워싱턴해방전선(이하 WLF)이라는 자경단에 속한 애비 일행을 추격하고 복수하며 애비의 행방에 대한 단서를 수집한다. 그 과정에서 조엘의 살해에 관여한 무리 중 애비를 제외한 거의 모두를 죽이고 복수를 거의 마무리하지만, 역으로 엘리의 거점에 잠입한 애비에게 불의의 기습을 당한다. 그리고 이 지점에서 〈라오어 2〉는 예상했던 방향, 기대했던 방향의 정반대 방향에서 이야기를 새롭게 시작한다. 이와 함께 게임에 대한 소비자들의 분노, 더 정확히는 전작 팬덤의 분노가 시작됐다.

현재 〈라오어 2〉에 대한 비판의 여러 맥락들은 기본적으로 엘리와 애비가 다시 조우한 순간부터 다시 애비의 시점에서 게임을 플레이하는 방식에 대한 비판으로 소급한다. 조엘을, 우리가 이입했고 사랑했던 주인공을 잔혹하게 죽인 원흉의 시점에서 다시 해당 사건을 재구성한다는 것은 직관적으로 불쾌하며, 아버지(엘리를 죽여 항체를 얻으려 한 의사)의 원수인 조엘을 죽인 애비의 입장도 이해하길 바라는 제작사의 의도가 너무 뚜렷해 유저로선 강요받는 기분이 든다. 문화평론가 허지웅은 SNS를 통해 "제작진만이 특별한 심미안과 도덕적 판단 능력으로 세상을 정화할 수 있다는 듯 행동한다. 그런 태도로 전편의 주인공을 진심으로 사랑했던 이들을 모욕하고 깔보고 조종하며 설교한다. 요컨대 교조적"이라 비판하며, 《연합뉴스》 '이효석의 게임인'도 "〈라오어 2〉는 플레이어에게 다시 애비의 입장이 되어볼 것을 강요"한다고 대동소이하게 설명한다. 이는 현재 유저들의 불만을 압축한다. 이것은 애비를 위한 면죄부가 아닌가? 조엘의 죽음에 대한 정당화가 아닌가? 결국 이것은 조엘과 전작을 사랑한 이들에 대한 모욕이자 배신 아닌가? 미리 말하자면, 아니다. 오히려 〈라오어 2〉는 위대한 전작의 엔딩에 내포된 문제의식을 외면하지 않고 근본적으로 천착하는, 가장 어렵고 고통스럽지만 그래서 더 유의미한 길을 택한 속편이다.

전작이 훌륭했던 건, 무엇도 뜻대로 되지 않는 세상에서 과연 한 인간은 무엇을 할 수 있느냐는 실존적 문제를 다뤘기 때문이다. 전작의 조엘과 엘리는 살기 위해 수많은 좀비와 수많은 인간을 죽인다. 이것은 처절한 생존기지만 그것만은 아니다. 모두들 살기 위해 누군가를 죽여야 하는 세상에서, 생존하기 위해 누군가를 죽일 이유는 모두가 동등하게 지니고 있다. 남을 죽이고 죽이며 생존할수록, 내가 그럼에도 살아야 할 또 다른 이유를 찾는 건 더더욱 절실해진다. 여기서 생존의 문제는 실존의 문제로 전환된다. 〈라오어 2〉에서 조엘이 실은 자신을 살리기 위해 병원 사람들을 몰살했다는 것을 알게 된 엘리는 그냥 자신을 죽여 백신이 만들어졌다면 자기 삶의 의미는 찾았을 거라 말한다. 죽음으로 얻는 삶의 의미는 모순이 아니다. 목숨을 포기하고서라도 증명하고자 했던 어떤 가치를 나의 선택을 통해 실천하는 것, 그게 실존이다. 하지만 조엘도 마찬가지로 만약 그 시기로 되돌아가면 똑같은 선택을 할 거라 말한다. 이 역시 그가 선택한 실존의 무게다. 조엘의 행위가 영웅적이었다면 엄청난 윤리적 딜레마를, 고통 속에서 그럼에도 짊어지고자 했기 때문이다. 이것은 그로부터 파생될 파국적 결과까지도 감내하는 것을 뜻한다. 전작의 엔딩은 이미 불안한 미래를 내포하고 있다. 그리고 〈라오어 2〉는 정확히 이 지점에서 시작한다.

〈라오어 2〉는 비판자들이 이해하는 것처럼 조엘의 선택이 또 다른 누구에겐 가해이며, 피해자의 입장에서 재구성해야만 도덕적으로 공정해진다고 말하는 게임이 아니다. 당장 게임 초반 애비와 조엘이 서로의 정체를 모르고 조우할 때, 조엘은 애비를 좀비들로부터 구해준다. 조엘이 해친 목숨에 대해 목숨으로 갚아야 한다는 심플한 논리는 여기서 이미 좌초한다. 이 게임에서 심플한 건 단 하나도 없다. 비극적인 아이러니만이 있을 뿐이다. 조엘의 도움을 받아 거처까지 무사히 돌아오지만 정작 그가 자기 아버지의 원수라는 것을 알게 되는 짓궂은 운명의 아이러니. 전작도 마찬가지였다. 모두를 구하기 위해 엘리를 지켰지만, 바로 그 엘리를 구하기 위해 나머지를 죽여야 하는 아이러니. 사회계약론 같은 것이 통하지 않는 야만의 시대에 개인의 의도는 항상 결과적으로 배신당한다. 엘리는 세상을 구할 수 없었고, 조엘은 엘리와 화해하지 못했으며, 애비는 소중한 이들을 지키지 못한다. 그것이 비극적 세계의 본질이다. 그렇다면 운명의 우연성과 불가항력 앞에서 한 인간은 무엇을 할 수 있는가?

논란의 핵심인 애비에 대한 플레이는 결코 그가 조엘을 죽이고 엘리와 싸우는 과정을 정당화하기 위한 것이 아니다. 그에게 그럴 이유가 있었다고 말하는 것과, 그러니까 그래도 된다고 말하는 것은 전혀 다른 일이다. 게임이 보여주는 것은 전자까지다. 엘리가 시애틀에서 애비의 행방을 쫓는 사흘 동안, 애비는 WLF와 적대관계인 근본주의 종교집단 세라파이트 소속이자 이젠 배교자로 몰려 쫓기는 야라와 레브 남매와 인연을 맺고 그들을 지킨다. 이것은 많은 유저들이 불만을 느끼듯 애비를 이해하고 그에게 공감하기 위한 장치가 맞다. 하지만 이 과정에서 유저만 애비의 입장을 추체험하는 건 아니다. 애비 역시 자신이 복수한 조엘에 대한 추체험을 한다. 애비와 레브의 관계는 어느 순간부터 대놓고 전작의 조엘과 엘리의 관계와 유사해진다. WLF는 정의, 세라파이트는 적이라는 애비의 단순 명료한 기준은 흔들리며, 어느 순간부터 레브를 지키기 위해 WLF와 반목한다. 이것은 전작에서 조엘이 동일하게 겪었던 딜레마다. 이 딜레마를 끌어안는 순간, 어떤 과거도 자신의 현재에 대한 알리바이가 되어주지 않는다. 아버지의 죽음으로 조엘을 죽이는 걸 정당화할 수 있던 애비는, 이제부턴 WLF를 배신하는 것부터 엘리를 상대하는 것까지 자신의 선택에 대한 모든 실존적 무게를 감수해야 한다. 과거에 휘둘리지 않고 지금 이곳을 산다는 건 그런 거다.

그래서 이 게임이 말하는 것은 인과응보가 아니다. 그 반대다. 어느 순간부터 애비는, 그리고 엘리는 인과의 연쇄 고리를 벗어난다. 애비는 레브를 지키는 과정에서 조엘과 엘리의 관계를 추체험하며, 다시 한번 복수를 시도하는 엘리는 탈진 상태에서도 레브의 안위부터 챙기는 애비에게서 조엘과 자신을 본다. 지랄 맞은 아이러니로부터 명쾌한 도덕적 인과를 찾는 건 무의미한 일이다. 물론 애비가 엘리와의 두 번째 만남에서도 그와 디나를 살려주는 것, 게임의 마지막 혈전에서 엘리가 결국 애비를 놓아주는 엔딩에는 자신들의 복수가 더 안 좋은 결과로 이어졌던 경험이 작용한다. 하지만 이것은 "복수가 또 다른 복수를 낳으며 마음의 안식은 결국 용서가 가져다준다는 교훈"(《연합뉴스》)이나, "'증오의 사슬이 끊어지는 것이 진정한 복수'와 같은 고리타분한 도덕적 메시지"(《쿠키뉴스》), "복수란 순환된다는 사실"(허지웅) 따위의 진부한 가르침이 아니다.

이 잔혹한 포스트 아포칼립스의 세계에서 용서를 통한 화해나 갈등의 해소 같은 건 애초에 존재하지 않는다. 전작의 조엘이 경험한 세계가 그러했듯, 이 비극적 세계는 오직 안 좋은 것과 더 안 좋은 것을 제시할 뿐이다. 〈라오어 2〉는 안 좋은 것과 더 안 좋은 것 사이에서 더 안 좋은 것을 선택할 백 가지 정당한 이유 앞에서 그럼에도 그 길을 걷지 않을 단 한 가지 이유를 인물들이 어떻게 선택하는지 보여준다. 좀 더 정확히는 경험시켜준다. 피범벅이 되도록 싸운 엘리가 마지막 순간 애비를 죽이지 않은 건, 인과응보의 악연을 끊기 위해서가 아니라 단지 지금 이 순간 악마가 되지 않는 길을 택한 것이다. 아무 것도 해결된 건 없지만 가장 영웅적인 반항이다. 〈라오어 2〉는 게임 초반 엘리와 우리가 느꼈던 극렬한 분노가 사실 애비 입장에선 부당한 것이니 참아야 한다고 한 수 가르치는 오만한 작품이 아니다. 그 분노가 정말 상당히 정당한 것인데, 그럼에도 그 분노에 잠식되지 않고 한 줌의 존엄을 지키는 길이 무엇일지, 혹은 있기는 한지 함께 탐구해보려는 시도에 가깝다.

물론 해소되지 않은 분노를 게임과 제작진에게 기어코 쏟아내겠다면 말릴 수는 없다. 단지 나의 견고한 세계를 한 번 무너뜨리고 다시 새롭게 세우는 놀라운 경험을 놓치는 게 조금 안타까울 뿐이다. **2020.07.17.**

+ 이 부분은 인정해야 할 것 같다. 게임의 목적이 쾌감이라면, 〈라오어 2〉는 실패한 게임일지도 모른다. 1편의 경우, 인류를 위한 백신을 만드느냐 엘리 1명을 살리느냐는 일종의 트롤리 딜레마 앞에서 유저는 별다른 고민이나 윤리적 부담감 없이 조엘에 이입해 자경단 파이어플라이 본부를 초토화하고 엘리를 구해서 나올 수 있었다. 다시 말해 전작은 유저의 인식을 효과적으로 통제하는 방식으로 게임에 대한 몰입감을 만들어냈다. 그렇기에 〈라오어〉 1편은 수많은 게임 리뷰가 인정하듯 스토리텔링과 주제의식, 그리고 재미에 있어서도 엄청난 수작이 될 수 있었다.

반면 2편은 그러한 몰입을 의도적으로 막는다. 단순히 엘리로, 조엘로, 애비로 각각 플레이하며 서로에 대한 입장 차를 통해 객관적 거리두기를 하기 때문은 아니다(비판자들은 보통 이러한 해석을 선호한다). 2편에 몰입하기 어려운 건, 감당하기 어려운 실재의 무게를 유저에게 던지기 때문이다. 유저 대부분을 경악하게 한 조엘의 사망 신에서 나 역시 잠시 게임을 멈추고 호흡을 골라야 했다. 그날 밤엔 악몽까지 꿨던 것 같다.

하지만 게임을 하며 나는 한 번 더 충격을 받았다. 1편 마지막에서 조엘의 선택이 누군가에게 가해일 수 있었다는 걸 깨달았기 때문이 아니다. 내가 그걸 단 한 번도 생각해보지 않았다는 걸 깨달았기 때문이다. 즉 1편은 다수를 위해 한 명의 소녀를 희생시키는 것의 부조리를 부각하며 조엘 입장에 몰입할 수 있었지만, 실제로 그 선택이 가져올 실재의 부담, 윤리적 딜레마에 대해 미처 생각할 겨를을 주지 않는다. 조엘의 선택이 잘못됐다는 이야기가 아니다. 설령 그것이 더 옳은 선택이라 해도 그 선택이 가져올 거대한 결과에 대한 윤리적 부담까지 껴안는 게 진정 영웅적이라는 것이다. 조엘은 영웅적 인간이었을지 모르지만, 유저는 아니었다. 2편은 바로 그 착각을 깨부순다. 1편이 게임의 몰입감을 위해 의도적으로 배제한 실존의 무게가 유저의 어깨에 실릴 때, 유저는 게임에 온전히 몰입할 수 없다. 게임의 마지막 즈음 엘리를 플레이하며 애비와 목숨을 건 처절한 혈투를 펼칠 때, 결착을 지어 과거로부터 단절되고 싶은 엘리의 감정에 공명해 애비를 공격하면서도 그가 죽으면 어떡하지, 하는 조마조마한 이율배반적 감정에 괴로웠다. 어떤 의미로도 이것은 게임으로서의 쾌감과는 거리가 멀다. 다만 게임의 형식이 우리의 경험을 어디까지 확장시켜줄 수 있느냐는 실험으로서는 가장 멀리 간 수준이라 할 수 있다. 과연 그것을 게임의 목적으로 볼 수 있는지, 이러한 예술성이 어떤 부분에서 불친절할 수 있는지에 대한 논의가 이어졌다면 게임에 대한 좀 더 풍부하고 생산적인 담론이 만들어졌을지도 모르겠다. 하지만 정치적 올바름을 억지로 추구하다 망한 게임, 제작자가 유저를 가르치려들어 불쾌한 게임이란 평가가 다수인 지금, 〈라오어 2〉에 대한 심도 있는 논의는 여전히 요원해 보인다.

언젠가 이 게임의 위대함을 재평가할 수 있는 논의의 장이 열리길 진심으로 기원한다. 이 주제라면 사흘 밤낮을 이야기할 수도 있겠다.

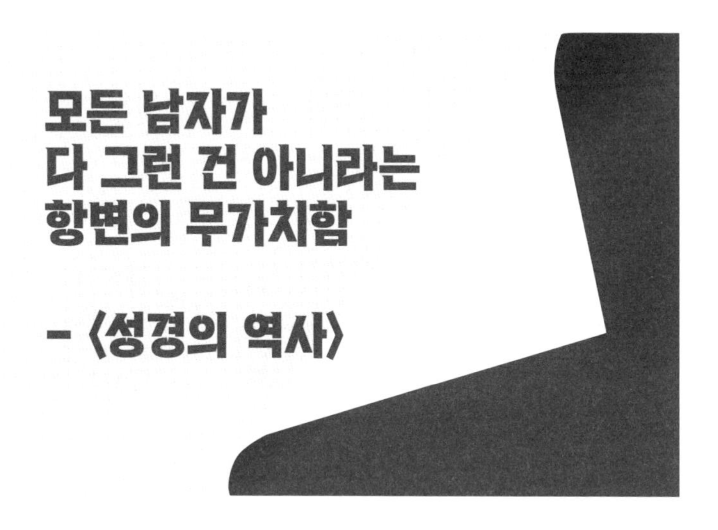

# 모든 남자가 다 그런 건 아니라는 항변의 무가치함 — 〈성경의 역사〉

네이버웹툰 〈성경의 역사〉의 스토리를 담당하는 최영민 작가는 한국 남성들에게 고소를 당해도 할 말이 없다.

죄목은 한국 남자들의 개인적 일상을 일일이 도청 및 감시한 죄, 그것도 가장 노출되기 싫은 더러운 모습들만을 수집해 온 죄, 그것들을 조금의 우회나 미화 없이 그대로 자기 작품에 노출한 죄. 가만히 있는 주인공 성경에 대해 남자들이 자기 혼자 망상에 빠지고 자기 혼자 배신을 당하고 자기 혼자 배신감에 치를 떠는 만화 속 장면들은 구체적 사실(허위사실 아님) 적시에 의한 명예훼손이든 뭐든 걸면 걸릴 것이다. 가령 주인공 성경이 입학한 대학의 남자 신입생들이 화이트데이 때 고백할 여성 동기를 서로 겹치지 않게 미리 합의하고 그것만으로 점찍은 상대에 대한 소유권을 주장하는 모습은 3월 대학가의 남자들 술자리에서 흔히 볼 수 있는 광경이다. 또 이들로부터 성경을 지켜내겠답시고 술 먹기 게임에서 성경에게 갈 술을 본인이 다 마시고 취했던 남학생 성윤이 자기만 아는 기사도에도 취해 만족하다가, 그 기사도를 성경이 몰라줬다는 사실에 분노하는 모습도 현실의 어떤 모습을 그대로 오려내 붙인 듯하다.

호들갑 같지만 〈성경의 역사〉는 작품 자체만으로도 흥미롭고, 무엇보다 남성 창작자가 자신이 속한 남성 사회를 재현 및 고발하는데 가장 가감 없고 가차 없는 작품 중 하나로 꼽을 만하다. '작품 중 하나'라고 말한 건 내가 한국의 모든 창작물을 확인해보진 못했기 때문이며, 언젠간 다른 작품들과의 비교 대조 후 '단 하나의 작품'이라 말하게 될지도 모르겠다.

한국 남성 지식인을 풍자하기로 이름 높았던 홍상수의 영화들, 홍상수와 비슷하면서도 더 매운맛이라 할 마영신 작가의 만화 〈아티스트〉, 그리고 영화 〈건축학개론〉의 영향을 받았지만 "정말 좋은 작품인데 사실 이게 남자 주인공의 기억 위주로 좀 아름답고 순수하게 포장된 부분"이 있어 그에 대한 안티테제처럼 구상한 김풍, 심윤수 작가의 〈찌질의 역사〉 같은 작품들도 한국 남성들의 속물성과 폭력성을 어느 정도 담아냈다는 평가를 받는다. 하지만 〈성경의 역사〉 속 남성들의 모습과 비교하면 그들 작품에서조차 남성의 모습이 다분히 낭만화되었음을 알 수 있다. 특히 〈성경의 역사〉와 같은 제작사인 YLAB 작품이자 제목이나 소재에 있어 어떤 의미로든 영향을 주었을 김풍, 심윤수 작가의 만화 〈찌질의 역사〉와의 비교는 〈성경의 역사〉의 독특함을 더 잘 보여준다.

역시 대학을 무대로 이성적 감정과 관계를 그린 〈찌질의 역사〉는 남자 주인공 민기의 시점에서 제목 그대로 그가 젊은 날 연애 상대인 여성에게 벌인 온갖 찌질한 행동들을 꽤 적나라하게 재현한다. 민기 본인이 속 좁게 굴어 벌어진 싸움에 대해 우선 사과한 뒤 "너도 잘못한 거 있는 거 알지?"라고 말하는 장면 같은 것들은 다시 봐도 졸렬하기 그지없다. 분명 여기엔 연애에서 남성의 이기심에 대해 폭로하고 조롱하는 면이 있다. 하지만 '찌질'이란 개념은 부정적이되 실제로 벌어진 사건의 폭력성을 희석하기도 한다. 〈찌질의 역사〉의 민기는 연애에 있어 굉장히 미숙한 모습을 드러내고 작가는 이를 어느 정도 부정적으로 묘사하지만, 사실 진짜 문제는 개인의 미숙함이나 철없음이 아니라 그것이 허용되고 배양되고 심지어 권장되는 남성 중심적 문화에 있다. 이는 아직 철들지 못해 벌어진 미숙함이나 찌질함보다는 철저히 문화적, 사회적으로 재생산된 폭력에 가깝다. 〈성경의 역사〉는 바로 이 지점에서 출발한다.

작품 초반, 마치 남자 주인공처럼 등장했던 미술학원 입시

반 강사 주상대는 재수생인 성경이 법적 성인이라는 것만으로 은근슬쩍 둘만의 술자리를 만들고, 본인의 호의를 의심 없이 받아들이는 성경의 모습에 '그린라이트야, 그린라이트'라 홀로 단정한다. 여기까진 찌질과 착각의 영역일지 모른다. 하지만 잘못된 생각은 잘못된 행동으로 이어진다. "저도 쌤이랑 얘기하면 좋아요"라 해맑게 말하는 성경을 "나도 좋아해"라며 끌어안고 키스를 시도하는 순간, 이것은 폭력과 범죄의 영역으로 넘어간다. 넘어간다고 표현했지만 이것은 단계의 문제가 아니다. 주상대가 자취방에서 "안 돼! 성경이는 내 거야!"라고 외치는 것과 성추행 미수는 동일한 관념에서 벌어진 두 가지 행동이다. 자신이 상대에게 느끼는 호감의 진정성이 상대에 대한 소유권을 증명해준다고 믿는 남자에게 스킨십은 상대가 내 것임을 확인하는 일방적 행위일 수밖에 없다. 그러니 키스를 거부한 성경이 학원장에게 사실을 알려 그에 대한 징계가 내려졌을 때 주상대는 자신이 '꽃뱀'인 성경에게 당했다고 굳게 믿는다. 한 명의 주체적 인간의 거절이 아닌, 본인 소유권에 대한 사기 행위로 인식하는 것이다.

〈성경의 역사〉가 더 가차 없어지는 건 이것을 주상대라는 어떤 일탈적 개인의 문제로 축소하지 않는다는 것이다. 그는 인터넷 남초 커뮤니티에서 역시 자신처럼 본인이 착각하고선 상대를 '꽃뱀'으로 묘사한 경험담을 떠올리고 그동안 (억울한) 남자들에게 연대하지 않아서 미안하다 반성한다. 최영민 작가라는 강력한 내부 고발자는 소위 남성 연대의 빈곤한 철학을 민망할 정도로 세밀히 그려낸다.

〈성경의 역사〉가 성경을 중심으로 펼쳐지는 남자들의 온갖 오해와 착각을 다루되, 주인공 1인칭 시점과 내레이션을 배제하는 건 그래서 중요하다. 작가가 자신이 잘 알고 잘 묘사할 수 있는 한국 남자들의 세계까지만 재현해야 한다고 생각하는 건 아닐 것이다. 그보다는 어떤 대상을 자기 마음대로 해석하고 판단하는 행위라는 것들이, 그 대상을 중심에 놓고 재구성하면 얼마나 어이없고 폭력적인 일인지 독자에게 자연스럽게 인식시키려는 것처럼 보인다. 성경이 무슨 생각인지 독자는 쉬이 알 수 없다. 단지 그를 둘러싼 남자들만 자신들이 그를 안다고 믿고 행동한다. 각 남자들이 성경을 좋아하게 되는 이유, 성경도 자신을 좋아하게 될 거라 믿는 이유는 나름대로 존재하지만, 그들이 구성한 각각의 당위는 성경 입장에선 본인과 전혀 상관없는 헛소리일 뿐이다. 그들이 성경에게 진지할수록 역설적으로 성경은 더더욱 객체화되고 소외된다.

즉 〈성경의 역사〉는 남자들의 망상을 비웃는데 그치지 않고, 그 망상이라는 것이 그 자체로 대상을 멋대로 왜곡하고 또한 실질적으로 억압하는 폭력이라는 것을 고발한다. 〈찌질의 역사〉에서 연애가 미숙한 남자 주인공이 실수를 연발하며 성장하는 통과의례로 그려진다면, 〈성경의 역사〉에서의 연애 감정과 연애 행위는 남성 중심적인 문화 안에서 여성에게 반쯤 강제되는 억압에 가깝다. 이후 본격화되는 여성 동기들의 성경에 대한 뒷담화도 여성 간 알력보다는, 잘못이 없어도 여성에게 유독 비난의 화살이 돌아가는 여성혐오적 문화의 맥락으로 해석된다.

그러니 정말 본인은 '그런 사람'이 아니라 해도, 모든 남자가 다 그런 게 아니라는 항변은 별로 의미가 없다. 중요한 건 성경을 비롯한 많은 여성들에게 이 세상이 진정성 있는 남자들이 깔린 지뢰밭이라는 것이며, 지뢰 제거를 위한 탐침봉으로 '그런 게 아닌 남자'까지 찔러보는 것은 당연한 일이다. 기꺼이 의심받거나, 세상의 지뢰를 줄여 신뢰를 회복하거나. 다만, 과내 바람둥이 오근우 캐릭터에 대해서만은 첨언해야겠다. 모든 '근우'가 그런 건 아니다. 정말이다. **2020.10.30.**

+ 이 책의 다른 장에 실린 남성 커뮤니티 중심의 댓글 테러가 〈성경의 역사〉를 대상으로 벌어졌을 때, 독자들은 이들 여성혐오 댓글이 〈성경의 역사〉의 하이퍼리얼리티 세계관을 완성시켜준다고 비웃듯 말했다. 정말이다. 자신들의 기분에 거슬린다고, 본보기를 보여줘야겠다고 입에 담기도 어려울 악플로 도배를 하던 그 못난 남자들은 〈성경의 역사〉 속 못난 남자들이 작가의 악의적 재현이 아닌 현실 자체임을 증

명해주었다. 그리고 그 사실을 본인들만 모르고 있다는 점에서도 완벽한 데칼코마니를 이룬다.

그러니 다시 한번 위 글에서 이야기했듯 '모든 남자가 다 그런 건 아니'라는 항변은 무가치하다. 그 항변은 옳고 그른 것을 떠나 수신자를 잘못 선택해서 틀린 발화다. 발화는 자신들의 폭력성과 여성혐오적 세계관을 아무 문제의식 없이 드러내는 남성들을 향해야 하며, 오직 그것만이 조금이나마 '모든 남자가 다 그런 건 아니'라는 것에 대한 증명이 될 수 있다. 자신의 목소리가 어딜 향해야 할지 모른다면, 그것만으로도 '그런 남자'의 범주에 가까워진다는 것을 받아들여야 할 것이다. 여기에 억울함부터 느낀다면 더더욱 '그런 남자'에 가까워질 테고.

# 중대재해기업처벌법을 입법해야 하는 순간은 바로 지금

## – 〈카이로스〉

“만약 정말로 힘든 상황이 온다면, 시계를 되돌리고 싶을 순간이 바로 오늘일 것입니다.”

2020년 8월 27일, 권준욱 중앙방역대책본부 제 2부본부장은 코로나19 대응 브리핑에서 이렇게 말했다. 그것은 그의 말대로 “예상할 수 있는 최악의 시나리오”였지만, 마치 과거를 바꾸기 위해 미래에서 보낸 경고 같기도 하다. 조금만 엉뚱한 상상을 더해보자. 코로나19 확진자가 하루 1,000명 내외를 기록 중인 요즘 그 혹은 다른 누군가가 4개월 전의 그에게 전화를 걸어 오늘부터 벌어질 앞으로의 확산을 꼭 막아야 한다고, 그렇지 않으면 연말에는 무시무시한 3차 확산이 벌어질 거라고 경고했던 거라면 어떨까. 미래를 알지만 단 4개월만이 주어진 그로선 '시계를 되돌리고 싶을 순간이 바로 오늘'이란 말이 정해진 미래를 바꾸기 위한 최선의 표현 아니었을까. 한 줄짜리 브리핑에서 너무 나아간 헛된 상상이지만, 이 긴박한 가정으로 MBC 드라마 〈카이로스〉를 설명할 수 있을 것 같다.

2020년 9월 사내 중요 행사 도중 딸이 유괴되는 일을 겪은 유중건설 이사 김서진(신성록)은 우연히 한 달 전 8월의 시간을 사는 취업준비생 한애리(이세영)와 통화를 하게 된다. 그는 한 달 앞선 미래의 정보를 바탕으로 행방불명된 애리의 어머니를 찾는 걸 돕는 대신, 애리가 앞으로 일어날 딸의 유괴를 막아주길 부탁한다.

물론 서로 다른 시간을 사는 두 인물이 서로 연락을 하며 과거를 바꾸고 결과적으로 미래를 바꾼다는 이야기는 멀리는 영화 〈동감〉과 〈프리퀀시〉에 있고, 2016년에 방영한 tvN 드라마 〈시그널〉을 거쳐 최근 넷플릭스에 공개되며 화제를 모은 영화 〈콜〉도 비슷한 설정에서 출발한다. 다만 과거와 현재 혹은 현재와 미래 사이 시간적 간극이 큰 앞서의 작품들과 달리 서진과 애리는 단 한 달의 시간 안에 미래를 바꿔내야 한다. 그들에게 시간은 얼마 없다. 한 달 전 과거를 바꿀 수 있다는 것은 마법 같은 일이지만, 또한 중대한 사건을 막기엔 터무니없이 부족한 시간이다. 심지어 그들에게 허용된 통화 시간은 저녁

10시 33분에서 34분까지 하루 중 단 1분이다. 하여 서진과 애리는 비슷한 작품들의 그 어떤 주인공들보다 촉박하고 부지런한 하루를 보내며 정보를 모으고 교환한다.

애리는 서진 주변의 진실에 접근할 때마다 생명에 위협을 받고, 서진은 미래를 바꿔줄 애리를 구하기 위해 본인 시점에서 이미 사망한 애리의 사인과 관련된 모든 정보를 제공한다. 둘 모두 서로의 정보에 대한 의존도가 높은 만큼 더더욱 그들의 하루는 촌각을 다툴 수밖에 없으며, 동시에 각자의 정보로 퍼즐을 맞춰나가는 추리의 쾌감도 배가된다. 시청률은 낮았지만 〈카이로스〉의 서사적 만듦새는 2020년 한 해 방영한 MBC 드라마를 통틀어 가장 돋보이는 수준이다. 서진 딸 다빈(심혜연)의 유괴에 대한 진실에 접근하고 사건을 막는 8회까지만 따져도 그러하다. 그리고 〈카이로스〉는 최종적으로 그 이상을 보여준다.

제목인 〈카이로스〉 그대로 드라마는 인과적이고 선형적인 시간으로서의 크로노스가 아닌, 인물들의 선택과 결단을 통해 계속해서 새롭게 써나가는 시간으로서의 카이로스를 보여준다. 이것은 단순히 미래를 알기에 그에 맞춰 현재를 사는 것과는 다르다. 그것은 시간의 방향만 바뀐 또 다른 인과적 크로노스일 뿐이다. 주식 파동을 미리 알고 사고파는 것, 사고가 날 열차에 타지 않는 것은 다가올 미래에 자신을 맞추는 것이지 미래를 바꾸는 것이 아니다. 주식 파동에 피해를 입을 사람들을 구제하는 것, 열차의 사고를 막는 것, 그것이 미래를 바꾸는 것이며 카이로스의 시간을 사는 것이다. 여기엔 용기와 윤리적 결단이 필요하다. 자신과 같은 시간대의 서진을 설득하는데 실패한 애리는 위험을 무릅쓰고 다빈이 유괴되는 현장에 직접 뛰어들어 사건을 막는데 성공한다. 미래를 아는 마법보다 중요한 건 미래를 바꾸려는 의지다.

여기서 〈카이로스〉는 그 의지들이 모여 무엇을 바꿀 수 있는지 탐구한다. 서진이 과거 태정타운 건설 붕괴 현장의 마지막 생존자라는 것, 애리가 피해 사망자 유족이라는 것에서 어느 정도 예견된 것이지만, 중반을 넘어간 드라마는 두 사람이 태정타운 붕괴에 대한 유중건설 유서일(신구) 회장의 비위를 쫓는 방향으로 선회한다. 애리의 어머니 곽송자(황정민)가 행방불명됐던 건, 과거 그가 서진의 아버지이자 태정타운 현장에 있던 김유석(최덕문)에게 받은 유서일의 비위 증거를 숨기고 조용히 사라지는 대가로 애리를 위한 돈을 받기 위해서였고, 이를 모르던 애리는 어머니를 찾는 과정에서 유서일의 심복 이택규(조동인)에게 몇 번이나 죽을 고비를 넘긴다. 그때마다 미래의 서진의 도움으로 살아남지만 앞으로 한 번 더 죽을 운명임을 알게 된 그는 진실을 숨기는 송자에게 말한다. "내가 한 달 후의 미래를 알 수 있다고 해서 앞으로 올 불행을 다 막을 수 있는 건 아니야. 왜냐면 진짜 근본적인 원인은 그대로니까."

미래를 바꾸는 건 지금 이곳에서 용기를 내는 것이다. 미래의 서진은 과거의 애리와 자신이 바꿔줄 미래를 기대하며, 자신의 목숨을 바쳐 유서일로부터 태정타운 붕괴와 아버지의 죽음에 대한 진실을 녹음해 애리에게 전달한다. 이제 앞날을 아는 건 불가능하다. 그저 바꿔야 할 뿐이다.

미래를 바꾸는 것이 유서일 개인의 과거를 단죄하는 것이 아니라 앞으로 유서일 같은 사람이 더는 나오지 않는 것이라면, 시민의 조직적 문제 제기와 사법 시스템을 통한 단죄가 필수적이다. 장르적 쾌감만을 따진다면 미래의 서진이 확보한 녹음파일이 스모킹건이 되어야겠지만 〈카이로스〉는 이를 포기하면서까지 송자를 비롯한 여러 평범한 사람들의 의지와 연대를 통한 해결을 선택한다. 유중건설의 부실자재 때문에 첫째 딸을 잃었다고 믿고 다빈의 납치에 협력하기도 했던 김진호(고규필)는 자신의 아이가 살 미래를 바꾸고 싶은 한 명의 아버지로서 송자가 자신에게 맡겼던 증거 영상을 들고 법정에 출두한다. 역시 미래를 바꾸고 싶어 했던 유석이 목숨을 바쳐 얻어낸 증거이며 피해 유족인 송자가 그동안 고이 보관해온 증거만이 진정 최후의 스모킹건이 되어 미래를 바꿀 수 있다.

이처럼 진정한 의미의 카이로스를 보여주기 위해 애쓴 드라마의 엔딩에서 정작 아쉬운 건 다른 부분이다. 예상치 못한

싱크홀 때문에 태정타운 현장이 붕괴한 걸로 알고 있던 서진은 아버지의 과거 부사수였던 피해자 협의회 대표를 통해 명백한 지반 위험요소에도 불구하고 부실시공이 있었고 여기에 유서일과 유중건설의 책임이 막중했음을 알게 된다. 삼풍백화점의 기억을 안고 있는 한국에서 건설 비리는 현대사적 맥락을 갖는다. 하지만 진실을 파고들던 서진은 더 나아가 유서일이 폭발물로 의도적으로 현장을 붕괴시키고 건설 주체였던 반영건설을 흡수했음을 알게 된다. 여기서 갑자기 이야기는 원가를 아끼기 위한 부실시공과 이를 눈감아주는 공권력의 구조적 문제가 아닌 악마적 사업가 유서일 개인의 악업으로 축소된다.

하지만 이것을 작가 탓으로 돌릴 수는 없다. 작가는 피해자 협의회 대표의 입을 통해 노골적으로 구조의 문제를 고발하고 진짜 책임자를 처벌할 필요를 이야기한다. "우리나라에 왜 참사가 거듭해서 일어나는지 알아요? 늘상 말단 책임자만 처벌받고 끝나니까. (중략) 유가족이 뭐 하나라도 더 알고 준비할까봐 정보를 차단하고 덮기에 급급했던 게 지금까지 유 회장의 일관된 모습이었다고." 잘 알려진 것처럼 건설 및 산업 현장 다수는 위험의 외주의 외주의 외주화를 통해 작업이 이뤄지며, 수많은 노동자가 안전하지 못한 환경에서 목숨을 잃어왔고 또 잃어가고 있다. 하지만 인용한 대사대로 처벌은 사업의 실질적 주체인 기업주까지 이뤄지지 않는다. 작가는 그러한 현실을 고발했지만, 바로 그 이유로 적어도 사법 시스템 안에서는 부실시공과 안전을 소홀히 한 증거만으로 유서일에게 수많은 노동자의 생명에 대한 책임을 묻기 어렵다. 그러니 고의적 폭파라는 과도한 악마적 설정을 도입해야만 유서일을 처벌할 수 있다. 이것은 서사적 무리수를 가장한 현실 고발 및 비판이다. 하여 현재 논의 중인 중대재해기업처벌법의 입법 이유를 역설적으로 더 잘 증명해준다.

그 많은 사람이 죽었어도 직접 폭발을 지시한 게 아닌 이상 경영자를 처벌할 수 없다면, 이것은 법의 공백이 맞다. 현장에서 사라진 수많은 생명에게 시간은 얼마나 되돌리고 싶은 것이었을까. 첫 문단에서 인용한 브리핑 문구를 변용해 말해보겠다. 산업 현장에서 누군가 목숨을 잃을 때마다 시계를 되돌리고 싶은 순간이 있다면 중대재해기업처벌법을 입법해야 하는 지금이라고. 다시 한번 엉뚱하게, 어쩌면 드라마의 메시지는 가까운 미래의 작가가 보내준 시급한 경고가 아닐까 상상해보지만, 사실 여부는 별로 중요하지 않다. 결국 미래를 바꿀 카이로스의 시간은 정해진 앞날이 아닌 지금 우리의 결단으로부터만 출발하는 것이니. **2020.12.25.**

+ 이 글을 쓰고 얼마 뒤, 2021년 1월 초 중대재해처벌법이 국회 본회의를 통과하여 1월 26일에 제정되었다. 그리고 2022년 1월부터

시행 중이다. 사실 제정 당시부터 이 법안은 5인 미만 사업장을 적용 대상에서 빠뜨리며 빈틈을 노출했다. 해당 사업장의 경우 규모가 영세해 사업주가 안전관리 시스템을 제대로 구축하기 어렵다는 이유였는데, 문제는 이런 영세 사업장이야말로 산업재해가 가장 많이 벌어지는 장소라는 것이다. 또한 각 기업이 사업장을 쪼개 각각 5인 미만으로 고용하는 편법 역시 가능하다. 일하다 죽는 사람이 없어야 한다는 것, 일하다 죽는 노동자의 목숨에 대한 대가가 기업이 안전에 투자해야 할 비용보다 훨씬 싸게 먹힌다는 경험적 인식을 바꿔야 한다는 목적에 비춰보면 너무나 부족한 법인 셈이다.

법 시행 100일 뒤의 자료를 보면 중대산업재해 사망사고 57건이 발생해 65명의 노동자가 목숨을 잃었다. 하청업체 노동자는 이 중 43명이다. 위험은 계속해서 외주화된다. 노동자의 죽음에 대한 소식은 계속해서 공론장 바깥으로 밀려난다. 이것은 카이로스의 시간도, 심지어 크로노스의 시간도 아닌, 순환으로서의 시간인 아이온처럼 느껴진다. 어떤 죽음은 반복되고 반복되며, 바꾸자는 말도 반복되고 반복될 뿐이다. 우리 사회는 정말 미래로 나아갈 의지를 가지고는 있는 걸까.

# 배우 반민정의 싸움을 제대로 기억해야 하는 이유

독립군의 무장 항일투쟁을 그린 영화 〈암살〉에서 주인공 안옥윤(전지현)은 이렇게 말한다. “알려줘야지, 우린 계속 싸우고 있다고.”

2021년 1월 15일 강제추행 피해자 배우 반민정에 대한 배우 조덕제(본명 조득제)의 ‘2차 가해’에 대한 1심 유죄 판결과 그에 대한 반민정의 입장문을 보며 저 대사가 떠올랐다. 그는 영화 촬영 중 조덕제에게 겪은 강제추행에 대한 재판과 그 와중에 겪은 언론 및 댓글의 2차 가해의 고통에 대해 “모든 삶이 흔들렸습니다”라며 “그럼에도 제가 끝까지 버틴 것은 법으로라도 허위사실임을 인정받기 위한 것에서 나아가, 다른 성범죄 피해자들에게 살아만 있으면 언젠가는 진실이 밝혀진다는 희망이 되고 싶다는 마음"이라 밝혔다. 그는 본인을 위해서 싸웠지만 또한 여기 부당함에 맞서 계속 싸우고 있는 사람이 있다는 것을 알려주기 위해 싸웠다. 마치 인용한 영화의 대사처럼. 그렇다면 영화 〈암살〉이 그러하듯, 우리 역시 그토록 외로웠던 싸움에 대해 제대로 된 기록을 남겨야 하지 않을까. 반민정이라는 이의 용기와 인내를 기리기 위해서만은 아니다. 누군가 외롭게 싸웠다는 것은 그저 그의 곁에 연대가 부족했다는 것만을 뜻하지 않는다. 그를 침묵시키는데 동참한 꽤 커다란 사회적 카르텔이 있다는 것 역시 방증한다. 누군가의 실존을 건 싸움조차 자극적 이슈로 소비하고 증발시키는 미디어 환경에서 제대로 된 공통의 역사를 기록하지 않으면, 다음에 싸워나갈 또 다른 이들은 다시 영점에서 시작할 수밖에 없다. 이것은 한국에서 성범죄에 대한 논의의 진전을 계속해서 제자리걸음시켜온 수법이기도 하다.

시계를 2017년 10월 중순으로 돌려보자. 남배우 A의 영화 촬영 중 성추행에 대한 2심 집행유예 선고에 대한 기사가 등장하자, 배우 조덕제가 스스로 남배우 A임을 밝히며 자신의 억울함을 주장했고 그 순간부터 해당 사건에 대한 기사가 약 2주만에 500여 건 이상 쏟아져 나왔다. 반민정이 조덕제의 1심 판결 후 2심 판결에 이르기까지 싸워온 긴 시간 동안 해당 사건을 다룬 기사가 고작 20여 건이라는 것을 생각하면 그 자체로 공론장의 기울어진 관심을 보여주는 일이었다. 특히 10월 25일 디스패치에서 보도한 '[단독] "디렉션: 미친놈처럼" 조덕제 사건 메이킹 필름 입수'라는 기사 이후 《디스패치》를 인용한 기사들이 포털 연예면을 점령했다. 《디스패치》는 메이킹 영상에 대한 전문가 분석 코멘트를 곁들인 뒤 해당 영상만으로는 성추행 여부를 인식하기 어려움을 강조하며 "메이킹 필름은 스모킹건이 아니니다. 유추할 수 있지만 단정 짓진 못한다"고 교묘하게 발을 뺐다. 이미 해당 영상을 포함한 더 많은 분량의 영상을 역시 전문가들의 분석을 받아 2심 판결에 적용했다는 사실은 묻히고, 마치 《디스패치》가 판결의 새로운 분기점이 될 증거라도 가지고 나온 것처럼 모두들 호들갑을 떨었다. 당시 기사 중 《아시아경제》는 '조덕제도 피해자'라는 네티즌 의견을 기사 타이틀로 덧붙이기도 했는데, 실제로 해당 보도 이후, 조덕제의 무고함이 증명됐다거나 피해자는 거짓말을 하고 있다는 반응이 포털 댓글란을 지배했다.

약 1년 뒤 2018년 9월, 대법원에서 조덕제는 징역 1년에 집행유예 2년 및 40시간 성폭력 치료강의 수강을 선고받았다. 그래서 과연 반민정이 싸워온 시간과 그에 대한 수많은 가해와 공모에 대한 올바른 공통의 기억이 만들어졌을까. 여전히 언론은 조덕제가 토로하는 억울함을 기사로 실어줬고 포털에선

"이제 때리는 연기하다가 사람 때리면 폭행죄로 넣을 수 있겠네" 따위의 댓글이 2,000개의 추천으로 베스트 댓글로 올라갔다. 선고 후 10일 뒤 자칭 '페미니즘과 정치적 올바름에 할 말하는 국내 유일 진보언론' 《리얼뉴스》에서는 작가 오세라비가 조덕제의 호소에 귀 기울여 작성한 '조덕제, 통한의 심경을 밝히다'라는 인터뷰 기사가 올라왔다. 오세라비는 공동대책위원회를 구성한 여성단체들의 정치적 압력이 1심 판결을 뒤집었다거나 반민정이 반기문과 혈연임을 주장해 압박했다는 조덕제의 음모론을 충실히 실어주는 한편, "반민정이 무슨 파워를 가진 배우인가, 영화 촬영하면서 이래라 저래라 했다는데 이해가 안 된다" 따위의 피해자를 공격하는 질문을 의도적으로 던지기도 했다. 오세라비와 조덕제의 연대는 너무나 빤한 방식으로 확장됐다. 한 달 뒤, 혜화역에선 곰탕집에서 여성을 성추행한 남성의 유죄 판결을 비판하는 자칭 '당당위(당신의 가족과 당신의 삶을 지키기 위하여)'의 시위가 열렸고, 비록 신고인원 15,000명에 많이 못 미치는 60여 명만 참여했지만 여기엔 조덕제, 오세라비, 작가 박원익(필명 박가분), 유튜버 액시스마이콜(마재) 등이 함께하며 힘을 보탰다. 여성 대상 성범죄에 있어 무죄추정 원칙이 훼손되고 있고 페미니즘이 대한민국을 지배하고 있다는 종교적 믿음을 되뇌는 남성들 사이에서 조덕제는 부당한 박해의 희생자가 될 수 있었다.

이토록 성범죄 가해자의 무고함을 증명하기 위해 온 우주가 힘써주는 동안에도 반민정의 싸움은 계속됐다. 유의미한 승리의 기록도 쌓여갔다. 2018년 10월에는 《디스패치》에서 메이킹 영상 공개 기사를 작성하며 받은 전문가 감정이 급조된 것이었음을 인정하고, 다른 기사들에서 피해자 정보를 공개한 것에 대해 사과하며 기사 삭제 및 정정 보도를 했다. 사건이 어떻게 왜곡 보도되고 피해자를 괴롭혔는지에 대해 MBC 〈당신이 믿었던 페이크〉에서 다루기도 했다. 물론 그의 전진만큼 세상이 앞으로 나아가진 않았다. 적지 않은 언론이 원하는 것은 논의의 비가역적인 진전이 아닌, 논란의 재점화와 반복이었으므로. 조덕제 본인 유튜브에 그의 아내가 출연해 남편의 무죄를 호소하고 피해자를 비난하는 것은 아무런 필터링 없이 기사화됐고, 포털에선 "남자들은 억울하게 당하는 경우도 허다하다"처럼 정확히 '당당위'와 공유하는 통념이 베스트 댓글을 선점했다. 반민정은 조덕제 개인과 싸운 것이 아니라 남성들이 역차별을 당하고 있다는 가상적이지만 거대한 세계관과 싸운 셈이다.

조덕제의 지속적인 2차 가해에 대한 이번 판결과 구속의 의미는 이러한 길고 긴 싸움의 맥락 안에서 이해되어야 한다. 이는 반민정이 포기하지 않고 이어온 점진적인 승리의 기록 중 하나인 동시에 남성들이 억압받는다는 가상적 믿음에 대한 유

효한 타격이다. 그들이 믿음을 바꾸진 않겠지만 적어도 입을 잘못 놀리면 안 된다는 사실 정도는 깨달을 수 있을 것이다. 물론 반성 없는 이들도 있다. 앞서의 조덕제 인터뷰를 심지어 책으로까지 출간하며 2차 가해의 선봉에 섰던 오세라비는 조덕제의 2차 가해 판결 즈음 《페미니즘은 어떻게 괴물이 되었나》라는 책에 참여하며 변함없는 행보를 잇는 중이다. 그를 포함 '당당위' 집회에서 조덕제와 함께 했던 인사들도 아무도 관심 없는 본인들의 페미니즘에 대한 비판적 입장을 반복해서 말하는 중이다.

세상이 그대로라는 증거는 여전히 넘친다. 하지만 비관해선 안 된다. 처음부터 이야기했듯 이것은 철저히 기울어진 전장 위에서 시작된 싸움이었다. 그리고 한 피해 여성이 다른 여성들의 연대와 응원 속에서 포기하지 않고 여기까지 전진했다. 이것은 승리의 기록이다. 모두가 반복해서 되뇌고 기억해야 할.

**2021.01.23.**

+ 모두가 기억해야 할 승리의 기록을 남기고 싶었다. 하지만 그 과정에 엮인 수많은 악의에 대한 기록 역시 남겨야 할 것 같다. 글에서도 언급한 '당당위' 시위에 조덕제와 함께 참여하고 《리얼뉴스》 기고를 통해 《디스패치》 기사 이후 벌어진 조덕제 동정론이 "그동안 축적된 여성계의 피해자 중심주의의 오류와 맞물려 있다"고 일갈했던 작

가 박원익(필명 박가분)은 이제 진보 진영 청년 논객으로서 한국의 좌우를 아울러 비판하는 고담준론을 《중앙일보》에 연재 중이다. 나는 그가 한국 여성운동에서 발생한 오류에 대한 지적만큼 본인의 조덕제 옹호, '당당위'에 대한 옹호의 오류에 대해 인정했다는 소식을 들은 바가 없다. 채널A 〈풍문으로 들었쇼〉의 고정 패널 중 하나였던 유명 연예기자 최정아는 매우 꾸준히 조덕제의 입장에서 반민정을 비난하는 기사를 써왔는데, 2017년 본인 기명 칼럼에서 당시 성추행 혐의로 2심 유죄 판결을 받은 조덕제 사건에 대해 "피의자라는 단어가 있음에도 여배우 A와 법률대리인, 다수의 여성단체에서는 조덕제를 가해자로 부른다. 그리고 여배우 A는 피해자로 설명하고 있다. 이는 여론을 의식한, 지독히 계산된 발언이라고 볼 수밖에 없어 더욱 안타깝다. (중략) '인권'을 부르짖는 여성단체가 아직 확정 판결이 나지 않은 피의자에게 행하는 또 다른 폭력"이라 주장했다. 앞으로 그가 살면서 어떤 피해를 입든 대법원 판결 전까진 누군가의 가해 사실을 지적하지 않겠다는 뜻인지는 모르겠지만, 정작 2021년 연예인들의 학교폭력 이슈에 대한 칼럼에선 법조계의 발언을 인용해 학폭 피해 고백이 공익 목적일 수 있다며 아직 법정에 서지 않은 수많은 연예인의 가해 가능성과 2차 가해를 비난한 바 있다. 왜 반민정에 대해선 그러지 못했던 걸까.

반민정의 승리와 생존은 이토록 악의적이고도 뻔뻔하며 심지어 공론장 내의 발화 권력까지 지닌 이들의 공격 속에서 이뤄낸 것이다. 여기에 한 번 더 박수를 치지 않을 이유가 있을까.

# 가상을 통해 대면할 수 있는 진실들에 대하여

## - 《이세린 가이드》

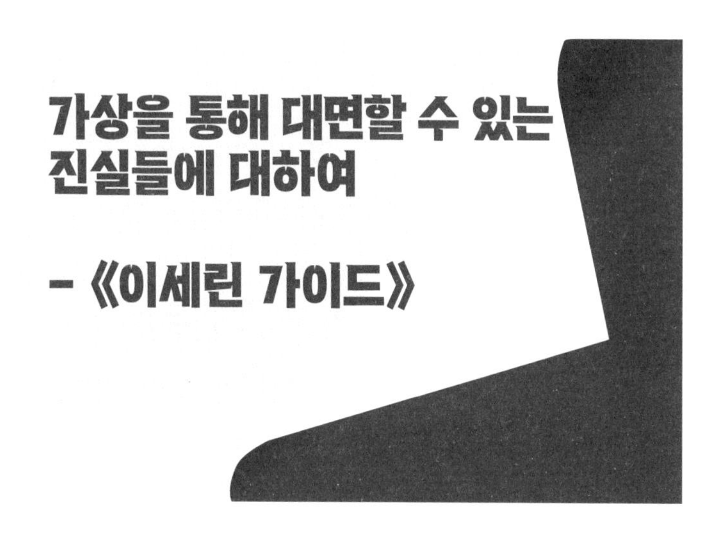

웹툰 〈혼자를 기르는 법〉의 작가 김정연의 2021년 출판 만화 《이세린 가이드》는 예술적 가상이 어떻게 진실을 드러내느냐에 대한 이야기처럼 보인다. 더 정확히 이야기하면 오직 가상을 통해서만 실재 안에 은폐되어 있는 진실을 인식할 수 있다고 말하는 것처럼 보인다.

제목부터 미셰린(혹은 미슐랭) 가이드에 대한 모방처럼 보이는 이 작품의 주인공 이세린은 음식 모형 제작자다. 매 에피소드마다 그는 클라이언트가 요청한 음식의 모형을 제작하면서 그때그때 떠오르는 과거의 기억을 재구성해 들려준다. 배추김치 모형을 만들면서 할머니 이하 집안 여성들이 총동원되는 김장철의 불평등한 풍경을 떠올리는 것처럼 비교적 유사한 기억으로 이어질 때도 있지만, 라면 모형을 만들다가 먹방 유튜버가 매운 라면을 고통스럽게 먹는 모습을 보고 예능에서의 음식 복불복 장면을 상상하다 복불복으로 일진에게 걸려 돈을 뺏긴 십대 시절까지 거슬러 올라가기도 한다. 소설 《잃어버린 시간을 찾아서》에서 주인공을 과거로 여행하게 해주는 마들렌과 홍차의 역할을 여기선 음식 모형이 해주는 셈이다. 여기에 이미 일종의 패러디가 있다. 음식의 익숙한 맛과 향을 통해 과거의 따뜻한 추억을 떠올리는 문화적 클리셰 대신 맛도 향도 없는 음식 모형을 통해 파편적인 기억과 감정들이 떠오르는 것이다. 여기에는 '진짜' 음식, '진짜' 기억이라는 것에 대한 의구심이 깔려 있다.

가령 비빔밥 모형을 만들던 세린은 어머니가 만든 산더미 같던 명절 음식 중 맛있는 건 모두 사라지거나 친척들에게 들려 보내 나물만 잔뜩 남아 비빔밥을 만들던 기억을 바탕으로 '드라마를 보면 여자 주인공과 친구들이 모여 앉아 양푼 비빔밥을 억척스럽게 먹는 장면이 클리셰로 등장하고는 했는데, 청소년기엔 양푼 비빔밥의 그 형식 없음과 털털함'이 마음에 들지 않았다고 회고한다. 작가는 후기에서 베를린에 거주 중인 현재 "낯선 곳에서 제가 누구인지를 소개하기 위해 제가 잘 먹지도, 잘 하지도 않는 음식을 소개하는 일이 반복"되고 "비빔밥을 소개하고 헤어지고, 비빔밥을 소개하고 헤어지다보면 귀가하여 양말을 벗을 때쯤에는 나는 만화가 김정연일까, 아니면 걸어 다니는 bibimbop일까 혼란이 오곤 했습니다. 이는 자연스럽게 한국 음식은 나라는 사람의 어떤 부분을, 어떤 방식으로 차지하고 있는 것일까에 대한 몰두"가 되었다며 작품 기획 과정을 이야기한다. MBC 〈무한도전〉 팀이 뉴욕 타임스퀘어에 비빔밥에 대한 광고를 게재하고 그것에 국민들이 감탄하고 감동하던 K푸드에 대한 거대한 자부심 안에서 작가의 감정은 K답지 못한 것이 된다. 이것은 문화적으로 공유되는 공통의 기억에서 김정연 혹은 이세린 같은 이들의 기억은 소외된다는 뜻이기도 하다.

전작 〈혼자를 기르는 법〉 연재 당시 여성 독자들에게 엄청난 공감을 얻었던 골목길에서의 성추행 위협 에피소드에서 주인공 이시다는 '저는 그 골목에서 뭔가를 단단히 배운 느낌이었지만 그 새끼들은 정말 아무 것도 배우지 못했겠죠'라고 말한다. 이것은 단순히 가해자들의 양심 없음에 대한 이야기가 아니다. 그 경험으로부터 아무 것도 배우지 못한(않은) 남성 가해자들의 세계에서 가해는 없는 일이 되고, 오직 피해자의 기억만이 개별적이고 일회적인 경험으로서 세계 안에 기입되지 못하고 겉돈다. 음식 모형을 만들며 K푸드의 자랑스러운 역사와 정서와는 거리가 먼 세린의 경험을 이야기하는 《이세린 가이드》는 정사의 허구성을 폭로하는 미시사라 할만하다. 이러한 허구성을 폭로하며 전작처럼 한국이라는 가부장제 사회에서 여성이 겪는 부조리함을 비판하는 건 필연적이다. 어머니가 암 진단을 받고 투병을 시작하게 되자 더는 차례를 지내지 않게 된 경험에 대해 '남자들의 차례가 되면 세상은 바뀐다'고 독백할 때, 작가의 언어는 조금의 낭비도 없어 서늘하다. 남아선호가 극에 달한 할머니가 증손자를 보게 되자 아버지의 기술을 활용해 증손자의 고추 모형을 만드는 기이하지만 웃기 어려운 에피소드나, 어머니의 동네 친구인 아주머니가 세린을 잠재적 며느리로 점찍어두고 잘해준 이야기 등 여성이기에 경험하지만, 여성의 것이기에 제대로 기록되고 공유되지 못한 부조리한 경험들이 각 챕터마다 다양하게 기록된다.

이세린의 독백과 회고를 통해 남성 중심적 사회에서 동시대 여성이 거쳐온 경험을 신랄하게 재현하는 것만으로도 이 작품을 볼 이유는 충분하다. 하지만 《이세린 가이드》에서 음식 모형과 그것의 제작은 주인공의 비판적 회고를 위한 맥거핀은 아니다. 음식 모형은 음식의 모방이자 가상이지만, 이는 실제 대상에 대한 진실을 드러내는 역할을 한다. 세린은 자신의 작업에 대해 "부패하지 않도록 한순간을 정지시킨다는 점은 나나 박제사나 비슷할지도" 모르겠다 말한다. 여기서 음식 모형은 음식이 상한다는 것을 은폐하기 위해 인위적으로 만들어낸 가상이지만, 또한 이러한 가상의 도움 없이는 음식의 먹음직스러운 모습이란 다분히 연출된 것이자 찰나적인 것이며 음식은 결국 부패하게 된다는 것을 폭로하는 역할 역시 한다. 부패한 음식을 직접 보고 냄새 맡는 것은 고역이지만, 음식 모형은 너무나 먹음직스럽지만 먹을 수 없는 가상으로서 부패에 대한 진실을 역으로 드러낸다. 이것은 예술의 역할, 작품의 역할과 동일하다. 예술은 가상이라는 방법론을 통해 우리가 직접 대면하기 어려운 진실을 추체험하게 해준다. 세린은 자신과 꽤 친했던 둘째 오빠가 포트폴리오를 위해 자기 얼굴 본을 떠서 두들겨 맞아 죽은 여성 시체 모형을 만든 것을 알고 가족의 연을 끊는다. 심지어 가짜니까 괜찮다던 어머니조차 그 모형을 실제로 보고 더는 화해를 종용하지 않는다. 그 끔찍함에 대한 짧은 언급이 있지만, 심리적 충격만의 문제는 아닐 것이다. 실제 구타당한 여성의 모습이 그 참혹함 때문에 가해자 개인에 대한 분노만을 자극한다면, 구타당해 죽은 여성의 모델을 당사자 동의 없이 만든 둘째 오빠의 무신경함은 그 참혹함을 가능하게 한 남성들의 구조적 무관심까지 드러낸다. 불편한 진실은 너무 불편해서 가상을 거치지 않고서는 대면하기 어렵다.

그래서 《이세린 가이드》는 '무엇인가를 복사하는 일은 무엇인가'라는 세린의 입과 업을 통해 만화로 세상을 재현하는 일에 대한 김정연 작가의 고민을 반영하는 것 같다. 그가 전작에서 혼자 살거나 혼자 성장하는 게 아니라, 혼자를 기르는 것으로서 3인칭적인 거리를 두어야 밝힐 수 있는 진실을 이야기하려 했다면, 이번에 그는 가상이기에 말할 수 있는 진실이 있고 반대로 진실이라 생각했던 것이 어떻게 가상적일 수 있는지에 대해 이야기한다. 어린 세린이 예절 학교에서 밥상 예절을 배울 때 사용된 밥상이 음식 모형으로 이뤄진 것처럼, 뭔가를 모방하는 세린과 세린 가족의 일을 '가짜'를 만드는 걸로 비하하고 최종적으로 어머니의 짝퉁 가방을 비웃는 친척 앞에서 세린 가족 모두가 거짓 웃음을 지었던 것처럼, 현실의 생활세계를 지탱하는 이데올로기나 진정성 같은 것들 중 일부는 허구적이다. 음식 모형이 음식보다 음식에 대한 진실을 더 잘 드러내고, 현실에서 유의미해 보이는 게 사실은 의미 없는 가짜라는 것이 밝혀지듯, 세계를 모방하는 가상으로서의 만화 역시 '진짜'로 받아들여지던 것들의 허상을 폭로하고 해체하며 세상의 폭력적 진실을 비교적 안전하게 매개할 수 있다. 작가 특유의 탁월한 위트는 진실을 대면하기 위한 완충재 역할을 하기도 하지만, 가상의 위트는 현실의 웃음기 없는 폭력을 역으로 폭로한다. 전작에서부터 이를 실증해온 작가는 《이세린 가이드》를 통해 일종의 자체적 작품론을 써낸 것이다. 어쩌면 이것은 우리가 다른 가상들의 가치를 이해하고 평가할 신뢰할 만한 '가이드'가 될지도 모르겠다. **2021.02.26.**

+ 블랙코미디에 대해 내 나름대로 내린 정의가 있다. 되게 웃긴데, 웃다가 '아 이렇게 웃다가 망하는 거구나'라는 서늘함을 느낄 때, 그게 블랙코미디다. 흔히 권력에 대한 풍자를 블랙코미디라 하지만, 그렇게 비꼬며 웃다가 웃는 것으로 끝나면 실제로 변하는 것은 조금도 없으며 권력은 그 휘발적인 웃음을 통해 역설적으로 안전하게 자리를 지킨다. 이제는 OTT 쿠팡플레이로 자리를 옮긴 〈SNL Korea〉의 정치인 풍자가 딱 그 수준이다. 반면 훌륭한 블랙코미디는 그러한 웃음이 휘발적이라는 텍스트 바깥의 맥락까지 인지하게 해준다. 정곡을 찌르는 날카로운 유머 감각에 감탄하며 웃다가, 그러한 날카로움 앞에서도 생채기 하나 없는 실재하는 권력을 재인식하게 되는 것이다. 김정연 작가의 작품이 그러하다.

탁월한 데뷔작 〈혼자를 기르는 법〉에는 주인공 이시다가 과거 불소 양치를 반 아이들에게 강제해야 하는 '불소 반장'을 맡았을 때, 아이들의 반감을 사고 싶지 않아 입에 넣는 척 하며 뒤로 버리라는 공모를 하게 된 에피소드가 등장한다. 시다는 '보건의 이름으로 처벌'받았지만, 현재도 사장의 원샷 명령에 동료들과 함께 몰래 고개를 돌려 술을 버리는 자신에 대해 '성인이 된 지금까지도 반성하지 못했다'고 독백한다. 과거와 현재를 포개 권력에 소심하게 저항하는 모습을 자학적으로 묘사할 때 독자 입장에선 웃음이 나오지만, 실은 이 웃음이 결국 또 다른 버전의 소심한 저항일 뿐이라는 인식으로 이어진다. '성인이 된 지금까지도 반성하지 못한' 것은 권위에 그대로 따르지 않은 말

썽꾸러기로서의 자신에 대한 반성이 아닌, 부당한 권위 앞에서 여전히 편법으로만 대응하는 게 전부인 시시한 어른이 된 것에 대한 반성의 지평을 연다. 독자로서 텍스트를 읽지만, 읽는 과정을 통해 그걸 읽고 웃거나 웃을 수 있거나 웃을 수밖에 없는 나의 위치를 확인하고, 그 위치를 인지하며 텍스트를 재독해하는 것이다. 윤리적으로 대단히 민감하지도 않고, 많은 경우 시시한 인간으로 설정된 이시다나 이세린의 자학적이고 어느 정도는 지엽적인 삶의 고백이 결과적으로 강한 윤리적 전망을 남기는 건 그래서다.

우리는 왜 이세린과 그 가족이 그러했듯 실재하는 무례함 앞에선 어색한 가짜 웃음밖에 짓지 못하는가. 예술을 경유한 웃음을 통해서 우리는 이 세계가 실제로는 웃을 수 없는 곳이라는 것을, 여기서의 웃음은 이세린 가족의 그것처럼 거짓된 웃음이라는 것을 더 서늘하게 깨닫는다. 진정한 블랙코미디란 그런 것이다.

# 생존 너머 인간의 삶 - 〈위아더좀비〉

이미 재난을 경험 중이던 청년들의 좀비 재난물. 네이버웹툰 〈위아더좀비〉의 주제의식은 이렇게 요약할 수 있을 듯하다.

갑자기 세상에 좀비가 등장하고, 주인공들은 초거대 쇼핑몰 서울타워에 갇혀 그곳의 풍부한 자원을 소비하되 불안한 하루하루를 보낸다. 간략한 설정만 보면 마치 영화 〈새벽의 저주〉를 거의 그대로 차용한 듯하지만, 〈위아더좀비〉는 앞서의 주제의식을 더해 이야기를 전혀 새로운 방향으로 이끌어간다. 좀비 사태가 발생한 즉시 군은 3시간 만에 그들을 제압한 뒤 쇼핑몰을 봉쇄하고, 타워 안엔 주인공 김인종처럼 미처 대피하지 못해서 혹은 각각 나름의 이유로 밖에 나가길 거부하는 생존자들이 남아 타워 안에서 좀비 무리와 함께 아슬아슬하게 살아간다. 중요한 건 그들이 바깥으로 나가지 않는 이유다. 표면적으로는 타워를 봉쇄한 군 병력에게 좀비로 오인당해 죽을까봐 탈출을 시도하지 않지만, 그들에게 바깥세상은 이미 일종의 재난 상태이다.

주인공 인종은 장래희망이 '평범한 사람'일 정도로 큰 욕심 없는 청년이지만 바로 그 평범한 사람이 되기 위해선 죽을 만큼 노력해야 한다는 사실에 질려버렸다. 그는 이렇게 회상한다. "적당히 열심히만 하면 적당히 살아지는 줄 알았는데요, 아니더라고요." 그의 동료가 되는 탈영병 임경업 역시 군인으로서의 좋은 자질이 있지만 "납득이 안 가는 거"는 참지 못해 군에서 '폐급' 취급을 당한다. 개인의 노력으로 어쩔 수 없는 불가항력이야말로 재난의 핵심이다. 비슷한 문제의식을 지닌 영화 〈엑시트〉 중 취업준비생 기백(김강현)의 대사처럼 "우리 상황이 재난"인 셈이다. 좀비들과 갇힌 타워 생활이 더 행복한 것까진 아니더라도, 굳이 바깥으로 나가야 할 이유도 찾을 수 없다.

무난한 삶을 사는 무난한 인간이 간절히 되고 싶었지만 그게 그토록 힘들었던 인종이, 정작 무난하게 지내길 요청받는 타워 안에서 사고뭉치로 인식되는 건 그래서 흥미로운 역전이다. 〈엑시트〉의 주인공 용남(조정석)이 평소엔 잉여적인 것으로 취급되던 등반 실력을 발휘해 가스 테러 상황에서 살아남는다면, 인종은 타워에서 만난 사람들에게조차 잉여 전력 취급을 받는다. 인종이 타워에서 홀로 1년을 생존하고 만난 김소영과 그의 무리는 인종을 합류시킬지에 대해 토론한다. 그중 한 명인 소현명은 "적어도 도움이 될 만한 사람을 영입해야" 한다며 인종에 대해 "그냥 물살에 통통하고 근육 없는 사람 아닙니까"라며 합류를 반대한다. 인종은 좀비를 육탄전으로 제압할 수 있는 김소영, 임경업 같은 능력자 멤버들과는 거리가 멀다. 택배 아르바이트 시절 알게 된 타워 내 VVIP 엘리베이터 통로에 대한 정보를 갖고 있지만, 그것으로 활약하기보단 타워 내 좀비들을 크게 자극하기만 할 뿐이다. 소영의 동생을 찾으러 가는 모험에선 짐을 물에 빠뜨리고, 멤버 중 유일한 어린이인 왕왕이에게 말실수를 했다가 일이 커져 왕왕이를 밖으로 탈출시키기 위해 지도를 찾는 작전에 참여하게 된다. 다행히 그때마다 운(혹은 주인공 보정)이 따라 소영의 동생을 찾고, 지도를 찾는 작전 중 간신히 살아남고, 왕왕이를 달래는데 성공하기도 하지만, 언제나 그는 스스로도 원치 않음에도 사건을 일으키는 역할을 맡는다.

생존이 지상과제가 되는 재난물의 세계관 안에서 〈위아더좀비〉가 생존 너머 인간의 삶에 대해 이야기하는 건 이 지점이다. 잘 만든 좀비 재난물이 생존을 위한 분투 안에서 윤리적 딜레마와 생명의 존엄에 대해 이야기하는 방식으로 인간의 문제를 다룬다면, 〈위아더좀비〉에서의 생존은 훨씬 느슨하게 그려진다. 당장 실질적 이야기는 인종이 어찌어찌 1년을 살아남았다며 시작되고, 소영 무리에 속하기 위한 자기소개에선 "어차피 망한 인생 좀 쉬다가 나가려고 했"다고 밝힌다. 소영의 동생 소형이 속해있던 청소년 그룹 '트리플 H'의 리더 역시 "그냥 하루하루를 즐기자"고 말한다. 학교폭력 피해자였던 소형 역시 이곳에서 벗어나고 싶어 하지 않는다. 타워 바깥이 어렵고 때때로 위험한 세상이라면, 타워 안은 위험하지만 아주 어렵진 않다. 이미 재난이었던 세계에서 내몰렸던 이들로선 상수가 된 좀비 떼에 익숙해지기만 하면 생존은 그럭저럭 할 만한 것이다. 변수만 없다면. 그리고 그 변수를 끊임없이 만들어내는 것이 인종이다.

새 보금자리를 찾으려고 밤에 VVIP 엘리베이터를 탔지만 아무 것도 하지 못하고 조명 때문에 좀비들을 자극했던 것처럼, 그가 중심에 선 사건 중 상당수는 헛소동에 가깝다. 생존을 위한 합목적성과는 거리가 멀다. 소현명은 그를 사고뭉치로 본다. 하지만 그 소동극을 통해 인종과 소영은 소영처럼 동생을 찾는 삼형제를 만나 동료애를 쌓고, 어른들은 왕왕이의 미래에 대한 책임감을 느끼며, 왕왕이 역시 착한 아이 증후군을 벗어나 자신이 원하는 삶에 대해 생각해보게 된다. 세상의 생존 경쟁에서 밀려나며 소위 '정상적 삶'으로부터 멀어졌던 이들이, 위험이 일상인 지옥도에서 오히려 생존에 방해되는 사건들을 통해 인간적 삶에 가까워지는 아이러니.

그러니 진정한 재난의 조건은 생존의 어려움이 아닌 생존하기 위해 경쟁하는 것이다. 모두가 생존을 위한 레이스에 올라타 일부가 승리하고 다수가 패배하는 구조에서 생존 유무는 선택이 아닌 결과다. 하지만 경쟁을 벗어난 타워에선 비교적 공평한 생존의 확률 안에서 삶의 우연성을 경험할 수 있다.

이러한 현실적 주제의식을 노골적인 알레고리가 아닌 개그만화의 호흡으로 능수능란하게 풀어내는 것은 〈위아더좀비〉의 또 다른 성취다. 등장인물 중 대놓고 둥글둥글 개그만화 캐릭터로 만들어진 인종이 누구보다 시니컬하게 굴며 생기는 독특한 간극을 통해 〈위아더좀비〉는 잔잔한 일상 개그와 블랙코미디를 오간다. 경업이 자신이 군대에서 겪은 부조리한 일들을 고백하며 자신이 얼마나 군에 안 어울리는지 구구절절 눈물겹게 설명하지만, 그게 조금도 궁금하지 않은 인종에겐 그야말로 군대 얘기하느라 신난 군대 체질 인간의 꼴 보기 싫은 모습이다. 좁은 창고에 갇혔다가 겨우겨우 좀비떼의 습격에서 살아남은 뒤 경업이 다시 영화 〈300〉의 테르모필레 전투를 인용하려 하자 인종은 진심으로 환멸에 찬 표정으로 "X발 말 좀 그만해요"라 한다. 상황의 심각함과 인물 반응의 괴리를 통한 시니컬하게 웃긴 장면이지만, 또한 이러한 블랙코미디 안에서 이토록 타고난 군인인 경업이 단지 불합리함을 참지 못한다는 이유로 무시당하는 군 조직의 부조리는 더 선명하게 드러난다. 인종이 소원을 빌어도 된다고 하자 왕왕이 "형, 누나들이랑 여기(타워)서 평생 살게 해주세요"라고 하는 장면의 개그 센스도 발군이다. 소원을 빌라고 했더니 악담을 하는 식의 개그 신이지만, 이것은 또한 좀비 가득한 타워 내에서나 겨우 유의미한 공동체를 이룬 이들의 현실을 역설한다.

결코 웃을 수 없는 상황에서 끊임없이 웃기고, 그렇게 웃지만 마냥 웃을 수 없는 〈위아더좀비〉의 세계는 그래서 탁월하다. 웃을 수 없는 상황에서 웃음을 주는 게 개그만화로서의 탁월함이라면, 웃으면서도 마냥 웃을 수 없게 만드는 것은 재난만화로서의 탁월함이다. 어울리지 않는 상황과 인물이 마주칠 때 의외의 웃음이 만들어지지만, 그토록 어울리지 않는 인물들을 그 상황으로 밀어 넣은 건, 그들을 낙오시킨 세상이다. 작가는 좀비에 의한 재난이라는 장르적인 요소를, 그러한 위험을 감수하면서라도 나가고 싶지 않은 바깥의 세계가 얼마나 심각한 재난 상황인지 웃으면서 폭로하는 예술적 가상으로 구현해낸다.

그래서 제목 〈위아더좀비〉는 참으로 의미심장하다. 주인공들은 좀비가 아니지만, 타워 안에 좀비와 함께 생존자들을 가둬놓고 격리 중인 세상은 의도했든 하지 않았든 그들을 좀비나 다름없이 없는 사람 취급하는 중이다. '우리는 좀비'라는 말은 역설적으로 '우리도 인간'이라는 외침으로 이해해야 한다. 타워는 없지만 종종 누군가를 투명인간 취급하는 이 세상에서. **2021.05.21.**

+ 2021년부터 연재된 〈위아더좀비〉의 좀비 사태를 2020년부터 시작된 코로나19 팬데믹의 알레고리로 봐도 될까. 불가능하진 않지만 넷플릭스 시리즈 〈지금 우리 학교는〉이나 tvN 드라마 〈해피니스〉처럼 명백히 의도된 설정이라 하긴 어려워 보인다. 하지만 작가의 의도 여부와 별개로 〈위아더좀비〉에서 묘사하는 세계의 모습은 팬데믹 시대를 사유할 상당히 유의미한 관점을 제시한다. 가령 철학자 슬라보예 지젝은 팬데믹 세계에 대해 다룬 철학 에세이집 《잃어버린 시간의 연대기》에서 코로나 통계 수치에'만' 집중하는 세태에 대해 다음과 같이 비판적으로 말한다. "이렇게 숫자에 홀리게 되면 우리는 더 많은 사람들이 암, 심장마비, 환경오염, 굶주림, 무장투쟁 그리고 가정폭력으로 죽어가고 있다는 명백한 사실을 자동적으로 잊어버리게 된다. 마치 코로나바이러스 감염병을 완전히 통제하기만 한다면 우리가 처한 어려움의 주요 원인이 사라지기라도 할 것처럼."

맞다. 코로나 팬데믹이 우리에게 어떤 고통을 주었다는 것이, 코로나 이전의 세계가 우리가 회귀해야 할 어떤 '정상' 세계라는 것을 뜻할 수는 없다. 하지만 당장의 팬데믹이라는 사건의 스펙터클에 홀리며 우리가 돌아가야 할 아름다운 세계를 상상하게 되는 것이다. 그런 면에서 〈위아더좀비〉에서 주인공들이 처한 상황은 팬데믹 시대의 착시를 놀라울 정도로 잘 드러낸다. 그들이 좀비로 가득한 타워 바깥, 즉 좀비 사태 이전의 청정하고 정상적인 세계로 돌아가지 않는 것은, 실은 그것이 조금도 정상적이지 않은 세계이기 때문이다. 그들에게 필요한 건, 더 나아가 우리에게 필요한 건, 회귀할 좋은 과거가 아닌 새로운 미래에 대한 전망과 가능성이다.

타워 바깥의 세계는 그런 미래를 열어놓고 있을까. 아니, 타워 바깥의 우리는 그런 미래를 꿈꾸고 있을까.

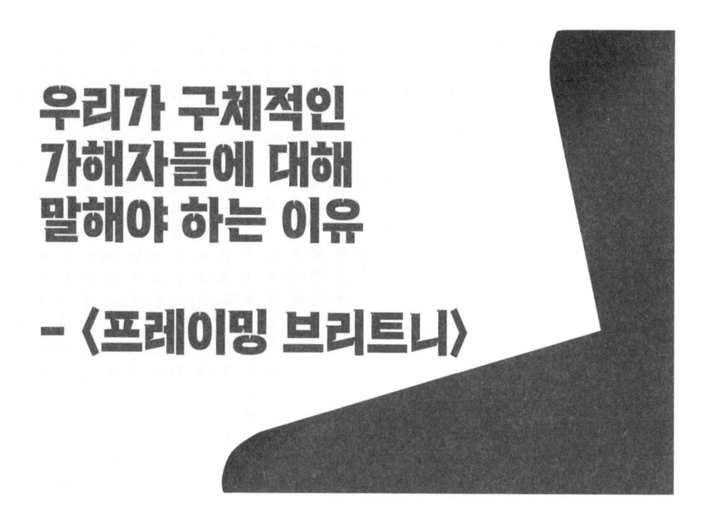

# 우리가 구체적인 가해자들에 대해 말해야 하는 이유 - 〈프레이밍 브리트니〉

너무 늦었지만, 그래도 아슬아슬하게 도착한 미국 사회의 반성문. 2021년 6월 왓챠를 통해 한국에 공개된 다큐멘터리 〈프레이밍 브리트니〉를 보며 든 생각이다.

1990년대 말부터 2000년대 초까지, 소위 세기말과 뉴 밀레니엄의 시기를 온전히 지배했던 팝스타 브리트니 스피어스의 롤러코스터 같은 삶을 담아낸 이 다큐에서 브리트니는 미국 전 국민의 사랑을 받는 '아메리칸 스윗 하트'였지만, 역시 팝스타인 저스틴 팀버레이크와의 결별 이후 양다리를 의심받는 헤픈 여자로, 케빈 페더라인과의 결혼 및 출산 이후엔 자신을 통제하지 못하는 연예계의 악동으로 취급받았다. 그가 정신이 불안정해지는 과정에 그리고 그의 불안정함을 훨씬 과장해서 대중에게 퍼뜨리는데 파파라치로 대표되는 미국 연예 매체 산업이 있다는 건 알 만한 사람은 다 아는 사실이다. 최근 브리트니가 진행한 아버지 제이미 스피어스의 후견인 자격 박탈 소송과 그의 독립을 응원하는 #FreeBritney 운동까지 담아냈다는 걸 제외하면 〈프레이밍 브리트니〉에서 고발하는 이야기 상당수는 크게 새롭진 않다. 〈프레이밍 브리트니〉의 가치는 새로운 정보나 관점을 제공하는 것이 아니라, 브리트니가 황색 저널리즘과 여성 연예인에게 훨씬 엄정한 잣대가 적용되는 여성혐오 문화 때문에 고통받았다는 꽤 공공연한 진실을 《뉴욕타임스》라는 공신력 있는 언론이 다큐멘터리의 형태로 선포했다는 것에 있다. 누군가는 부러 외면하거나, 부정하거나, 적당한 가책 안에서 침묵하거나 혹은 안됐지만 어쩔 수 없는 일이라고 자조했던 그런 불의에 대해 그건 불의가 맞노라고 선언하는 것. 다들 대충 암묵적으로 알고 있다 해도 꼭 명시해야만 의미 있는 진실이 있다.

저스틴 팀버레이크가 적어도 브리트니와의 결별 이후 그에게 한 행동에서만큼은 개자식이라는 걸 부정하기는 어렵다. 〈프레이밍 브리트니〉에서도 나오듯, 그는 바람을 피운 전 애인을 탓하고 그에 대한 복수심을 드러낸 곡 〈Cry me a river〉 뮤직비디오에서 마치 브리트니를 연상시키는 복장의 금발 여성을 등장시켰다. 또한 라디오 쇼에서 브리트니와 섹스를 했느냐는 질문에 "그래요, 했어요"라고 답했다. 14세에 혼전 순결 서약을 했던 브리트니에게 이 폭로는 치명적이었다. 《뉴욕타임스》 자유기고가 웨슬리 모리스의 다큐 속 코멘트를 인용하면 "그녀는 학교의 '걸레', 저스틴은 마치 학교의 쿼터백 같은 존재"가 되어 브리트니만 오롯이 비난을 감내해야 했다. 누구도 둘 사이의 프라이버시를 공개하고, 전 여자친구에 대한 흔한 복수 판타지를 곡과 뮤직비디오에 담아 본인의 프로모션에 활용한 저스틴 팀버레이크의 치졸함에 대해 그리고 브리트니가 뮤직비디오와 무대에서 충분히 섹슈얼한 욕망을 드러내길 바라면서 또한 그에게 순결을 강요하는 게 얼마나 모순적인 요구인지에 대해 지적하지 않았다. 팀버레이크는 이후에도 〈Saturday Night Live〉에서 또 브리트니와의 섹스에 대한 조롱 섞인 개그를 했다. 그랬던 그가 인스타그램을 통해 본인이 여성혐오(Misogyny)의 수혜자임을 인정하고 반성하는 제스처를 취한 건 역시 〈프레이밍 브리트니〉 공개 이후다.

브리트니에 대한 비난 여론 거의 대부분이 조악한 논리와 대중의 주관적 기분에 근거한 마녀사냥인 만큼, 〈프레이밍 브리트니〉 역시 특별히 이를 논파할 아주 세련된 논증을 구사하지 않는다. 대신 간단명료하지만 단단한 사실을 제시해 브리트니에 대한 통념이 얼마나 허구적인지 증명한다. 삭발한 브리트니가 우산으로 파파라치의 차량을 두들기며 분노하던 유명한 사진을 통해 사람들은 환호든 걱정이든 브리트니가 드디어 미쳤다고 생각했다. 〈프레이밍 브리트니〉는 그 사진을 찍었던 파파라치와 인터뷰를 한다. 그는 "그녀도 우리가 필요했고 우리도 그녀가 필요했다"며 스스로를 정당화한다. 의심스럽지만, 그의 말대로 브리트니라는 스타의 화제성을 증폭하는데 파파라치와 타블로이드의 가십란이 어느 정도의 순기능을 했을지도 모른다. 하지만 본인이 원하지 않는다면?

브리트니가 우산을 들고 파파라치 차량에 다가가기 전 그와 동행한 사촌은 몇 번이고 "제발(please)"이라며 파파라치에게 그만해달라고 요청했다. 제작진은 "브리트니가 가만두라고 요청한 적이 있지 않느냐"고 질문한다. 파파라치는 그게 평생을 따라다니지 말라는 뜻은 아니지 않느냐 반문하지만 그의 공생 논리는 이미 궁색해진다. 공생은커녕 싫다는데 따라다니며 기생한 건 그들이니까. 다큐에서 인용된 과거 인터뷰에서 브리트니는 파파라치가 괴롭히지 못하게 하려면 어떡해야 하겠느냐는 질문에 눈물을 흘리며 "모르겠다"고 답한다. 당연하다. 그가 할 일은 없었기 때문이다. 더는 타블로이드가 파파라치 사진을 구매하지 않거나, 파파로치가 개심하거나, 공권력이 그런 행위를 제재하지 않는 이상 브리트니가 할 수 있는 일은 없었다. 아무리 세계 최고의 스타라 해도. 그 빤한 진실을 〈프레이밍 브리트니〉는 시청자의 눈앞에 들이민다. 자, 이래도 타블로이드나 남의 말을 근거로 그에 대한 부정적 통념을 유지할 거냐고.

앞서 이 다큐를 늦었지만 아슬아슬하게 도착했다고 말한 건 단순하고도 끔찍한 이유 때문이다. 아직 브리트니가 죽지 않았다는 것. 미국 토크쇼 진행자로 브리트니가 케빈 페더라인과 이혼했을 때 환호할 정도로 그를 아낀 로지 오도넬은 쇼에서 "브리트니가 다이애나 영국 왕세자비처럼 죽을지 모른다"고 진심으로 우려하기도 했다. 그와는 전혀 다른 저열한 의도로 브리트니가 죽을 것 같은 날짜와 시간을 적으면 추첨으로 플레이스테이션3를 선물로 주는 사이트가 만들어지기도 했다. 브리트니의 삶은 계속해서 아슬아슬 이어졌고, 그 와중에 후견인이 된 아버지에 의해 독립적인 삶이 제한되기도 했지만, 최근엔 팬들의 응원 속에 후견인 자격 박탈 소송을 진행했다. 그리고 〈프레이밍 브리트니〉가 그동안 국가가 허락한 유흥으로서의 브리트니 조롱에 경종을 울렸다. 그건 폭력이고, 헛소리라고. 6월 23일, 브리트니가 법원에 출석해 13년 동안 이어진 후견인 제도로 자신이 잃어야 했던 것들에 대해 용기 있게 진술하는 것을 보며 그토록 길고 긴 브리트니 스피어스 잔혹사가 끝날지 모른다는 작은 기대를 품어본 건 그의 팬들만은 아닐 것이다.

만약 한국에도 〈프레이밍 브리트니〉처럼 영향력 있는 다큐가 있다면 어떨까, 라는 당연한 질문을 하다 마음이 덜컥 내려앉는 것도 마찬가지 이유다. 브리트니가 겪었던 일들을 보며, 인터넷 조회수만을 노린 언론의 무분별한 보도와 추측, 여성에게만 엄혹한 잣대, 그에 호응하는 대중의 배려 없는 말들에 그토록 힘들어했던 故 설리(최진리), 故 구하라를 떠올리기란 어렵지 않다. SBS 〈그것이 알고 싶다〉 '루머의 루머의 루머-누가 진리를 죽였나'와 MBC 〈다큐플렉스〉 '설리가 왜 불편하셨나요'는 고인이 세상을 떠난 이후 만들어졌다. 그나마도 〈다큐플렉스〉는 인터넷 언론의 문제를 제대로 짚기는커녕 오히려 그런 보도로부터 자유롭지 못한 연예기자들을 인터뷰이로 쓰며 변죽만 울렸다.

다큐에 나온 연예기자는 설리와 최자의 공개 연애 이후 그에 대한 성적인 뉘앙스의 악플이 도를 넘었다고 말했다. 하지만 정작 다큐는 설리와 최자의 연애 현장을 몰래 찍어 단독으로 공개한 게 바로 《디스패치》라는 것에 대해선 이야기하지 않는다. 과거 구하라와 용준형의 연애 현장을 단독 공개하며 프라이버시를 침해했던 것 역시 《디스패치》였다. 최자와의 연애 훨씬 이전인 2010년에도 설리가 속했던 f(x)의 광고 촬영 현장에서 설리의 태도가 불량했다고 본인 미니홈피에 올리고 비난한 일반인의 글이 기사화되며 비난 여론이 만들어졌고, 《헤럴

드경제》는 여기에 설리가 초등학교 때 쓴 소위 '허세글'까지 엮어 "네티즌들은 (중략) '원래부터 버릇이 없다'는 등의 부정적인 반응을 보이고 있다"는 따위 기사를 게재했다. 연애 얘기는 빼달라는 구하라 본인의 요청에도 "구하라 연애 얘기 빼면 원고 이거 다 안 써도 되겠다"(윤종신), "내가 입 열면 구하라 끝납니다"(규현)라고 깐족대다가 구하라가 눈물을 흘리고 화를 냈던 건 MBC 〈라디오스타〉에서였다. 이런 사례들을 나열하는 것만으로도 밤을 샐 수 있다. 〈프레이밍 브리트니〉가 가르쳐준 건 이거다. 구체적인 불의에 대해선 구체적으로 명시해야 조금이라도 바뀔 수 있다는 것.

그러니 도착할 수 없는 〈프레이밍 설리〉를 상상하며 가슴이 아픈 것과 별개로, 부당한 관점으로 프레이밍되던 이들을 위한 단호하고 구체적인 선언은 지금도 여전히 필요하다. 〈다큐플렉스〉에서 설리에 대해 추모하기도 했던 가수 티파니 영의 경우 소녀시대 도쿄돔 공연 이후 SNS에 위치 기반 필터로 욱일기 무늬가 있는 스냅챗을 올렸다가 문제를 인식하고 2~3분 뒤 바로 지웠다. 하지만 네티즌들의 비난을 실시간으로 중계하거나 네티즌의 입을 빌려 그의 역사의식을 준엄하게 꾸짖는 연예기사들이 쏟아져 나왔고, 심지어 KBS는 시청자 요구에 따라 그를 〈언니들의 슬램덩크 시즌 2〉에서 하차시켰다. 최근 소위 '페미니즘 논란', '남혐 논란'에 조금이라도 엮이면 악플 세례를 받는 걸그룹의 사례들까지 포함해, 이런 일들을 나열하는 것만으로도 역시 밤을 샐 수 있다. 그리고 또한 이것이 우리가 밤을 새면서라도 계속해서 말해야 하는 이유, 조금이라도 책임 있는 언론이 한 번이라도 더 단호하게 발언해야 하는 이유다. 〈프레이밍 브리트니〉도 그렇지만 모든 반성문은 사실, 언제나 한 발 늦은 것이다. **2021.07.03**

+ 어쩌면 한국에서 필요한 건 〈프레이밍 OO〉이 아닌, 악의적 연예기사들에 대한 백서가 아닌가 싶기도 하다. 위의 글을 쓴 이후에도 현재까지 여성 유명인들을 일종의 욕받이 삼은 기사들이 꾸준히 등장했다.

2021년 10월 여성가족부의 캠페인 영상에 출연한 가수 전효성이 데이트폭력과 여성 대상 강력범죄에 대한 두려움을 밝히며 "살아서 집에 갈 수 있을까"란 표현을 쓴 것에 대해 소위 '페미 논란'이 벌어졌다. 사이버 렉카 중 최고 악질로 꼽히는 유튜버 뻑가는 공개적으로 전효성을 비난했고, 안티페미니즘 단체인 신남성연대는 여성가족부 폐지 집회를 하며 전효성의 사진을 인쇄한 대형 현수막을 내걸었다. 이런 공격에 대놓고 편승하는 여론은 다행히 많지 않았지만 그 과정에서 신남성연대의 목소리가 중계되었고, 유사언론이라 할 '위키트리'나 '인사이트'에선 네티즌의 목소리라는 알리바이로 전효성에 대한 부당한 비난의 목소리를 그대로 실어 날랐다. 또한 2021년 연말 넷플릭스 오리지널 예능 〈솔로지옥〉을 통해 유명세를 얻은 유튜버 프리지아는 2022년 1월부터 명품 옷의 가품을 입었다는 혐의로 대중의 격렬한 비난에 노출됐다. 소위 럭셔리한 삶의 모습을 팔아 동경의 대상이 되었던 유튜버가 실은 가품을 입고 있었다는 사실에 약간의 기만이 있을 수는 있겠다. 하지만 그가 백만장자 상속녀 행세를 하며 절도와 사기 행각을 벌였던 애나 소로킨처럼 명백한 범죄를 저지른 건 아니다. 프리지아에 대한 비난은 거짓말에 대한 도덕적 반응이라기보다는 선망의 대상이 무너지는 것을 즐기는 가학적 반응에 가까웠다. 수많은 매체 역시 프리지아의 이름과 '짝퉁'이라는 키워드를 함께 붙인 기사로 혐오 분위기에 편승했다. 자필 사과문까지 썼던 그는 결국 활동 중단을 할 수밖에 없었다. 2022년 4월 《엑스포츠뉴스》에선 인천공항을 통해 귀국한 가수 선미가 게이트 위치 착오로 사진을 찍기 위해 몰려든 취재기자들과 엇갈린 일에 대해 '거짓말쟁이 된 선미, 데뷔 15년 신뢰 무너지나' 따위의 악의적 제목으로 기사를 냈다. 설령 선미 측이 개인 일정을 마치고 돌아오는 길이라 일부러 취재기자들을 좀 따돌린다 해서 이 정도 악담을 들을 일은 아니다.

위의 글에서 이야기했듯, 이런 이야기를 정말 밤새도록 할 수도 있다. 저열한 프레이밍은 논리와 근거로 견고해지는 것이 아니다. 그 프레임을 기꺼이 받아들이는 윤리적 안일함이야말로 프레임 속 세계관을 단단하게 만든다. 오직 집요한 비판과 지적만이 이 프레임에 균열을 낼 수 있다. 그러니 계속 기억하고 계속 말하자. 하고 또 하고 또 하자.

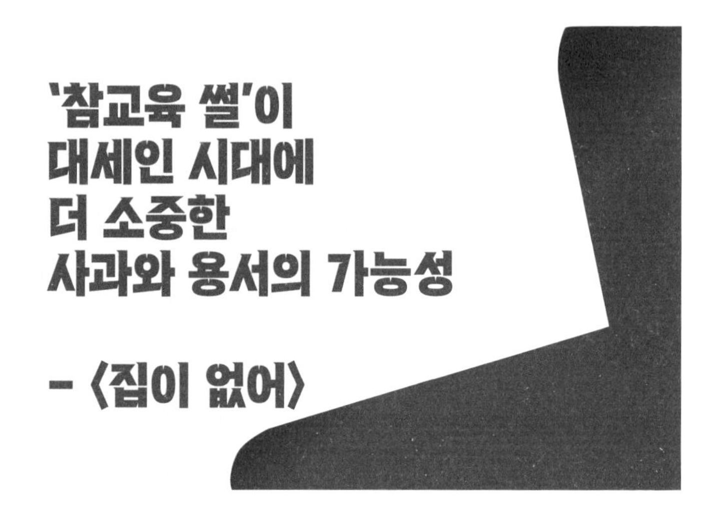

# '참교육 썰'이 대세인 시대에 더 소중한 사과와 용서의 가능성
## – 〈집이 없어〉

최근 인기 웹툰을 관통하는 시대정신은 '참교육'이다. 물론 진정한 교육이라는 본래 뜻은 아니다.

흔히 '참교육 사이다 썰'이라 불리는, 자신의 진가를 몰라보고 무시하거나 뻔뻔하게 민폐를 끼치는 인간에게 자신의 진짜 능력으로 크게 창피를 주거나 싹싹 빌게 만드는 류의 이야기. 가령 어릴 때부터 남을 헐뜯으며 자존감을 채우던 〈여신강림〉의 조보정은 자신보다 인기 많은 크리에이터가 된 주인공 임주경을 음해하거나 모욕하려 하지만, 그때마다 주경의 남자친구 이수호가 등장해 상황이 역전되거나, 주경의 매니저에게 정론으로 반박당하고, 최종적으로는 악플을 달던 걸 임주경에게 들켜 커리어가 끝날 위기에 처하자 무릎을 꿇고 선처를 빈다. 〈존망코인〉의 주인공 박의진은 자신이 구매했던 '존망코인'의 가격이 폭등하고 부자가 되자, 가난하던 자신에게 거짓말로 돈을 뜯어내고 떠났던 전 여자 친구 임아현의 동거남을 경호원에게 구타하게 하고 역시 아현을 무릎 꿇린다. 해당 에피소드는 의진의 내레이션으로 '참교육'이라는 단어를 직접 명시한다. 아예 제목부터 노골적인 〈참교육〉에선 교권보호국 소속 교사 나백진과 동료들이 교권을 무시하는 학교 일진이나 악의적으로 묘사된 페미니스트 교사를 물리적 폭력으로 '참교육'시킨다.

이 일련의 흐름은 그 자체로도 분석해봄 직하다. 하지만 이 글에선 이러한 트렌드와 대척점에 서서 놀라운 성취를 이루고 있는 와난 작가의 웹툰 〈집이 없어〉에 대해 이야기하려 한다. 이러한 트렌드와의 비교를 통해 〈집이 없어〉의 갈등 해소 방식이 더욱 도드라지며, 무엇보다도 이 웹툰은 '참교육' 서사에 중독될 수밖에 없는 시대 배경 속에서 작은 희망을 제공해 주기 때문이다.

사실 〈집이 없어〉는 '참교육' 서사로 구성하기 너무 좋은 구도다. 당장 주인공 고해준이 독립을 위해 모은 돈 37만 원을 백은영에게 도둑맞고 그와 몸싸움을 하다가 유리조각에 배를 찔리는 사고를 당해 기숙사 신청 기간을 놓치며 이야기가 발단한다. 어쩔 수 없이 입주하게 된 구 기숙사 건물에서 운명처럼 재회한 백은영. 해준이 지역에서 '미친 개'로 불릴 정도의 주먹이라는 복선까지 깔아놓고 심지어 백은영과 같은 학교 한 학년 선배라는 것까지 알게 된 상황에서 남은 건, 해준의 '참교육' 쇼처럼 보인다. 그리고 그것이 저 노랑머리 양아치가 주인공에게 당하는 걸 얼른 보고 싶다는 독자의 욕망이기도 하다.

하지만 〈집이 없어〉는 그 기대를 바로 배반한다. 해준은 부상을 입어 오히려 반격당하고, 은영은 어떤 상황에서도 사과하지 않는 성격이며, 집을 나온 상황에서 해준은 어떻게든 이 공간에서 은영과 살아가는 걸 받아들여야 한다. 단 한 회만 답답해도 별점 테러가 쏟아지는 최근의 웹툰 환경에서 〈집이 없어〉의 초반 호흡은 느리다 못해 이질적이기까지 하다. 18화가 되어서야 해준이 그동안 은영이 건물에 친구들을 불러 논 것을 사감선생님께 밝히겠다며 협박하자 '은영이 참교육 가자'라는 베스트 댓글에 1만이 넘는 추천이 달렸다. 하지만 결과적으로 '참교육'은 없었다. 원하던 기숙사 자리가 났음에도 자기가 나가면 은영도 현재 거주지에서 쫓겨나야 할지 모르는 상황에서 해준은 그냥 남기로 결정한다. 그걸 알게 된 은영이 해준을 위해 아침밥을 담당하며 해당 에피소드는 마무리된다.

용서가 진정한 승리라는 케케묵은 주제의식을 보여주고 싶었던 걸까. 그럴지도 모르겠다. 특종 욕심에 해준을 학교폭력 가해자로 오보하는 신문부 김마리에 대한 에피소드도 '기레기'에 대한 '참교육'으로 이어지기 좋은 구도지만 결국 마리에 대한 해준의 용서로 끝난다. 자기 욕망에만 충실한 방송부 공민주가 신문부와 방송부 통합 과정에서 김마리의 선의를 이용하는 에피소드도 마찬가지다. 마리는 민주에게 배신감을 느끼지만 부모가 이혼하며 민주가 자신이 그러했듯 아버지를 챙기느라 스스로를 돌보지 못하는 삶에 들어설까봐 진심으로 걱정해준다. 명백히 잘못했거나 얄미운 인물들에게 통쾌한 한 방을 먹이는 대신 용서와 화해에 이르는 게 〈집이 없어〉의 방식이다. 하지만 정말 중요한 건 그 결론에 이르기까지의, 앞서 이질적이라고까지 한 느릿한 호흡이다.

작품 중 가장 눈물샘을 자극하는 김마리 에피소드에선 마리가 해준에게 저지른 잘못과 함께 그가 집에서 아버지와 오빠에게 겪는 폭력을 고발한다. 가해자(김마리)에게도 아픔이 있고 사정이 있다, 가해자가 그렇게 된 것엔 환경적 영향이 있다, 같은 알리바이가 아니다. 〈집이 없어〉가 마리의 가정사와 그의 고통을 집요하고도 길게 파고드는 과정은 또한 마리 스스로가 자신이 겪은 것이 폭력임을 고통스럽게 직시하는 과정이다. 그 과정을 통과한 뒤에야 그는 비로소 잘못을 고백하고 해준에게 사과할 용기를 얻는다. 불편한 진실을 회피하고픈 백가지 이유 앞에서 그럼에도 진실을 택할 용기. 여기엔 옳은 선택을 할 때까지의 본인의 아등바등한 노력과 시간이 필요하다. 그 시간이 〈집이 없어〉의 길고 긴 호흡이다. 진정한 사과를 바라면 기다려주라는 이야기가 아니다. 조금이라도 더 나은 인간이 된다는 건 정말 어렵고 힘든 일이다. 다만 어쩌면 불가능한 건 아닐 수 있다. 이것은 '참교육'이 시대정신이 된 지금 매우 중요한 메시지가 된다.

앞서 언급한 '참교육' 서사는 몇 가지 유사함을 지니고 있다. 우선 상황의 역전이다. 한때 날 얕잡아봤지만 현재는 내가 더 잘 나가거나, 가해자가 편법처럼 쓰던 사회적 관용이 더는 통하지 않는 상황이 만들어진다. 다음은 상대가 강자에게 약하고 약자에게 강한 타입이라는 것이다. 마지막은 '참교육'을 통해 딱히 상대방의 참회와 개선을 바라지 않는다는 것이다. 즉 '참교육' 서사에서 쾌감의 본질은 정의의 구현이 아니라, 감히 자기보다 강한 나를 약자인줄 알고 건드렸다가 망한 상대방의 어리석음을 비웃어주는 것에 있다. 강하다고 약자를 건드리면 안된다는 도덕 원칙이 중요한 게 아니라, 자기 주제를 모르는 것에 대한 괘씸함이 중요하다. 정의로 포장한 우회적인 약자혐오다. 〈존망코인〉이 남자 등쳐먹은 여성을, 〈참교육〉이 자기 신념만 강요하는 가상의 페미니스트 교사를 '참교육' 대상으로 설정한 건 우연이 아니다. 별 거 아닌데도 감히 나에게 덤비는 대상을 설정하고 독자 공감을 얻기 위해선, 상대를 역차별의 수혜자로 설정해야 된다. 배신한 여자 친구는 남성이 돈을 벌어야 한다는 역차별의 수혜자이며, 페미니스트 역시 권리만 찾고 책임은 피하는 역차별의 수혜자라는 지긋지긋한 통념과 피해의식이 반복되는 건 그래서다. 〈참교육〉의 주요 응징 대상인 미성년자들이 법의 보호만 받는 역차별의 수혜자로 그려지는 것도 마찬가지 맥락이다. 이러한 서사가 동시대 다수 독자들에게 인기를 끄는 건 당연해 보인다. 스스로 살아남아야 하는 분열된 사회에서 강자로서의 악과 구조적 문제에 저항하긴 쉽지 않다. 구조를 유지하며 상대적 강자로서의 단맛을 누리고픈 욕망도 포기하기 어렵다. 남는 건 약자혐오의 즐거움을 정당화해줄 가상의 세계관에 탐닉하는 것이다.

흥미롭게도 〈집이 없어〉의 경우, 역시 현실 인식은 우울하지만 전혀 다른 서사의 가능성을 모색한다. 근래에 어머니의 교통사고와 죽음을 경험한 해준과 심각한 가정폭력에 시달렸던 은영을 비롯해 주요 인물들에게 힘들고 지칠 때 의지할 수 있는 물리적, 정신적 버팀목으로서의 '집'은 부재하거나 허물어져 있다. 은영에게서 특히 잘 드러나듯, 이들에게 각자도생은 경험적 진실이다. 자신이 우선이고 타인의 세계를 이해하지 못하는 그들이 커다란 악의 없이도 서로에게 상처를 입히며 괴로워하는 건 필연적이다.

그렇다면 무엇이 가능한가. 은영 혹은 마리를 '참교육' 한 뒤 드라마틱한 '사이다 썰'의 주인공이 된 기분을 누리는 것? 〈집이 없어〉는 정직하다. 해준은 약한 친구에게 폭력을 행사하던 셋에게 주먹으로 '참교육'을 하지만 피해자의 거짓 증언과 마리의 보도로 오히려 학교폭력 가해자로 몰린다. 그가 독백하듯 인생의 고비는 넘을 만한 것과 넘지 못할 방식으로 계속해서 등장한다. 쾌감은 스치듯 짧고, 그나마 모두 해준처럼 강할 수 있는 것도 아니다. '참교육'은 옳거나 그르기 이전에 그냥 실천적으로 의미가 없는 길이다. 그렇다고 당장 세상을 바꿀 수도 없다. 고비는 견디거나 넘는 것이지 없앨 수 있는 게 아니다. 〈집이 없어〉가 제시하는 건 불가능하거나 무의미한 경로를 삭제하고 남은 길이다. 서로를 할퀸 시시한 약자들이 그럼에도 화해하고 끌어안아 삶의 고비를 견딜 서로의 집이 되어주는 매우 어렵지만 불가능하진 않은 길. 〈집이 없어〉는 그 협소한 가능성에 이르기 위해 각 인물들이 자신이 겪는 불행을 직시하는 두려움, 나의 불행이 나의 무결함을 증명해주지 않는다는 걸 받아들여야 하는 두려움, 내가 행복한 미래를 꿈꿔도 될지에 대한 두려움을 이겨내는 지지부진한 과정을 끈기 있게 추적한다.

물론 여기에도 느슨한 판타지는 있다. 우울함에 침잠할 때도 해준은 상대의 사과를 진심으로 받아주는 인격자이며, 마리에겐 자신을 위해 싸워주는 고모가 있었고, 그토록 제멋대로인 은영도 양심의 가책은 느낀다. 하지만 이것이 코인 가격이 급등해 날 버린 여자 친구를 무릎 꿇리는 상상이나, 페미니스트 교사가 아이들을 세뇌한다는 음모론만큼 말이 안 되진 않아 보인다. 어차피 현실을 뛰어넘는 믿음이 필요하다면, 누군가를 미숙한 패배자로 규정하고 비웃는 '참교육' 판타지보다는, 우리가 그럼에도 더 나은 사람들이 될 가능성을 믿는 것이 훨씬 낫지 않을까. **2022.02.25.**

+ 인간은 다른 인간을 이해할 수 있는가. 인간은 서로에 대한 이해를 바탕으로 시시비비를 가릴 수 있는가. 인간은 옳고 그름에 대한 합의로부터 더 나은 삶에 대한 실천 의지를 이끌어낼 수 있는가. 다시 말해, 우리는 소통을 통해 더 나은 사람이 될 수 있는가. 내가 자주 인용하는 하버마스라면 매우 단호히 가능하다고 말할 것 같다.

우리의 언어에 내재된 의사소통적 성격은 기본적으로 합의 지향적이며, 각각의 논거를 제시하며 자신의 주장을 정당화하는 소통 과정 중에 '더 나은 논거의 힘'에 복속해 더 옳은 방향을 선택하리라는 합리적 이성에 대한 낙관이 그의 이론엔 깔려 있다. 나 역시 그에 대한 믿음을 지금까지 지켜오는 중이다. 하지만 또한 실제로 사람의 마음을 움직이는 건 합리적 근거가 아닌, 문학적 내러티브다. 사람들은 가상적 서사를 통해 구체화된 삶의 모습을 통해 비로소 삶의 또 다른 가능성을 기대하고 그 방향을 바라볼 수 있다. 비슷한 이유로 나는 서로 다른 인간과 인간이 이해하고 소통할 수 있느냐는 질문에 대해 현실 세계에서는 하버마스의 세련된 이론보다는 〈집이 없어〉 같은 문화적 내러티브가 더 낙관적인 가능성을 열어준다고 생각한다.

작품의 주제의식이 집약되었다고 할 '추석과 체육대회' 에피소드에서 백은영과 고해준은 서로 말을 통해 마음을 할퀴며 싸운다. 특히 백은영은 고해준이 더는 어머니와 함께 지내던 과거로 돌아갈 수 없다는 것을 강조하며 마음에 대못을 박는다. 독자마저 더는 백은영에 대한 기대를 접을 수밖에 없는 상황에서 고해준은 오히려 서로 처지가 비슷하다는 이유로 백은영에게 과도한 기대를 했던 자신을 돌아본다. 해준이 은영과 화해한 건 그의 독백대로 그가 착해서는 아니다(물론 아무리 봐도 착한 게 맞다). 그는 백은영에게서 어리고 불쌍한 아이를 보았고, 그래서 진심으로 싫어할 수 없어졌노라 생각한다. 하지만 또한 자신에게 못할 말을 한 그를 진심으로 좋아할 수도 없다. 그 거리를 정직하게 받아들이며 해준은 역설적으로 은영을 자신의 빈자리를 채워줄 친구로 기대하기보다는 자신과 독립된 존재로 받아들이게 된다.

상대를 이해했다는 믿음, 상대를 잘 알고 있다는 믿음은 얼마나 오만한가. 이해를 가장한 체계적 오해로 지탱하는 관계는 겉보기엔 그럴싸해도 결국 파국에 이른다. 〈집이 없어〉의 해당 에피소드는 그러한 파국의 과정을 보여주는 동시에 그 파국 안에서도 미움에 마음을 불태우는 대신 상대에 대한 연민을 잃지 않는 해준을 통해 관계의 큰 어려움과 작은 가능성을 함께 보여준다. 매우 어렵지만 불가능하지 않다는 이야기야말로, 가능성에 대한 가장 커다란 믿음을 우리에게 제공한다.

어디 남들 하는 대로 안 하면서 잘되나 보자, 라고 백안시하는 수많은 의혹의 눈길 앞에서 그럼에도 옳다고 생각하는 길을 걸을 때, 조금만 잘못해도 그럴 줄 알았다고 신나서 떠들 이들의 냉소 앞에서 그래도 한 발을 더 디뎌야 할 때, 모두의 의심 속에서 결국 스스로에 대한 의심이 피어오를 때, 당신은 혼자가 아니라는 목소리만이 불확실한 미래를 위해 헌신할 버팀목이 되어준다. 보수화된 통념의 힘 앞에서 그럼에도 함께해주는 이들의 존재는 그 자체로 하나의 헌신이며, 오로지 그런 헌신만이 도래할 더 나은 미래에 대한 믿음을 준다. 세상의 작은 변화를 이끌어내려는 모든 노력은 그러한 헌신과 연대로만 가능하다.